大人になって読む
経済学の教科書

市場経済のしくみから考える

江口匡太
［著］

ミネルヴァ書房

はじめに——経済学を学ぶ意味

大人の教科書

街の書店に出かけると、経済書のコーナーが必ずと言っていいほど設けられています。経済学の標準的な教科書から、今後の日本経済の行方をテーマにした時事的な本まで幅広く並べた棚があります。学者の目から見て、間違いのない定番の本から、「大丈夫かこれ?」みたいなものまで陳列されていますが、それぞれの本自体は魅力的でぱらぱら眺めるのは楽しいものです。こうした書店の棚の状況からも、多くの方が経済や経済学に対して、強い関心をもっていることが分かります。私が学生だったころは、ここまで経済や経済学への関心は高くなかったように思います。生涯学習の高まりもあり、特に社会人の方の関心は強いようです。

本書は大学で「経済原論」や「経済学入門」という名の講義で話したことが基になっています。『大人になって読む経済学の教科書』というタイトルになっていますが、最初にどうして「大人」なのかということと、どういう「教科書」なのかということについてお話したいと思います。読者の具体的な年齢を想定したわけではありませんが、いくつか意図があります。

さくさく読めるように

経済学は標準的な教科書が整備されている学問です。高校で物理や世界史を学んだとき、様々な出版社の教科書がありましたが、内容は概ね同じだったと思います。力点の置き方や説明の仕方に違いはあっても、学習する項目も順序も同じだったことと思います。それと同じように経済学の教科書も取り上げている内容や項目の順序は大体同じで、標準化されています。書店で販売されている入門的な経済学の教科書は難易度に差はあっても概ね同じ項目が説明されています。そして、「学問に王道なし」ですから、そこには基本的な理論の説明が数式やグラフを使って展開されます。きちんと学習するには、やはり手を動かして学習することが大切です。

ですが、大人は時間がありません。紙と鉛筆で手を動かしている時間も場所もなかなかありません。そのため、本を通じて経済学の考え方を教養として、現代人のリテラシーとして学びたい人にはさくさく読めることが大切です。実際、筆者も様々な分野の一般向けの本を読んできました。物理などの一般向けの本では、理論を数式で説明されるとわかりやすいこともある一方で、前提となる知識がないため、本によっては数式で説明されると「?」となってしまいます。アインシュタインの理論を知りたいと思っても、数式のある本は今さら読めないのでパスです。そこで、数式を使わずに、グラフで理論を説明することになりますが、これはこれで結構面倒なのです。どうしてそのようなグラフになるのか、きちんと理解しようと思うと、本の記述が煩わしいことが多いのです。理論を説明するグラフは、数式をきちんと理解するために必要なのであって、数式なしにグラフだけで理論を説明したり、理解したりするのは難しいのだと思います。

そこで本書では空き時間に、電車やカフェでさくさく読めるように言葉だけで語りかけるスタイルで構成されています。グラフは用いますが、ＧＤＰの変遷のようなデータを示すものであり、無差別曲線のような理論を説明する図は用いていません。時間に追われる大人のための教科書です。

大人向けの内容

本書はこのようにさくさく読めるように意図されていますが、基本的な経済理論や経済学の考え方を説明するだけでなく、社会で議論になっているテーマも盛り込んでいます。例えば、「なにかと最近話題になる最低賃金って、本当のところどうなのか」、「炭素ガス削減のために、京都議定書の枠組みはどういう仕組みで効果をもたらすのか」、「途上国が経済発展するには自由貿易が望ましいのか」……。こうした問題を考えるために経済学の考え方やこれまでの代表的な研究成果を紹介しました。単に理論を説明するだけの場合、貿易であれば比較優位の原理を説明して、自由貿易が望ましいと結論付けておしまいです。でも、これでは食糧危機になったとき、自給率の低い日本は飢えてしまうという素朴な、そしてだからこそ根強い不安に対する回答にはなっていません。自由貿易の利益についてまだ理解できていない人はもちろん、自由貿易が原則望ましいことを頭では理解できている「大人」でも食糧危機が来たらどうするんだろうと不安なはずです。本書では、こうした一般の人が持っている疑問に対して、経済学のアプローチとはどういうものか、大人を説得できるように可能な限り根拠を挙げて、しかし過度に専門的にならないように説明することを心掛けました。

このような意図もあり、本書で取り上げる項目の順序は、一般的な経済学の教科書とは異なっています。環境問題やグローバル化などのテーマ別に、経済学の考え方を説明しています。

それでも「学問に王道なし」

このように本書はさくさく読めるように努めたつもりですが、それでもじっくりと考えてほしいと思っています。社会が抱えるさまざまな問題を解決することは難しく、新薬の開発で不治の病が克服できるようにはいきません。その理由の一つは、私たちの思想的立場や経済的利害が対立するからです。現時点でエボラ出血熱の感染が大問題なっています。治療法もなく、少なくない命が犠牲になっています。もし、大流行するとなると中世のペストのようになる恐れもあります。しかし、不治の病を克服することに反対する人は誰もいません。利害が対立しないので、現段階では治療法は不明ですが、いつか人類が克服する日が来るでしょう。一方、世界中に広がっている銃や核兵器は、その廃棄処理の物理的な手段はわかっているものの、利害が対立する以上、残念ながら無くなることはなかなかないでしょう。私たちが直面する社会の問題は、その多くは様々な人の利害が対立するので、マジックのように解決することはできません。そのため、経済学や他の社会科学の歩みは遅々としているように感じるかもしれません。それでも、学問的成果に基づいて進むしかありません。さくさく読めるように心がけましたが、私たちが直面する問題の解決の糸口を探るためにもじっくりと考えてほしいと思います。

きちんと本気で経済学を勉強するには、やはり紙と鉛筆で手を動かしながら、数式や図を用いた経済学の教科書をしっかり読む必要があります。最近では、神取道宏先生（東京大学）の『ミクロ経済学の力』（日本評論社、二〇一四年）や梶井厚志先生（京都大学）と松井彰彦先生（東京大学）の『ミクロ経済学——戦略的アプローチ』（日本評論社、二〇〇〇年）など、評判の教科書があります。本書はこうした本流の教科書を読む前に、また読みながら、そして読んだ後に、参考書としても読んでもらえたらと思っています。きっと理解が深まるはずです。

社会人にとっての教科書、学生にとっての参考書、それが本書のスタンスです。

経済学入門としての位置付け

先ほども申し上げましたが、本書は大学の「経済学入門」や「経済原論」という、学生が本格的に経済学を勉強する前に受講する入門的な授業が基になっています。専門科目への導入、一般教養科目という位置づけでした。現代の経済学の標準的なカリキュラムでは、ミクロ経済学、マクロ経済学、計量経済学の三つがコア科目であり、それぞれの科目で難易度を調整した複数の科目が開講されることが多いようです。また、様々な専門科目、例えば、金融、労働、産業組織、財政学なども、これら三つのコア科目をベースに開講されます。この三つのコア科目がカリキュラムの中心になるのですが、そのコア科目を受講する前の導入科目として、経済学入門のような科目を開講している大学が多いのです。

ただ、これは標準的な経済学部のカリキュラムです。経済学部以外の学生にとっては文理を問わず、この導入の一般教養科目にあたる経済学入門の授業ぐらいしか経済学を学ぶ機会がないことになります。経済や経済学に対する関心自体は、学生の間でも大変強いものがありますが、当然ながらわずか一科目の授業でできることは限りがあります。しかし、経済学を専門的に勉強する可能性の小さい学生にこそ、きちんと経済学的な考え方を習得してほしいと常々思っていました。そこで、教えることを絞るかたちになってしまいますが、教えるべきもっとも重要なことは市場経済のしくみだと思います。本書では筆者が教養として重要と考える項目で構成されていますので、筆者の意図が多少反映されていますが、市場のしくみを理解することが最も重要ということについては、標準的な経済学者の間では異論は少ないように思います。

ここでは市場経済がなぜ重要なのか、どうして経済学を勉強する必要があるのか、イントロダクションとして考えてみましょう。

わずか一％がもたらす大きな違い

一八世紀に英国で産業革命が起きてから目覚ましい経済成長が起きました。図1はマディソン推計として知られる二〇〇〇年にもわたる一人当たり所得水準の推移を示したものです[1]。これだけの長期の所得水準を推計しているため、多少の誤差については目をつぶる必要があるでしょうが、人類がそれまで経験したことのない経済成長を近代以降に経験したことがわかります。

また、同図は西欧とアフリカとの経済格差の顕著な大きさも示しています。この推計によると、西欧とアフリカの一八二〇年の一人当たり所得水準は一二三二ドルと四一八ドルで、すでにおよそ三倍の差がありましたが、一九九八年になるとそれぞれ一七九二一ドルと一三六八ドルと一三倍にまで開いています。現在の平均的なアフリカ人の所得水準は、二〇〇〇年前のヨーロッパ人の水準でしかありません。現在の先進国ではほとんど誰もが古代の王様以上の生活をしているわけです。

このように先進国と途上国との経済格差が深刻なことがうかがえますが、この間の約一八〇年の経済成長率の違いを計算すると、西欧の経済成長率は平均して一・五％、アフリカは〇・六七％です。わずか一％に満たない毎年の成長率の差がこれだけの大きな経済格差となってしまうのです。そう考えると、経済成長の与える影響の大きさがわかります。

ところで、欧米諸国や日本が経済成長に成功し、アフリカなどの途上国が成長できなかった理由はなんでしょうか。すぐに浮かぶのは植民地支配の結果というものかもしれません。確かに過去の植民地支

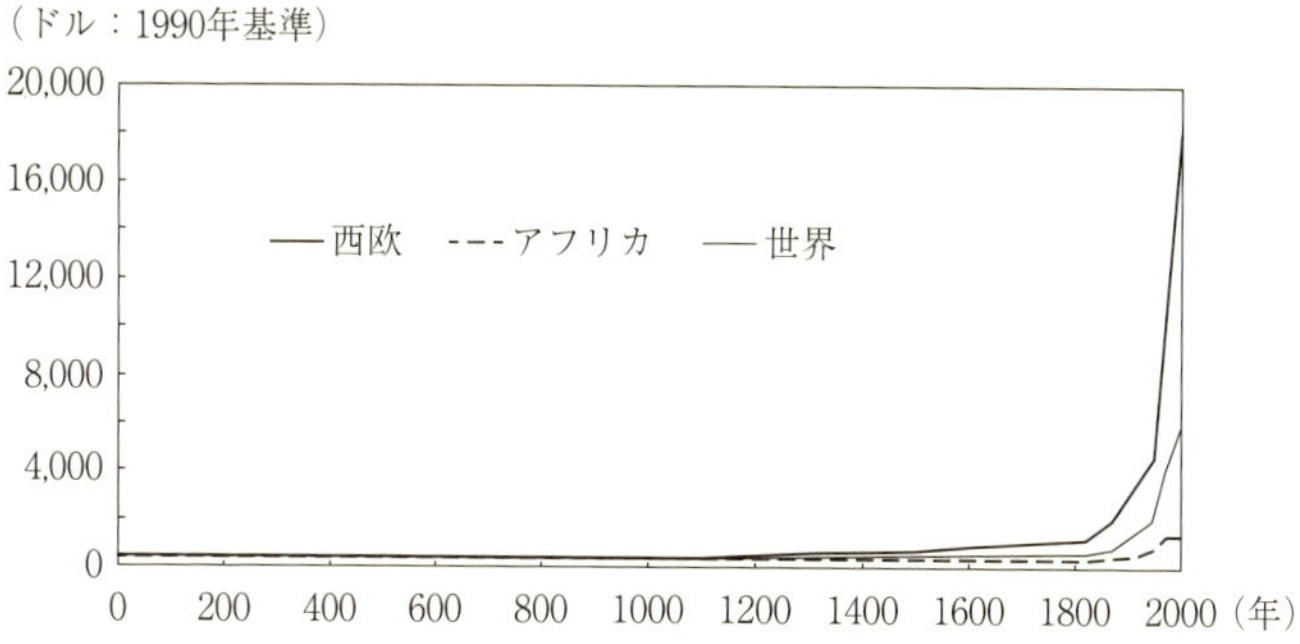

図1　一人あたり所得水準の歴史的推移

（出所）Maddison（2001）.

配は大きな負の影響を途上国に与えましたが、それでは途上国の中でも経済成長している国と、ほとんど成長しない国との違いを説明できません。世の中は様々な要素が関わっているので、その答えを一言で挙げるのは難しいのですが、経済学者は経済成長に重要な要素として市場メカニズムは決して欠くことのできないものと考えています。

中国がＧＤＰの水準でアメリカに次いで二番目の位置を占めるようになりましたが、中国が経済成長を実現できたのも、それまでの社会主義的な経済体制を市場経済へ転換したからでした。実際、国民一人当たりの所得水準の高い先進国はすべて市場経済の国々です。市場経済が全てを解決するわけではありませんが、市場経済を否定して経済成長を実現した国はありません。

もちろん、市場を中心とした資本主義経済は問題だらけです。お金がなければ市場経済には参加できないわけですから、貧しい人をただちに救うわけではありませんし、深刻な環境汚染も、確かに社会主義国もかなりひどい環境破壊をしていたとはいえ、強欲な資本主義の結果と言えるでしょう。ですが、本書で繰り返しお話するように、市場経済を離れて私たちは豊かな生活を送ることはできないことが明確になりました。かつては声高に主張しないまでも、暗黙に社会主義にシンパシーを抱いた資本主義批判が多かったわけですが、多くの人々を不幸に追いやった社会主義という二〇世紀の壮大な実験は失敗に終わり、市場経済を批判だけしていればいいという状況ではなくなって、もう二〇年以上の時間が過ぎています。その結果、理想論だけの左派やリベラル派はあまり見向きされなくなったように思います。主観的になりますが、最近では右派や保守派の現実主義に押しまくられている印象すらあります。

私たちが豊かな生活をおくるために市場経済から離れるわけにはいかない以上、市場経済の仕組みをきちんと理解しなければ、私たちの社会が抱える問題に正しいアプローチをするのは難しいでしょう。ある先生から教えていただいたのですが、「道徳のない経済は犯罪であり、経済のない道徳は寝言である」という二宮尊徳の言葉があるそうです。社会の理想を語ることは大切ですが、ただの理想論では現実性がありません。経済の仕組みを学ぶことは、理想に近づくために現実を見据えることだと思います。「どうすべきか」のまえに「どうなるか」を考える必要があるのです。

本書の目的——大人になって学ぶ経済学

本書は市場経済の仕組みと経済学の考え方を理解するために、実社会で起きた実例を挙げて説明を試みました。経済理論を説明するために、とってつけたような例を後付でするのではなく、身の回りの実例を構成して経済学的な理解を身に付けることを意識しました。話しかける、語りかけるスタイルで、経済学の考え方、とりわけ市場経済の仕組みをつかんでもらいたいというのが執筆者の意図です。基本的な経済理論をきちんと説明するというより、経済リテラシーというのでしょうか、経済学的第一感を身に付けてほしいと思っています。

経済への関心はどんどん高まっていますが、それでも市場経済の理解が進んでいるかというと、まだまだのように感じます。経済学者にとっては議論にすらならない当たり前のことも、世間ではそういうわけではありません。これは仕方ないことでもあります。私たちは経済の教育を中学校や高校できちんと受けているわけではありません。だいぶ改善したとはいえ、中学校や高校の公民の教科書をぱらぱら眺めると、需要と供給の機械的な説明が教科書で見開き二頁ぐらいしかありません。教える先生も大変です。歴史や哲学を専攻した先生は多いでしょうが、経済学を専攻した人は少ないのではないでしょうか。

きちんと理解するには、教科書を読んで一から勉強してください、というのが正攻法ですが、ビジネスの世界で、地域で、家庭で、それぞれ忙しく活動していると、そんな時間はなかなかとれません。そんな人に少しでも経済学の考え方を、経済学的第一感を習得してもらいたいと思います。

読者の対象として考えているのは、学生から社会で働いている人々まで広くとったつもりですが、大学で一度経済学を学んだことのある人や仕事で経済の動きにどっぷりつかっている人にこそ読んでほしいと考えています。本書の「大人になって読む」というタイトルには、「もう一度学ぶ」という意味も言外に込めています。

本書の構成

経済学の入門書はすでにたくさんありますが、執筆者が力を入れたのは、市場経済のしくみと市場が成立するための制度的前提を伝えたいということでした。自由な経済活動を認めれば、それだけで市場経済が成立するわけではありません。自由放任でうまくいくわけではないこと、市場でできることとできないこと、成熟した市場経済に必要なルールや制度の解説について重点をおきました。市場と制度それぞれの第一感を身につける、これが本書の意図していることです。

本書はミクロ経済学に該当する部分を中心に構成されており、貨幣や経済成長などのマクロ分野も含まれていますが、金融政策などマクロ経済政策については触れていません。アベノミクスの是非のようなことを期待される方はがっかりされるかもしれませんが、意見の分かれるテーマよりも、経済学の土台となる考え方を伝えたいと思っています。また、短期的な経済政策を考えることも大切ですが、私たちの社会を長期的にどうしていくかを考えることの方が、一般教養科目として教えるべき内容としても重要だと考えています。

具体的な構成は以下のようになっています。

〈第Ⅰ部　市場経済のしくみ〉

第一章では、市場経済の仕組みを考えます。どうして社会主義ではうまくいかなかったのか、市場経済がきちんと機能するためにはどのような制度的前提が必要なのかを考えます。市場は目に見えません。そこで、目に見える市場として身近になったネット・オークションを例に、市場が機能するためのルールの重要性を考えます。

第二章では、お金の仕組みを考えます。市場経済は分業システムです。様々な取引ができなければなりませんが、それには貨幣が必要です。でも、貨幣はただの紙切れです。ただの紙切れが価値を持つ理由を考えます。また、紙切れが価値を失ったらどうなるのか、金融システムの仕組みについても考えます。

第三章では、利益がどうやって生まれるのかについて考えます。「安く買って高く売る」ことに尽きるのですが、現代の錬金術（?）とも言える金融取引の仕組みも例として考えます。また、こうした利益追求行動は社会にどのような影響を与えるのか、ダフ屋、臓器売買などをとりあげて考えます。

第四章では、安心した経済取引が実現できる仕組みを考えます。購入した商品やサービスが不良品では困ってしまいますから、そうしたことが起きないようなルールや社会制度が必要です。しかし、まずいレストランとヤブ医者とでは不良サービスとしては同じでも、同じルールや制度が適用されるわけではなさそうです。情報の非対称性と法と経済学の考え方にについて学びます。

〈第Ⅱ部　市場経済における政府の役割〉

第五章では、経済学者がよく言う、しかし、一般にはわかりにくい、政府規制による価格のゆがみについて考えます。高齢者にバスや電車のフリーパスを与える現物支給のような政策は経済学的にはあまりいいものではありませんが、実社会では広く見られます。その理由を考えます。また、どうして消費税が税制として優れているのかについても考えます。

第六章では、いわゆる格差について考えます。市場経済が格差を広げるのか否か、理論でどこまで説明できるのか、そして、最近の格差の現状やよく議論になる生活保護や最低賃金について概略をお話しします。

第七章では、環境汚染を例に市場メカニズムがうまく機能しないケースを考えます。このまま経済成長を続けていけば地球環境は破たんするように見えます。そのため、エコが大切だという思いはかなり共有されてきたように思います。環境を守るため、経済学はどう考えるのか、炭素税と炭素ガス排出枠規制の違いはどこにあるのか、そして、ベーリング海で乱獲されたスケトウダラを例に共有地の悲劇について学びます。

〈第Ⅲ部　企業とビジネス〉

第八章では、企業と雇用の問題を扱います。どうして企業は存在するのでしょうか。この当たり前すぎる企業の存在を経済学的に考えるとどうなるか、取引費用の経済学について考えます。また、どうして労働者の保護規制が必要になるのかに加えて、企業買収の効果についても勉強します。

第九章では、企業の様々なビジネス戦略を扱います。価格戦略、メーカーと小売りの垂直的統合、特許や商標などの知的財産など、価格支配力を維持し、利益追求する企業活動について経済学的に考えます。

〈第Ⅳ部　市場と国家〉

第一〇章はグローバル化についてです。比較優位の説明から貿易の仕組みを勉強し、日本は食糧品の関税を撤廃して大丈夫なのか、途上国が経済成長を実現するのに市場開放して自由貿易を進めた方がいいのか、日本の経験はどうだったのかについて考えます。また、貿易の黒字赤字についても扱います。

第一一章では、経済成長を考えます。経済成長を実現し豊かになる国と貧しいままの国とがあります。その違いは何がもたらしているのでしょうか。また、経済成長は本当の意味での豊かさを私たちに与えてくれるのでしょうか。政治制度と市場システムの関係について考えます。

以上のように、市場経済の仕組みから、政府の役割、企業の存在理由、国家との関係まで、市場がきちんと機能するにはどのようなルールや制度が必要か、市場システムが私たちの生活を豊かなものにするには何が必要で、何が必要でないのか、を考えます。

本書でカバーする範囲は経済学の研究対象と比べると小さいですが、執筆者の力量や専門と比べるとかなり大きいのは認めざるをえません。本書は「大人になって読む公民の教科書」を意図したつもりなのですが、少々無謀だったかもしれません。それでも、経済がますます重要になってくる世の中を読み解く第一感を身につけてもらえればと思っています。

本書は興味のあるところから読んでもらって構いませんが、筆者なりに全体の流れを考えて構成しています。ですから、「最初から順番に」を執筆者としてはお勧めします。

また、各章のキーワードとして、ＧＤＰや価格支配力のような経済学の専門用語を挙げています。本文ではキーワードとして挙げた専門用語を一つひとつすべて説明しているわけではありませんが、経済学の標準的な教科書のどのあたりが関係するかをつかんでもらうために挙げました。本書を読んでから、標準的な経済学の教科書で関連するところを勉強したり、教科書で学んだ理論が現実とどのように関わるのかを本書でつかんでもらえれば、執筆者としてはとてもうれしいです。

註

（1） Maddison, Angus（2001）"The World Economy : A Millennial Perspective," p.264, OECD.

大人になって読む経済学の教科書——市場経済のしくみから考える

目次

第Ⅱ部　市場経済における政府の役割

第Ⅲ部 企業とビジネス

第Ⅳ部　市場と国家

第Ⅰ部　市場経済のしくみ

第一章　いつでも買える安心感——市場を通した分業

本章のテーマ

・人々が自由勝手に経済活動をしているのに、お店に行けば欲しいものが常に手に入るのはどうしてでしょうか。
・市場経済が円滑に機能するには、どのような環境が必要でしょうか。
・日本経済の大きさはどれぐらいの規模になるのでしょうか。
・見える市場としてネット・オークションを例に考えます。ネット・オークションが機能するには、どのようなルールや規範が必要でしょうか。

Key words

需要と供給、価格調整、分権的資源配分、ＧＤＰ、自律的な規範形成

1　山奥でいつでもガソリンが買える理由

市場に組みこまれた私たちの暮らし

私たちは日常の生活の中で、様々な商品やサービスを購入したり、働いて収入を得たり、貯蓄をしたり、といった様々な経済活動を行って暮らしています。現代の極めて分業化された社会では、誰しも市場を介して生活しています。さまざまな商品やサービスが市場で取引されており、そのなかに私たちはどっぷりつかっているのでなかなか市場について意識することは難しいかもしれません。意識するのが難しいほど、市場経済の中で自然に暮らしているのです。

現代の生活では、その仕組みをよくわかっていないにもかかわらず、当たり前のように使っているものがたくさんあります。携帯電話やテレビの仕組みを理解できていなくても、楽しく使うことができます。ガスや電気といった日常生活に欠かせないものも、毎日安定的に供給されるので、安心して生活することができます。何かトラブルがあっても、ガスや電気の専門知識を持っている人が器具を修理してくれます。なにか不足するものがあれば、スーパーやコンビニに行けばほとんどの場合事足ります。自分一人でできることは極めて限られているにもかかわらず、豊かな生活を送っています。

市場を通した分業システムの中で暮らしているため、私たちが消費しているモノやサービスを自分だけで作りだすことはできません。現代人が現代の技術をすべて携えて昔の世界にタイム・トラベルできるなら、それこそ世界を征服できるかも知れませんが、現代の技術から解き放たれた姿で、昔の世界に漂流したら何もできません。ほとんどの人は火をおこすことも、高い木に登ることもできませんし、長い距離を歩き通す足腰も持ち合わせていません。獲物を捕まえることも、草木の実のうち何が食べられるのか識別することもできません。毎日あたりまえに使っている紙も金属も作ることができません。文明を支えている分業体制から外れてしまえば、現代人は最新の科学技術を使いこなしているようでも太古の人類にすら及ばないのです。自給自足をしていた昔の人々は身の回りで必要なものは最低限作ったり修理したりできたでしょうが、現代人はほとんどできません。それでも問題なく生活できるほど市場による分業体制がきめ細かにいきわたっています。

「いつでも買える」ありがたさ

市場のしくみを考える例としてガソリンを考えてみましょう。私たちは毎日ふつうにガソリンを買うことができます。今まで、スタンドでガソリンが買えなかった経験は東日本大震災のような非常時を除いてはありません。車のガソリン・タンクを空っぽ寸前まで走って、スタンドに駆け込んでもちゃんとガソリンを買うことができます。どんな山奥に旅行に出かけてもガソリンを買うことができます。これは大変ありがたいことです。タンクが空っぽ寸前で、ようやくたどり着いたスタンドでガソリンが完売していては、次のスタンドまで車が走れるかどうかわかりません。いつでも安心してガソリンを買えるというのは、いつも当たり前のようですが、私たちにとってとても大きな利益なのです。

誰がいつどこのガソリン・スタンドに行くのかを誰かが把握しているわけではありません。一日の売り上げは当然日によって違いますが、ガソリンを買えなかった経験をした人はほとんどいないはずです。誰かが計画したわけでもなく、指示したわけでもありません。それぞれが好き勝手かつ気まぐれにガソリンを買いに来るのに、ガソリン・スタンドではガソリンが用意されています。

同じようなことは、私たちの生活の中であふれています。卵や牛乳はスーパーに行けば、ほぼ必ず手に入ります。ときどき売切れてしまっていることもありますが、それはたまたま遅い時間にスーパーに行ったからで、翌日には必ず用意されています。文具、石鹸、お酒など、ほとんどのものがお店で売られています。私たちは買い置きしてストックする必要はなく、必要に応じてお店に行けば手に入れることができるのです。

自由取引がもたらす安定供給

ガソリンをはじめとした商品の安定供給は、何も誰かに指示されて行われているわけではありません。社会全体で前もって計画されているわけではありませんが、私たちは支障なく生活をおくっています。ガソリンや食糧のような生活に不可欠なものを備蓄していなくても安心して生活できるのは、当たり前のようですがそれほど自明なことではありません。

これは利益を追求しようとする自由な経済活動の結果なのです。売り切れの状態というのは、お店にとってはせっかくのビジネス・チャンスをふいにしていることになります。買いたい人がお店にわざわざやって来ているのに売ることができないのですから、お店としてはそのようなことが起きないように商品を仕入れようとします。だから、私たちは必要に応じてお店で商品を手に入れることができるのです。

このようなことは民間企業にとっては当たり前のことです。しかし、計画経済やパブリック・セクターでは、売り切れという事態になってもビジネス・チャンスを逸したと認識されることがありません。パブリック・セクターではお店の責任者や従業員の利益に直接つながりませんから、売り切れにならなしまいます。むしろ、売り切れの方がお客が来ない分仕事が楽だなんてことが起きてしまいます。

以前、このことを端的に表す記事がありました。仙台市役所内のローソンがお昼時の一一時から一五時にかけて弁当の販売をしていませんでした[1]。時間になると、サンドイッチ等の販売は行うものの、弁当の陳列棚にビニールシートをかけてしまうのです。もっとも消費者が弁当を欲しいと思う時間帯にです。市役所を訪れた市民は誰もが「?」と思っていました。市の担当者のコメントよると、市役所内で開業する民間食堂の経営が厳しく、食堂を保護するために競争を避けようとしたためだそうです。民間企業にとっては「お客様は神様です」が、パブリック・セクターではそうではないのです。市が消費者を犠牲にして業者の方を向いていました。このようなことはだいぶ減ってきてはいるものの（道一つ離れたところにある県庁舎内のローソンではそんなことはありませんでした）、民間企業の感覚からすればまだまだというところでしょう。

当然のことながら、すべてがパブリック・セクターになってしまう（旧）社会主義国ではどんな事態になるかは容易に想像が付きます。社会主義国ではお店は空っぽというのは珍しいことではありませんでした。当然、ガソリンも安心して買えるようにはならないでしょう。数十年前のジョークとして聞いたことですが、様々な商品があふれている日本のスーパーを視察した旧ソ連の高官が「日本の消費者は搾取されていて、商品を買うことができないのだろう」と言った、という話がありました。まんざら嘘ではないように聞こえてしまいます。

2　市場経済を否定すると……

社会主義の理想と現実

市場経済は万能ではありませんが、政府が広く計画経済を実施する社会主義はもっとひどい有様でした。社会主義思想は一九世紀に資本主義経済が広まる中で、過酷な待遇を余儀なくされた労働者の解放思想の役割を担いました。誰しもが平等で豊かな果実を享受できることを謳うだけでなく、必然的に資本主義社会は崩壊し社会主義の道が開かれるというのです。当時の知識人たちが現在の苦しい社会が崩壊するのは歴史発展の法則上必然であり、そのあとには幸せな社会が待っていると主張したのですから、過酷な環境にある労働者たちがその思想に強く惹かれるのは自然なことでした。

こうした思想背景をもとにした激しい労働運動があったからこそ、現在の先進国で見られるように、労働者の待遇改善と福祉国家の建設が進みましたから、その歴史的な役割は大きいものです。しかし、社会主義を実現した国々では理想とは程遠い悲惨な状況がもたらされました。共産党による指導という名のもとに独裁が敷かれ、選挙という民主的な手続きは取られなかっただけでなく、思想・信条の自由も認められませんでした。また、日常生活に必要な食糧、衣料、燃料といった生活物資も不足するありさまでした。国民間の格差は少なかったと言われますが、権力を握る共産党や軍関係者が物資を独り占めにしていた裏返しでもありました。経済成長も滞り、国民の不満が爆発して一九八九年に始まる東欧革命によって欧州の社会主義国は崩壊しました。中国やベトナムも政治的には共産党の指導下にありますが、一九八〇年代に市場経済へシフトする政策を導入しています。

社会主義を今も主張する人の中には、二〇世紀に実現した旧ソ連に代表される社会主義国は本来の社会主義とは似ても似つかないものだという人もいました。本来のあるべき社会主義は別のものであり、まだ死んでいないというのです。しかし、このような意見にはあまり説得力があるようには思えません。どんな形であれ社会主義は旧ソ連や東欧諸国のような社会にならざるを得ないように思えます。

分配することの難しさ

平等な社会を実現するというのはいろいろと難しい問題があります。平等に分配するために、お金を持っている人から持っていない人へ配分するわけですが、誰がお金をどれぐらい持っていて、誰が持っていないかをどうやって政府が把握するか、ということがまず挙げられます。日本でも、生活保護をめぐって様々な問題が報道されています。本来保護されるべき人が保護されず餓死する事態も起きている一方、暴力団などが不正受給をしている場合もあります。これは本当に困っている人をきちんと把握するのはとても難しいことを物語っています。また、お金を持っている人が脱税することもよく報道されますが、誰がお金を持っているかを知ることも同じように難しいのです。是非はともかく、誰しもが自分の分は取られたくないと思うので隠そうとしがちです。それをさせないためには、強い権力機構が必要です。この問題は社会主義国に限らず再分配を行う上で常につきまといます。社会主義国では日常生活に必要なものも含めて再分配を徹底することになりますから、誰がたくさん持っているかを調べて、強制的に徴収する必要があります。

くわえて、社会でどのような物資やサービスが必要かを政府はどうやって知ればよいのでしょうか。例えばアップル社の iPad によってタブレットＰＣの市場が創出されましたが、同じことを政府の役人ができるようにはみえません。市場経済では利益追求の動機から、社会が求めるものが供給されるようなメカニズムが働きますが、社会主義ではそのような仕組みがありません。お店に食肉を求める行列ができても、食肉を仕入れて売ろうとするインセンティブが働きません。結果的に平等になるのですから、一生懸命働いても働きがいは小さくなってしまいます。それでもきちんと働かせようと思ったら監視を強めるしかありませんから、鞭をふるうような警察国家になりやすいのです。さらに、共産党などの政府中枢の関係者が自分たちの有利なように物資を配分してしまいがちです。すべての社会主義国で党関係者は豊かな生活をして、国民は窮乏を強いられるという状況になっていました。当然ながら、国民の不満がたまりますから、さらに権力で押さえつけることになりました。

一九八〇年代の共産党政権下のポーランドを取材したルポルタージュでは、現地の人々が日常生活に必要な物資を手に入れるのに苦労する様が描かれています(2)。食肉を手に入れるのに五時間並ぶのは当たり前、電車の切符を買うのも行列、家には砂糖もない、乾電池は外貨ショップを含めて街中探しても手に入らない、パンを買うために早朝からかけずり回ったものの結局手に入らず、お客に出す朝食がビスケットになってしまう屈辱……。食糧品は安いのですが、スーパーで気軽に買いに行けばいいというわけではなく、何時間も並んで配給券と引き換えに手に入れることになります。マイナス一〇度以下になる冬の長時間の行列がどれだけ厳しいか、私たちには知る由もありません。常に食糧品が手に入るとは限らないので、冷凍庫には二週間分ぐらい備蓄するのはどこの家庭でも当たり前だったようです。酒、タバコ、コーヒー、石鹸は外国人観光客向けの外貨ショップでは手に入っても、現地の人々がドルを手に入れるのは困難ですから、外国人を見掛けたら闇レート（要するに市場価値を反映した実勢レート）で両替を求めていました。

このように日常生活を送るのも大変なのに、不満を表明する政治的手段すらないのですから、そのような社会に住みたいとは誰も思わないでしょう。

3　欲しいモノしか市場に現れない

市場取引は〝民意〟の反映

私たちの欲しいものはお店で手に入れることができます。お店の方も客が欲しいものをそろえようと努力します。客があまり欲しいと思わないものは、お店から消えてしまいます。あまり売れないものが売れ残ってお店の棚でほこりをかぶっているという状態が起きにくいのは、ふだんコンビニで買い物をしていれば常識です。人々が見向きもしなくなったものはあっという間に市場から消えてしまいます。みんなが欲しいと思うものだけが市場で取引されるのです。

スポーツやコンサートの会場近くでチケットを高値で売るダフ屋でも人気のあるチケットしか扱わないようです。昔は巨人戦のチケットは簡単には手に入らないと言われていました。伝統の巨人阪神戦はプラチナ・チケットと呼ばれていましたが、昨今の野球離れを反映してでしょうか、ダフ屋のプロ野球離れが進んでいるといいます。一方でジャニーズなど人気のあるアイドル、ミュージシャンのコンサートのチケットはかなりの高額で取引されており、正規価格と比べて一〇倍近くの数万円でダフ屋がさばいているようです。テレビの地上波でプロ野球があまり中継されなくなってしばらく経つように、消費者が欲しがらないものは市場から消えてしまうことをダフ屋の行動は物語っています。

少し前になりますが、一九九八年に環境ホルモン騒動というのがありました。環境ホルモンについてはいろいろなものがありますが、マスコミが報道したのはポリカボネードというプラスティック製の容器に熱湯を入れると、ビスフェノールAという化学物質が分泌され、人間の精巣にダメージを与えるというものでした。この化学物質を摂取した魚の精巣が小さくなっていることを示した研究成果が報道され、自然界のメス化が進んでいるという報道もなされました。科学的には、魚などでは精巣が小さくなることが認められたようですが、厚生労働省のホームページをみると、注意は必要であるものの、今のところ私たちの生活に大きな影響は確認されていないようです。

ビスフェノールAという物質が人体に影響があるかどうかは今後の研究によって明らかにされるでしょうが、ここではその是非を問題にしたいのではありません。ポリカボネードに熱湯を注ぐと化学物質が分泌されるというので、消費者は買い控えるようになりました。実際、わが家でも哺乳瓶はプラスティック製からガラス製に換えられましたし、学校の給食や老人ホームの食事で使う食器もポリカボネードから陶器やガラスに換えられたりしたのです。

当時、科学的にポリカボネードに原因があることが明らかにされたわけではありませんでした。そのため、メーカーは科学的に危険だと判明したわけではないと弁明していましたが、消費者としてはマスコミの報道を知れば怖いと感じます。「無理に使わなくても」と思うのは自然なところです。また、ポリカボネードを使っていないメーカーはチャンスとばかり、「うちはポリカボネードを使っていません」と大々的に宣伝しますから、ポリカボネードを使っていたメーカーの中にはポリカボネードを使わない製品に生産を切り替えたところもありました。

この顛末は市場メカニズムが分権的であることを示しています。多数の消費者が要らないと思ったものは、あっという間に淘汰されてしまうのです。市場取引では〝民意〟が即座に反映されます。もし、これが政府（国営企業）がプラスティック製品を独占供給していたら、ここまで速やかに切り替えが行われたでしょうか。危険かどうかはっきりしないことを理由にずるずると先延ばしして、傷口を広げていくことが行われがちなのです。

実際、行政が重い腰をなかなかあげなかった例として、ポリオ（小児まひ）の不活化ワクチンの導入の遅れを挙げることができます。わが国では長く経口生ワクチンが使われていましたが、日本医師会の発表などによれば四四〇万回に一回の割合という非常に小さい確率ではありますが、生ワクチンを接種すると感染してしまうことが報告されていました。この生ワクチンはわが国のポリオ感染を根絶するという大きな役割を果たしましたが、今ではもっと安全性の高い不活化ワクチンが欧米では一〇年以上前に導入されています。ワクチンには多少のリスクが避けられないとはいえ、より安全なものがあるのなら、安全なものを求めるのは自然なことです。小さな子どもが摂取するのですから、親としてはなおさらです。こうした国民のニーズがなかなか行政には反映されず、二〇一二年にようやく導入されることになりました。薬の認可は慎重でなければなりませんが、諸外国では一〇年以上前に認可され、その危険性に関するデータも十分明らかにされていることを考えると遅かったと言えるでしょう。

市場経済の調整機能

市場経済の取引は個々人の自由な意思に基づいています。中央の司令塔が指示や命令をだしているわけではなく、それぞれが勝手に取引をするので、市場メカニズムは分権的な資源配分の仕組みです。政府が中央集権的に命令するような統制経済とはだいぶ性格が違います。誰かが計画したわけでも、指示したわけでもなく、消費者が必要ないと判断したものは市場から消えてしまうのです。誰かが前もって計画したわけでもない分権的な仕組みでありながら、消費者が欲しいと思ったものが供給されます。

　この市場システムは情報処理という点でも優れています。我々が取引をするのに必要な情報は、その商品なりサービスなりに問題がなければ、価格だけが重要な問題となります。価格だけを見て、買うか買わないか、売るか売らないかを決めます。価格が高すぎれば買わないし、安すぎれば売りません。それぞれが自分の置かれた環境に照らして、価格だけを見て判断します。基本的に他人のことは考える必要はありません。そして、市場では買い手が多すぎれば価格が上昇して調整されるし、売り手の方が多ければその反対です。買い手も売り手も価格だけを見て行動し、そして価格が売り手と買い手とがバランスするように調整してくれます。

　政府が中央集権的に資源を配分しようとすると、誰が、どれだけ買いたいと思っているのか、どの業者が安く生産できるのか、いちいち調べなければなりません。これは不可能なことです。他人が何を考えているか、頭の中を知らなければならないのです。仮に調べられデータを手に入れることができたとしても、社会のすべての仕事、サービス、商品について、毎日毎時毎秒、計画当局がデータを処理、計算することは不可能です。人工衛星を打ち上げて、スーパーコンピューターで計算しても、いつ台風が発生するか予想できないのが現状です。望ましい経済のあり方を計算することなどできるわけがありません。分権的な市場メカニズムはこの厄介な計算を省略できるのです。市場経済にどっぷりつかって生活している私たちは気にもとめませんが、これは奇跡的なことなのです。

市場経済の発展に必要なもの

産業革命以降、市場経済は世界中に広がりましたが、市場経済自体は近代になって現れたわけではありません。[3]古代ギリシャ・ローマのころには、地中海を中心とした貿易が広く行われていました。古代ギリシャの都市国家は国土が手狭であったため、海外貿易を進め農産物を外部から手に入れていましたし、古代ローマ帝国が地中海全域を支配したころは活発な商業取引が行われていました。ローマ帝国による治安の維持が市場経済の発展を促しました。

しかし、その後、地中海世界では市場経済は退潮してしまいます。ローマ帝国の力が衰えるとともに、イスラム勢力の進出が顕著になり、地中海全域の安定性が失われました。イスラム教文化圏とキリスト教文化圏との緊張関係が地中海を覆うようになったのです。市場を通した分業は必要な商品・サービスが手ごろな価格でいつでも手に入るという安心感があって初めて成立します。市場取引の中心地である地中海が政治的に不安定になれば、期待した通りに商品が手に入らなくなります。市場を通した分業を維持することが難しくなったのです。それが食糧ならなおさらです。人々は自分たちで食糧を調達できるように経済活動をシフトさせていきました。ヨーロッパ世界では市場による分業体制が縮小し、自給自足の度合いを深めていきます。荘園が形成され、その中で自給自足の生活を営む封建制が一〇〇〇年という非常に長い間続くことになります。農奴と呼ばれた農民は職業選択や移転の自由がなく土地に縛りつけられました。ローマ帝国の崩壊は市場を通した分業から自給自足の中世社会への移行を進めたのです。地中海世界の歴史は、市場経済の発展には、治安の維持や取引の安定が必要であることを示唆しています。

4　日本経済の大きさ

世界各国と日本のGDP

このように市場を通した分業にどっぷりつかって生活しているわけですが、日本経済の市場規模はいったいどれくらいでしょうか。よく使われているGDPで見てみましょう。

GDPとは国内総生産のことです。一年に日本でどれぐらいの付加価値が作り出されたかを測る指標です。平たく言えば、一年間で日本でいくら儲かったかを測るものです。付加価値とは、価値を付加するというわけですから、新たに作り出した価値のことです。あるレストランが原材料などの仕入れや光熱費に四〇〇万円かかったとします。この四〇〇万円の費用に対して、一〇〇〇万円の売上があれば、差額の六〇〇万円が利益です。この利益に当たる分が付加価値と呼ばれます。日本中の利益をすべて合わせたものがGDPです。

GDPの計測には時間がかかるため、当初の発表から次第に修正されて確定していきますが、現在の日本のGDPはおおよそ五〇〇兆円になります。内閣府の二〇一四年九月の四半期別GDP速報によると、二〇〇七年には五一三兆円の規模でしたが、その後のリーマンショックや東日本大震災の影響を受け、二〇一二年は四七四兆円、二〇一三年は四七八兆円でした。

このおよそ五〇〇兆円という規模はとんでもない金額です。東京ドームの建設費用が三五〇億円、六本木ヒルズの土地取得費用を除く総事業費用で二七〇〇億円です。海を埋め立てた関西国際空港の建設費用すら一兆五〇〇〇億円にしかなりません。最近、JR東海が発表した東京―名古屋間のリニア建設

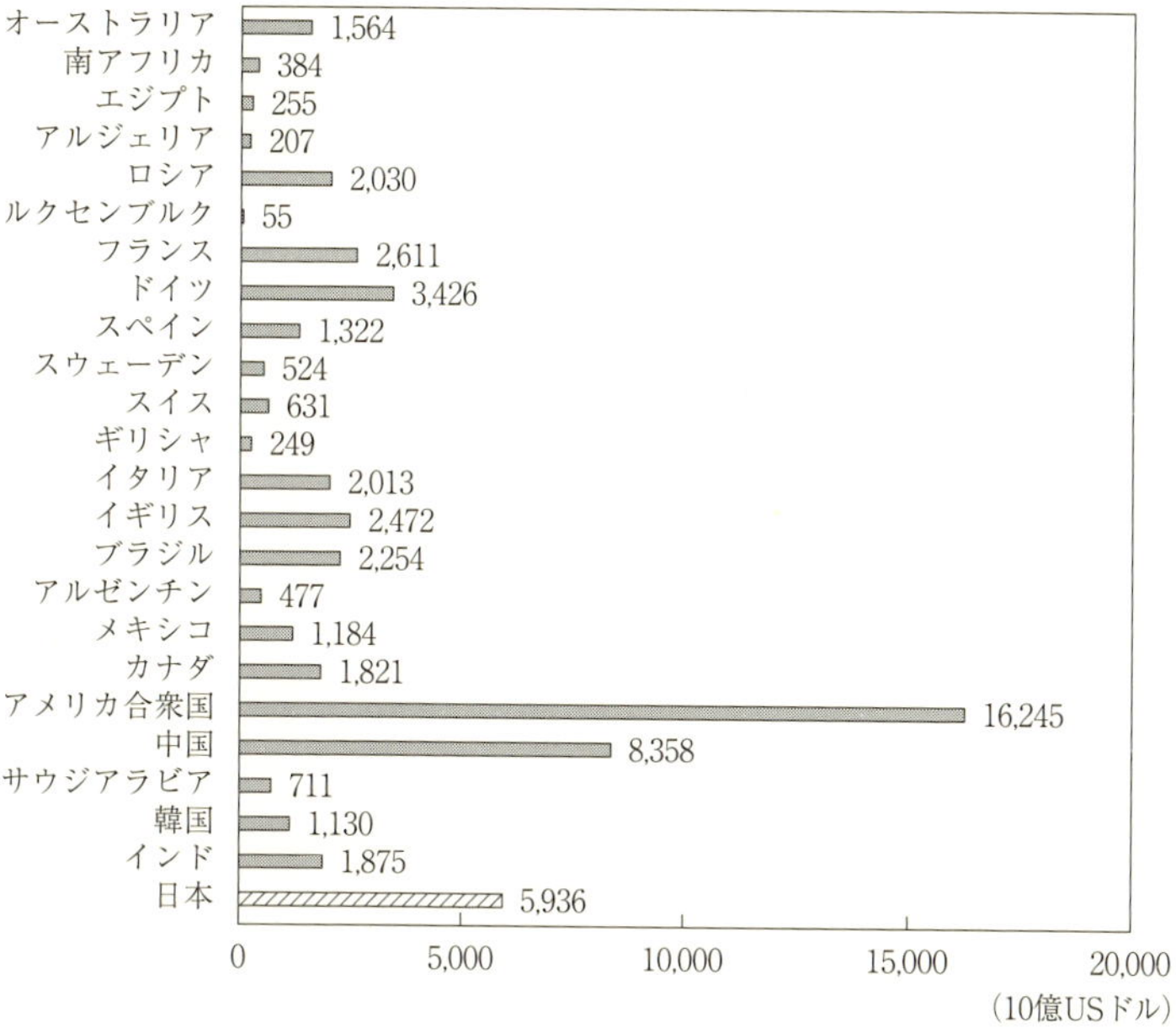

図1－1　各国のGDP（2012年）

（出所）総務省統計局『世界の統計2014』（68〜69頁、表3－3）より筆者作成。

費用が五兆円を超えるぐらいですから、五〇〇兆円の規模がとても大きいことが分かります。これを毎年生み出しているのが日本経済の大きさなのです。

　国別でみたのが図1－1です。ドルで評価したものですが、最大は米国のおよそ一六兆ドル。一ドル＝一〇〇円に換算すると、一六〇〇兆円。日本は中国の八兆四〇〇〇億ドルに次いで三番目でおよそ五兆九〇〇〇ドル。米国の経済規模は日本のおよそ三倍にもなります。この後は、ドイツ、フランス、イギリスが続きます。

　日本は五〇〇兆円という規模ですが、経済で重要なのは一人当たりどれぐらいの所得を得ているかです。そこで人口で割って求めたものが一人当たりGDPです。図1－2は各国の一人当たりGDPを表したものです。日本は一

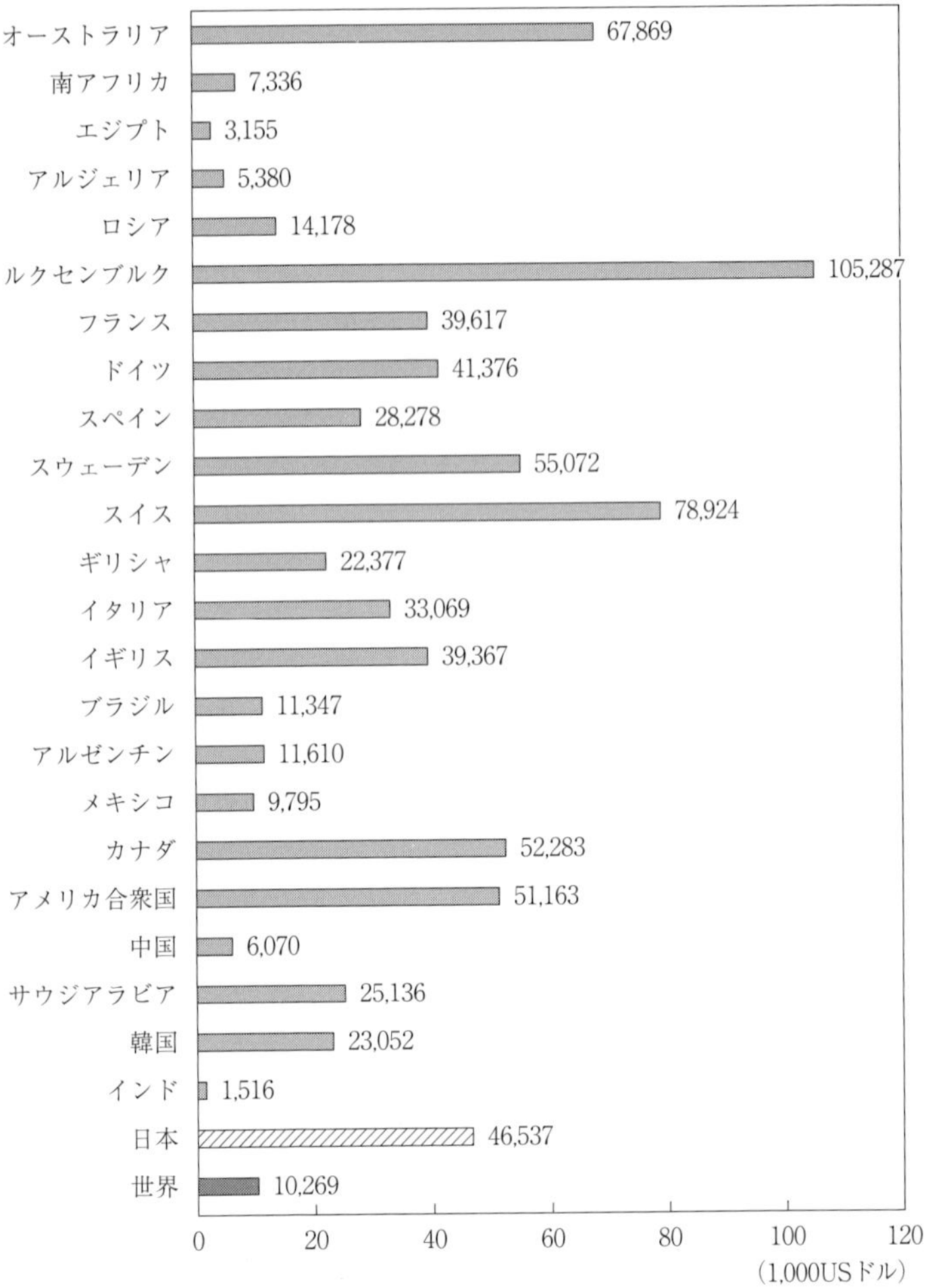

図1－2　一人当たりGDP（2012年）

（出所）総務省統計局『世界の統計2014』（70～71頁、表3－4）より筆者作成。

人当たりでみると四六五三七ドル。およそ四六〇万円になります。これをみると、国の規模では世界で三番目だった日本がそこまで高くないことが分かります。ヨーロッパ各国が米国よりも高い水準であることも珍しくありません。中国は日本の約八分の一の六〇七〇ドルでしかありません。国別の規模は当然ながら人口の大きさに影響されます。中国は一三億人を超える世界最大の人口を有する国だからこそ、国全体のＧＤＰでは大きくなりましたが、一人当たりではまだまだ途上国の水準だということになります。

同じことは日本にも当てはまります。一九七〇年代半ばから三〇年余り、日本は米国に次ぐ世界二位の経済大国といわれていましたが、それはおよそ一億三〇〇〇万人という人口の大きさにその多くを依っていたことになります。ドイツの人口はおよそ八二〇〇万人、イギリス、フランスはそれぞれ六二〇〇万人と六五〇〇万人です。ヨーロッパ各国に比べて人口が大きかったことが国別ＧＤＰにおいて日本の存在を大きくさせていたのです。BRICsと略されて呼ばれるようになったブラジル、ロシア、インド、中国は世界経済における影響力を強めていますが、この四ヶ国とも人口の多い国であることは偶然ではないのです。

名目ＧＤＰと実質ＧＤＰ

図１－３はこの三〇年のわが国のＧＤＰの変遷を表したものです。緩やかながらもわが国が経済成長を続けていることが見て取れます。名目ＧＤＰとはＧＤＰの金額をそのまま表したものですが、物価水準は変動します。生活の豊かさを測る尺度を考える場合は、物価水準を考慮しなければなりません。所得が二倍になっても、物価が三倍になったら実質的には所得水準は下がっていると考えられます。物価

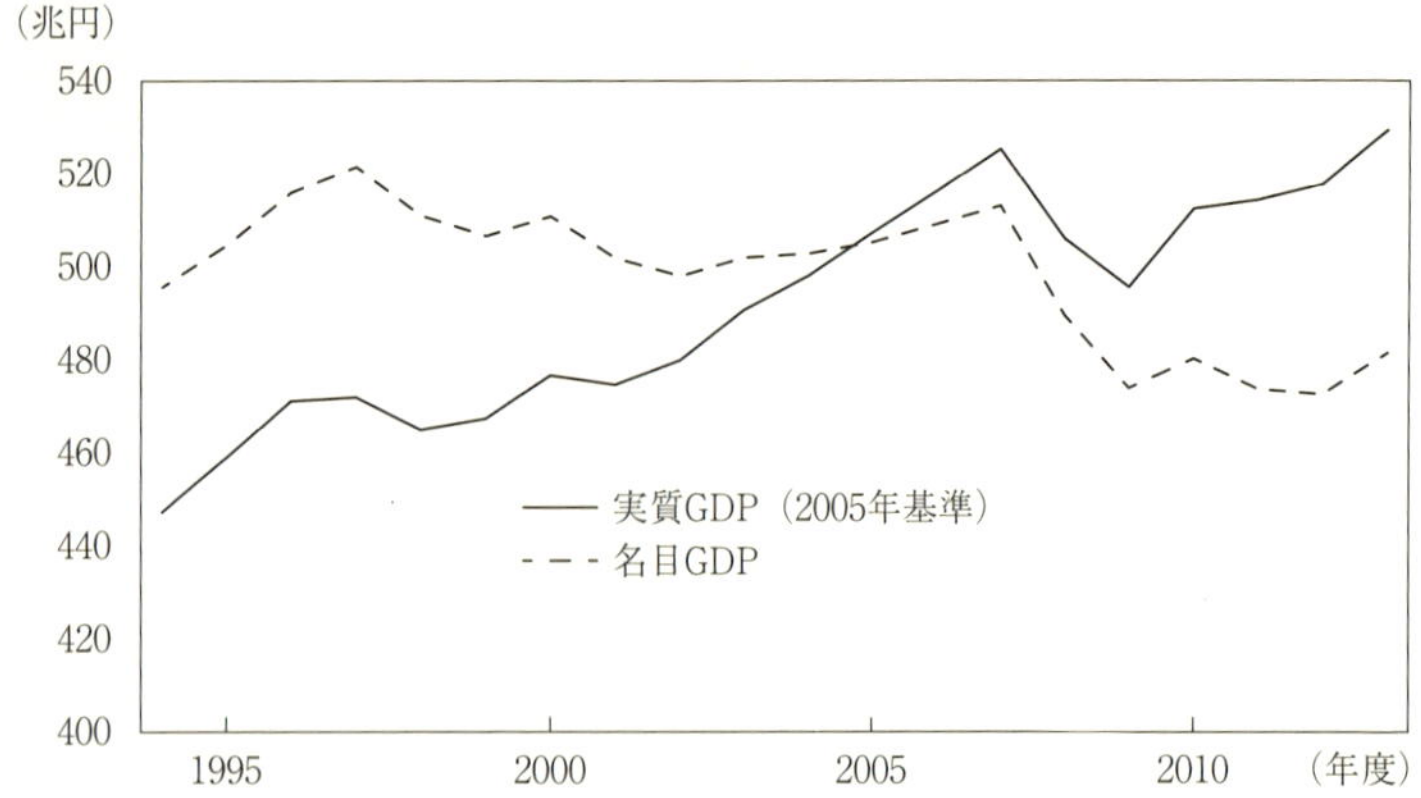

図1－3　日本のGDPの変遷

（出所）内閣府（2014年）『国民経済計算』より筆者作成。

水準を考慮して計算されたＧＤＰを実質ＧＤＰと呼びます。近年、日本経済はデフレだといわれることが度々ありました。物価水準は下がっている傾向にありました。お給料も下がったけれど、物価も同じように下がっています。

マクドナルドのハンバーガーや吉野家の牛丼の価格は二〇年前よりも下がっています。筆者が学生だった頃は、マクドナルドのもっとも素朴なハンバーガーは二〇〇円、吉野屋の牛丼並盛は四〇〇円でしたが、現在はそれよりも安くなっています。これらの価格はキャンペーンなどの企業側の戦略もあり、適宜変化していますが、私が学生だった一九九〇年頃よりも高くなることは最近は見受けられません。ユニクロに象徴される低価格の衣料も目新しいものではなくなりました。数百円でジーンズが買える時代です。リーマン・ショックや東日本大震災という大きな経済的なショックがあったことを除けば、実質ＧＤＰは緩やかながらも上昇していますが、名目ＧＤＰは増えてはいません。日本経済の停滞が指摘されて久しいですが、実質ベースでみれば私たちの暮らしはますます豊かになってきているのです。

5　ネット・オークションから考える市場のしくみ

目に見えにくい市場の姿

人々が自由に経済活動をした結果が、五〇〇兆円という日本経済の市場規模になっています。しかし、自由な経済活動が行われるからといって、市場システムが自動的にできあがるわけではありません。経済学で最初に必ずでてくる需要曲線と供給曲線では、市場が成立した後で価格による調整がどのような結果をもたらすかを説明することに重点がおかれますから、あたかも自然に市場がそこにあるようにみえます。しかし、市場という場が簡単に生まれるわけではありません。

一九八九年の東欧革命によって社会主義経済から自由主義経済にシフトした国々でも、ある日から自由に経済活動をすることを認めただけで、健全な市場経済が成立したわけではありません。市場経済が成立するにはいろいろな制度的前提があります。

市場というと売り手と買い手がいるのですが、市場は目に見えにくいものです。みなさんがアルバイト先を探すときに求人広告を目にすると思いますが、そこには様々な業種があります。求人広告に掲載されているレストランのアルバイトの時給も、他の業種の賃金に影響して決まってきます。経営者としては、人を雇うのに安い賃金で雇える方がよいでしょう。しかし、安くしすぎると、なかなか人が来なくて採用することができません。コンビニなどのアルバイトの時給を横目で見ながら時給の水準を決めることになります。見えるのは、求人広告のようなさまざまな仕事と賃金の水準だけで、市場の構造を目で見るのは困難を伴います。

幸いにして、インターネット・オークションが身近になってきました。ネット・オークションは巨大な市場です。ネット・オークションでは様々なものが取引されていますし、誰しもが簡単にその取引のあらましを知ることができます。ネット・オークションを通して市場経済の仕組みを考えてみましょう。

ネット・オークションは市場取引の縮図

わが国のネット・オークションの最大手はヤフー・オークションです。一九九九年に設立され、ヤフオクと略されるその市場では様々なものが取引されています。書籍、電気製品、チケット、音楽ＣＤやＤＶＤ、スポーツ用品、加工食品など、さまざまなジャンルのものが取引されています。ほとんど新品のものから中古品、レア物などが様々な価格で売買されています。売り手の多くはヤフオクで売ることが本業になっているような業者が中心になっているようにみえます。

なかには、少々ヤバそうなものもヤフオクには陳列されています。ヤフオクのフロント・ページをみると、さまざまな物がジャンル別に区分けされていますが、最後の「その他」のところをクリックすると、「アダルト」、「情報」などが現れます。「アダルト」ではどのようなものが取引されているかはおおよそ推測がつくことと思いますが、「情報」って何だと思われるのではないでしょうか。実際に、「情報」をクリックするとびっくりです。「月収二〇〇万円稼ぐ方法を教えます」とか「確実に一日に二万円を稼ぐ驚愕の方法」などの〝情報〟が取引されています。これらがどういうものか、賢明な読者なら容易に想像がつくでしょう。これらを真に受けて買うようなことは決してしないでほしいものですが、このようなきわどいものまでもヤフオクでは取引されようとしているのです。売れるものならなんでも売るという資本主義経済の一面が見て取れます。

　しかも驚くことに、これらの怪しげな情報に入札して購入しようとしている人も見受けられます！　もっとも、本当に購入しようとしているのか、いわゆるサクラなのかは判別できませんが、この種のものに売買の場が与えられているというのは厳然たる事実です。この他にも、卒業論文を売っている人もいます。「日本の年金制度の今後」のような卒業論文のファイルを売っているのです。しかも、いきなり完成論文を大学の指導教員に提出すると怪しまれることもありますので、途中段階の草稿ファイルも添付するという、なかなか行き届いたサービスのようです。もっとも、売り手の人はこの卒業論文をそのまま大学に提出していることを表向きは推奨しているわけではありません。あくまで卒業論文を作成する際の参考資料としての利用を勧めていますが、同じ大学の人に複数売ることはしないという商売文句を見ると、その意図していることは明らかです。大学教員としては許し難い行為ですが、その細い配慮の行き届いたサービスが市場経済のある種の精神を現しています。ヤフオクとは異なるサイトでは、あらゆるジャンルの卒業論文のＰＤＦファイルを扱っているところもあります。実際、就職活動に使うエントリーシートまで企業別で売買されているホームページもあります。

　このほかにも、ヤフオクでは一戸建てが売られています！「不動産」の項目をクリックすると、二〇〇〇万円ぐらいの非常に大きな金額で取引開始価格を設定しているものが見られます。おそらくは、不動産業者は広告としてヤフオクを利用しているのでしょう。このほかにも、著作権や肖像権を侵害していると思われるようなものも、ヤフオクでは扱われています。

　このように、ヤフオクで扱われているものは、ヤフオク側の意図とは別に、違法すれすれ、もしくははっきり違法なものも取引されています。実社会でも違法とされるものが裏で取引されているように、ヤフオクには現実の市場取引の縮図があるのです。

このようなヤバそうなものを含めて、いろいろなものがヤフオクでは出品されていますが、ひとつだけ共通することは、売れるだろうと思っているモノしかヤフオクには出てきません。いろいろな思惑をもった多数の売り手がてんでばらばらに集まって、巨大な市場を形成しているのです。少数の人たちがどんなに頭をつかっても、これだけ魅力的な商品のラインナップをそろえることは無理でしょう（コラム1－①参照）。

6　ヤフオクの魅力

魅力的な市場の条件

ヤフオクは見ているだけでも楽しいものですが、ここまでヤフオクが成功した理由は何でしょうか。一つはできるだけ多くの売り手と買い手が集まっていることです。スポーツやミュージカルのチケットを売ろうと考えている人は、できるだけ高く売りたいところですが、だれが高い価格で購入する意思があるかはわかりません。たまたま出会った買い手がのどから手が出るほど、そのチケットを欲しいということは確率的に低いでしょう。しかし、たくさんの買い手が集まっているところでは、多額のお金を出してでも欲しいと思っている買い手に遭遇するチャンスは高くなります。

買い手にとっても同じです。チケットを転売しようとしている売り手が多いほど、欲しいイベントのチケットが手に入りやすいでしょうし、売り手が多いほど、安い価格で提供してくれる売り手に遭遇しやすいでしょう。

売り手にとっては、買い手が多ければ多いほど魅力的な市場になり、買い手にとっても売り手が多ければ多いほど魅力的な市場になりますから、これらの相乗効果（経済学では補完性といいます）が働いて、一つの巨大な市場ができることになります。

さて、ヤフオクは、ヤフー・ジャパンという一民間企業によって運営されている市場です。ですから、他の会社や個人も新たにネット・オークションという市場を作ることは可能なはずです。しかし、オークション・サイトを作ったからといって簡単に市場になるわけではありません。実際、ヤフオク以外にもネット・オークションのサイトがありますが、ヤフオクとは大きな差があります。例えば、筆者がざっくりと調べた範囲では、興行チケットの取扱数は二〇一四年一〇月一〇日のある時点で、ヤフオクは二万六三四一件に上りますが、楽天のオークションでは二七二五件でした。興行チケットは、興行日までに売却しなければ紙切れになりますから、家電製品、書籍、ＤＶＤのような商品と違って、速やかに売りさばかなければならないことになります。ＤＶＤなどでは売れもしないような高い価格を入札開始価格に設定することで、一種の広告のようになる場合もありますから、興行チケットの取扱数は実際の取引数を表すのにより適当とみなすことができるでしょう。

売り手と買い手をたくさん集めるには

売り手と買い手とが集まって実際に取引を行ってもらわなければ、市場とは呼べません。単に「市場」を開設しても、それだけでは市場として有効に機能しないのです。今まで市場取引が行われていなかった国や地域で、またはネット上で市場を開設しても、それだけでは市場経済は成立しません。売り手と買い手が集まるような仕組みをつくらなければならないのです。

ヤフオクには買い手がたくさんいるから売り手が集まり、売り手がたくさん集まっているから買い手がたくさん集まっています。こうした状況では、他のサイトがどんなに力を入れてもヤフオクに追いつくのは難しくなります。売り手が少ないサイトには買い手は行く気が起きませんし、これは売り手にも当てはまります。実際、（マイクロソフト社の）ＭＳＮのオークションは二〇一一年にサービスを終了しました。また、米国の最大手 eBay は日本上陸を二〇〇一年に試みましたが、ヤフオクの牙城を崩すことはできず、翌年には撤退しました。今では、ヤフオクを含む他のネット・オークション・サービスと提携を進めています。

市場のなかでも売り手と買い手のそれぞれの間で競争が行われますが、市場と市場の間においても競争が行われているのです。この市場間の競争でヤフオクがリードできたのは、たくさんの売り手と買い手を集めることができたから、ということは先に述べました。それでは、たくさんの売り手と買い手を集めるにはどうしたらいいのでしょうか。

7　市場取引のコスト

取引のコストとリスク

誰しもが経済取引に余分なコストがかかるのはいやなものです。売るにしても買うにしても、手数料がかかったり、手続きが面倒であれば、そのような場所は敬遠したくなります。たくさんの売り手と買い手が集まっている市場は魅力ですが、そこで高い手数料や煩雑な手続きが必要であれば、魅力は小さくなります。たくさんの人を引き付けるには、手続きは簡素に、手数料は低くしなければなりません。

一番いいのは無料にすることです（コラム1－②参照）。

しかし、現在、ヤフオクは無料ですべてを利用できるわけではありません。手数料がかからなければ、多くの売り手と買い手を集めることができるでしょうが、彼らがすべて健全な売買をするとは限りません。売買にはリスクを伴いますが、ヤフオクのようなネット・オークションではそのリスクは高いものです。

商品やサービスを購入する場合、買い手にとってはその商品やサービスが間違いのないものかどうかが一番の心配事です。不良品だったりしては困ります。実際に、お店に出向いて買いに行く場合は、不良品であればそのお店まで行って取り替えてもらうことができます。もし、お店の対応が一切耳を貸さないようなものだったら、「あそこは不良品を取り換えてくれない」という口コミが広がり、だれもそのお店を利用しなくなるでしょう。悪事千里を走るといいますが、この種の噂は昔からあっという間に広まります。現在のネット社会ではその速度はもっと早くなっています。お店としても悪しき評判が広まったら大変ですから、ふつう取り換えてくれます。買い手側の言いがかりのようにも思えるクレームでも、変な評判を立てられるよりはましですから、やはり取り替えてくれるでしょう。

一方、売り手にとっての心配事は買い手がきちんと料金を支払ってくれるかどうかです。ふつうの商売では金銭を支払わない人には商品を渡さないでしょうし、後払いであったとしても、相手の住所がわかり特定できるのであれば料金を請求することができます。支払いを拒めば訴訟という手段がありますし、あまりにも悪質であれば刑事事件として立件してもらう可能性もあります。

売り手も買い手もお互いの身元が割れているからこそ、安心して取引ができます。しかし、ネット・オークションの場合はそういうわけにもいきません。会ったこともない人といきなり取引をすることになります。購入の際に商品を確かめることができればよいですが、ネット・オークションの場合、購入の前に商品を実際に確かめることもできません。また、売り手が先に商品を渡すか、買い手が先に料金を支払うか、どちらかが先に交換に応じなければなりません。これはなかなかのリスクです。おまけに、相手を特定するにはヤフーのＩＤしかありません。身元が特定できない人と、品質にリスクのある物を交換することになるのです。

市場の信頼性

もちろん、ヤフオクには取引の記録が残りますから、その気になれば相手を特定することはできるでしょう。ですから、麻薬のような違法なものが取引されていれば、記録を調べることで相手を特定化して警察の捜査に協力することができます。しかし、商品が不良品だったというようなクレームは対処の仕様がありません。例えば、中古のデジタル・カメラをヤフオクで競り落とした買い手が、カメラの電源が入らないというクレームをつけたとしましょう。ヤフーにとっては、売り手が不良品を売ったのか、買い手が落としたり、水に濡らして動かなくなったのか、判別できません。このようなトラブルを毎回処理していては作業が膨大な量になってしまうでしょう。日本人は外国人に比べると商品の細部まで気にするところがありますから、タレントの写真集のような取引であれば、折り目が付いているとか、陽に焼けているとか、それこそ判断できないトラブルが山のように出てくるのです。

取引にこうしたトラブルはつきものです。悪意はなくとも不良品が発生するのは致し方ありません。しかし、悪意をもった取引業者や個人はできるだけご遠慮願いたいところです。そのために、こうした人たちがヤフオクに参加しにくくすることで、取引のリスクを減らすことができます。

実際、ヤフオクでは安全な取引の実現のためにいろいろとルールを変えてきました。匿名での取引はトラブルになりやすいので、クレジット・カード情報などを用いた本人確認を求めるようになりました。もし、何らかの大きな問題が起きた時に、責任の所在を明確にされるという可能性が存在すれば、悪意に満ちた取引をする人は減るはずです。また、ヤフオクを利用する場合に、一定の利用料金を支払うことを要求するようになっています。料金を払う以上、きちんと商品を売りたい人、買いたい人がヤフオクを利用するようになるからです。

この種の手数料は高くしすぎると、市場間の競争に勝てなくなってしまいます。実際、二〇〇二年のヤフオクの利用料金値上げをビジネスチャンスとしてとらえたDeNAはヤフオクを追撃するキャンペーンを精力的に行いましたから、ヤフオクとしても競争を考えると利用料金は取りたくないところだったでしょう。しかし、無料で誰しもが利用できるとすると、悪質な利用者を呼びよせてしまい、詐欺や料金未払いといった問題が頻発し、かえって市場の信頼性が損なわれてしまいます。実際、ヤフオクで詐欺にあった被害者がヤフオク側の管理責任を理由に損害賠償を請求する訴訟も行われましたし、裁判によってはヤフオク側が損失を補てんしたケースもありました。無料で誰しもが参加できる市場というのは活発な取引がたくさん行われそうに見えますが、必ずしもそうではないのです。取引のルールを設定し、それを参加者に守らせることができなければ、市場の魅力は減ってしまいます。魅力的な市場というのは、利便性と安全性の両面を満たす必要があります。

8　信用の価値

ルールの作られ方

詐欺やトラブルを減らすために、ヤフオクは誰もが匿名かつ無料で利用できなくなりました。ヤフオクのルールは、ヤフーが利用者の声を集めて、一方的に上から決めたものです。ここでいう一方的というのは、管理者としてヤフーの意思で決めたということです。一般の取引でも政府が定めた法令に従わなければならないように、こうした管理者の上からのルール作りは円滑な取引の上でも重要です。しかし、こうした上からのルールに加えて、自然と形成されてくるものもあります。

円滑な取引を実現する上で、私たちが利用するのは取引相手の評判です。過去にどれだけの取引をしたか、また、相手からの評価が高かったか、こうした取引相手の評価を見ることができます。数百、もしくは一〇〇〇を超える取引の実績があり、そのほとんどが高評価である相手であれば安心して取引をすることができます。先に商品を郵送したり、料金を支払ったりしても、トラブルにあう可能性は低いでしょう。このように、安心した取引を行う上で、過去の取引の履歴が見られるというのは極めて有効です。一〇〇〇を超える評価を築くには時間がかかりますが、評判が失墜するのはあっという間です。消費者心理としては、安全な売り手であれば、多少とも価格が高くなっても構わないと思う人も少なくないはずです。これまでに評価を積み上げてきた人たちは、高く売って利益を得られるのですから、益々評判を下げないように努力するでしょう。市場の取引では、長期的に築いた信用こそが大きな価値をもたらすのです。

自律的な規範形成

こうした取引の累積から構築される評判は取引を円滑に、活発にする上で重要な役割を果たします。私たちは自由な市場取引から、取引に不可欠な〝信用〟という価値を新たに生み出すのです。この種の信用が確立されている市場では、取引は円滑に行われますし、取引内容について政府をはじめとした管理者が介入する必要は少なくなるでしょう。

自由な市場取引を重視する論者は、こうした自由な取引から自然に形成される、下からの規範形成を重要視します。一見、個々人がそれぞれに利己的な利益を追求していても、取引に必要な規範が自律的に形成されうるのです。そのため、管理者の上から一方的に決めるルールはできるだけ少なく、ときには撤廃すべきだという考え方の根拠にもなっています。こうした考え方の代表的論客はフリードリッヒ・ハイエクです。ハイエクは貨幣ですら自由に発行されるべきだと主張しました。人々が信用している貨幣が自然に選別されるだろうというのです。政府をはじめとした管理者の上からのルールの強制はときに大きな過ちをもたらすものであり、それならば時間をかけて自律的に形成された慣習のような下からのルールの方が望ましいというのです。

こうした自律的な規範形成は極めて重要です。しかし、管理者が最低限のルールを決めておくことも重要です。実際、こうした信用を既に築いた個人や企業は問題ないにしても、新しく取引を始めようとしている個人や、新たに起業しようとしている経営者にとっては、訴えるべき信用がありません。信用がなければ、安心して取引ができません。第三章でもお話ししますが、どんどん起業をすすめていくためには、そしてそれが経済を活性化するために重要だとすれば、円滑な取引を可能とする上からのルールを決めておくことも大切なのです。市場では自由な経済取引が行われますが、自由放任だけではうまくいきません。上からのルールと下からの自律的な規範形成という成熟した社会制度が必要なのです。

コラム1

1　ガリレオの骨、売ります

ニュージーランドのオークランドのオークションで、ナポレオンの毛髪が一万三〇〇〇ドル(約一一五万円)という高額で落札されたそうです。[4] 有名人ゆかりのものには高値が付くことはよくありますが、売れるものなら何でも売る、というのは市場経済の一つの姿であり、そんな市場システムの性質については批判的な見方があるのは自然なことかもしれません。実際、ネットオークションで扱われているものの中には眉をひそめたくなる様なものもあります。

フィレンツェの科学史博物館にはガリレオの指の骨が展示されていますが、これは近年オークションで手に入れた人が疑問に思って博物館を訪れたことが発見のきっかけでした。ガリレオと教会との関係は良好なものではなかったため、一六四二年にガリレオが死去した後も、しばらく埋葬されることが認められなかったといわれます。一〇〇年近くたって埋葬される際に、指と歯が持ち去られ行方知らずになっていました。これは当時の人々が聖人など偉大な人の体の一部を所有することで、ご利益があると考えられていたからだそうです。

博物館に持ち込んだ人はガリレオのものだとは知らなかったそうですが、そんなものまでオークションで売買されているというのは驚きです。

2 使いにくい成田空港

自由な市場取引を活性化させるためには、規制緩和をさらに進めなければならないということが言われます。東京や大阪という市場は、ニューヨークやロンドンはもちろん、香港やシンガポールと競争しています。日本の各都市の市場取引を活性化させるには、外国の市場よりも魅力的なビジネスの場を提供しなければなりません。ビジネスを始めるに際し、許認可に関する煩雑な手続きを役所でしなければならなかったり、空港から都心部へのアクセスに難があるようでは、魅力ある市場を作るという点で大きなマイナスで、日本経済の発展を阻害してしまうのです。

日本の空路を例に挙げると、日本から外国へ行く場合、空の玄関口は成田空港になりますが、東京都内からのアクセスは極めて悪いことが知られています。また、地方から成田空港へ行くのも大変です。地方の空港から東京に向かう場合、成田空港行きの便はとても少なく、そのほとんどは羽田空港へ着きます。羽田から成田への移動は、一時間ではとても無理で、二時間は見なければなりません。大きなスーツ・ケースを伴っての移動は無理があります。そのため、地方から海外に出かける場合は、地方の空港から韓国の仁川国際空港へ飛び、そこから各国へ向かう長距離国際便に乗り換えることになります。国際空港という市場では、成田はあまりにも利用コストが高く、スルーされてしまっているのです。

そこで、羽田空港の国際化がようやく進められるようになりました。しかし、二四時間離着陸可能と言われましたが、深夜から早朝にかけて空港と都心部を結ぶ交通機関が動いていないため、事実上二四時間機能していません。残念ながら国際競争に大きく遅れをとったまま事態は改善していないのが現状のようです。

註

（1）河北新報ネット配信記事（二〇〇八年一一月二七日付）。
（2）今井一『チェシチ――うねるポーランドへ』（朝日新聞社、一九九〇年）。
（3）岡崎哲二『コア・テキスト経済史』（新世社、二〇〇五年）。
（4）時事通信ネット配信記事（二〇一〇年六月三〇日付）。

第二章　一万円札は二〇円で作られる——貨幣と信用

本章のテーマ

・一万円札はもともとただの紙切れですが、どうして価値をもつのでしょうか。
・長い間、金が貨幣の役割を担ってきました。そのメリットとデメリットはなんでしょうか。
・金融危機のときに、政府は大手金融機関を救済するために公的資金を注入しましたが、なぜ救済する必要があったのでしょうか。

Key words

金本位制、欲望の二重の一致、貨幣発行益（シニョリッジ）、マネー・ストック、マネタリーベース、信用創造

1　魔法の紙切れ

信用の裏付け

第一章では市場取引の基本的な仕組みをお話しましたが、取引はほぼすべて貨幣を介して行われます。貨幣がこの世から無くなれば市場取引はできませんし、市場を通した分業も不可能です。

私たちはふだんから貨幣を媒介にして無数の経済取引を行っています。古代社会では貨幣は取引の媒介手段にくわえて呪術的な意味合いももっていたとされ、その起源をたどるのは難しいと言われています。一説には文字よりも貨幣の発生は古いのではないかとも言われていますが、文字による記録が残されて、初めて昔の世界のことがわかりますから（そもそも解読できない古代文字も多いですが）、文字が発明される以前のことはわかりません。人類が残したもっと古い記録には何かの取引を記したような粘土板が見つかっており、交易の古さを物語ります。

紀元前七世紀ごろのトルコにあったリディア王国で製造された金属貨幣が、今まで発見された中でもっと古いと言われています。それ以来、長い間、金、銀、銅といった金属が貨幣の役割をしたり、貨幣がそうした金属で鋳造されていました。現在は紙幣が中心ですが、この紙幣も一九七一年にブレトンウッズ体制が崩壊するまでは金との交換によって価値が裏付けられていました。一ドルが約〇・八九グラムの金と交換することが約束されていたのです。当時は一ドル＝三六〇円の固定レートでしたから、一〇〇〇円はおよそ二・五グラムの金と交換できたことになります。裏返せば、二・五グラムの金が常に一〇〇〇円の価格でした。現在は金の価格は変動し投機の対象にもなっていますが、当時は、貨幣と金の交換価格が一定に定められていたのです。

貨幣に金の裏付けを定めた制度を金本位制度といい、一定量の金との交換が約束された紙幣を兌換紙幣といいます。近代の貨幣制度は金本位制を中心に運用されてきました。むしろ金本位制度を維持しようとしては、失敗する歴史と言ってもよいかもしれません。簡単に歴史を振り返ると、日本では日清戦争後に金本位制になり、欧米各国と足並みをそろえましたが、第一次世界大戦中に各国が金本位制から脱落すると日本も金本位制を維持できなくなりました。昭和初期にやや無理やり金本位制に復帰しますが、世界恐慌のあおりをうけて各国とともに金本位制から脱落してしまいました。

第二次世界大戦後は、米国を中心とした国際通貨制度（ブレトンウッズ体制）のもとで、先に述べたようにドルを通じた金本位制が運用されましたが、一九七一年に崩壊（ニクソン・ショックと呼ばれます）してしまい、現代では金の裏付けがない制度になっています。このように、なんとかして金の裏付けのある貨幣制度を国内外とも構築しようとしては失敗してきたのです。金本位制度の維持と運用が困難を極めた理由については後で説明しますが、金の裏付けによる貨幣制度を各国が求めようとしたのは、やはりただの紙切れに対する不安があったからでしょう。金と違っていくらでも印刷ができてしまいますから、金の裏付けが貨幣の信用に必要とされたのです。

貨幣はバブル？

しかし、金はそれだけではあまり持っていてもうれしいものではありません。金融の授業でよく引き合いに出されるギリシャ神話のミダス王の話があります。ミダス王は黄金をあまりにも欲したため、神がその願いをかなえ、王が触れたものをすべて黄金に変えてしまうようにしてしまいました。触るものすべてが黄金に変わっていく様をみて、王は狂喜しますが、食べるものも愛する人もすべて黄金になってしまい、事の重大さに気付いてしまいます。

誰しもお金は欲しいものですが、お金そのものはあまり価値のあるものではありません。お金があれば欲しいものがいつでも手に入るからこそ、お金が大切なのです。しかも、現在の貨幣は黄金よりも脆弱に見えるただの紙切れです。あの紙切れが紙以上の価値をもって貨幣として流通しているのは私たちには当たり前ですが、紙幣を知らない人が見たら、何か魔法でもあるようにしか見えないでしょう。現代では紙切れどころか、電子マネーのように形すらないものも貨幣として流通しているのですから、不思議といえば不思議です。

本来、そんなに価値のないものが価値があるかのように見えてしまう現象をバブルといいます。経済学におけるバブルのきちんとした定義はありますが、それはともかく「バブルが崩壊した」、「ＩＴバブル」など、日常的に使われる言葉になってしまいました。株や土地の価格が（後から思えば）正常とは思えない価格を付けていることをバブルといいますが、考えてみれば、ただの紙切れがあれだけの価値を持っているのですから、貨幣もバブルの一種といえます（合理的バブルといいます）。

「バブルは必ず崩壊する」ということも言われます。最近では、サブプライム・ローン問題から資産価格が下落し、バブルが崩壊したと頻繁に言われました。もし、バブルの一種である貨幣も崩壊したら、大変なことになってしまいます。この章では摩訶不思議な貨幣の仕組みについて考えます。

2　貨幣が機能する条件

刑務所内の貨幣経済

私たちが普段の生活をしている限り、貨幣のない生活というのは体験できませんが、貨幣から隔絶された世界で、人々が「貨幣なるもの」を作り出していく様が現代でも記録されています。

最近では米国の刑務所でサバの缶詰を貨幣にみたてて囚人たちが様々な取引をしていたことが報道されています。[1] 囚人はお金やたばこを持つことが禁じられていたため、保存しやすい魚の缶詰が利用されることになったのでしょう。また、あまりサバが好きではないというのも理由として考えられるのかもしれません。囚人間でサバの缶詰を交換してひげをそってもらったり、靴を磨いてもらうというサービスをしてもらったようです。

刑務所内の売店は週に一日しか営業していなかったため、売店で売られていた様々な物品をロッカーに保管して毎日「コンビニ」を営業していた囚人もいました。ロッカーの物品に少しプレミアムを付けてサバの缶詰と交換し利益をあげていたのです。自分のロッカーだけでは物品を保管しきれなくなり、他の囚人のロッカーまで使用料を支払って物品を保管していたと言います。そのロッカーは高さ一二〇センチもある大きさでしたから、商売の繁盛ぶりがうかがえます。貨幣がなくても貨幣になりうるもので人は自発的に取引を行うのです。

捕虜収容所の貨幣経済

また、第二次世界大戦中にドイツ軍の捕虜収容所で「貨幣経済」が成立した様子が論文にまとめられています。(2) 施設によっては数千人規模から五万人規模までと、多数の兵士が収容されていました。配給されるパンなどの食糧品に加え、赤十字や兵士の家族などから日用品やたばこなどが送られていたと言います。たばこは吸わない人にはどうでもいいものですが、喫煙者には大切なものですから、物々交換がされるのは自然なことです。パンとちがってたばこは保存しやすいこともあり、そのうち貨幣として収容施設内で取引されました。パン一枚＝たばこ七本、のようにたばこの本数を単位にして取引されました。

最初は交換レートはまちまちだったようですが、それぞれの売りと買いを表した掲示板が設置されるようになり、需給を反映した価格（たばこの本数）付けがされました。例えば、暑い日にはココアの価格がさがり、石鹸の価格があがるなど価格調整が見られたと言います。パンは月曜日と木曜日に三、四日分まとめて配給されたため、配給された日はパンの価格は安く、配給前日の日曜日と水曜日の夕方は高くなりました。ある抜け目ない兵士は安い月曜日や木曜日にパンを買い集め、日曜日と水曜日の夕方に売りさばいて利益をあげ、悠々とたばこの煙をくゆらしたそうです。「安く買って高く売る」という裁定取引を行っていました。

この捕虜収容所の話ではたばこが貨幣の役割をしていたわけですが、貨幣の三つの機能、交換手段としての役割、価値を測る尺度としての役割、価値を貯蔵する役割、のすべてが現れていることがわかります。

また、たばこ自体はたばこの葉を紙で巻いているだけですから、たばこ一本の葉を少し減らして新たに紙で巻けば自家製のたばこを作ることが可能で、たばこの本数を増やすことができます。貨幣の「偽造」ができるわけです。こうした自家製のたばこも貨幣として流通することもあったようですが、あまりにもひどいものは拒否されたと言います。赤十字から配給された正式なたばこは一〇〇％確実に取引されたことと対照的でした。

さらに、配給されるたばこの品質にも差がありました。いわゆる高級品のたばこは貨幣として使われずに喫煙者に吸われることが多く、あまり高級でないものが交換の手段として流通しました。「悪貨は良貨を駆逐する」というグレジャムの法則に似た現象も観察されたのです。

この収容所ではお店やレストランもでき、お店が発行する「紙幣」も流通するなど、「市場経済」が発展しましたが、戦争末期になり配給が滞るようになると、「紙幣」は流通しなくなり、物不足のため取引も減っていきます。終いにはたばこで交換することも減っていきました。取引は減り、価格は不安定になり混乱しました。

ドイツの敗戦間際に米軍から大量の物資が届けられるようになると混乱は終息しましたが、「市場経済」が再興することもありませんでした。何不自由なく物資が手に入り、しかもいずれ祖国へ帰ることができるわけですから、そこだけで役立つ「貨幣」を手に入れる取引の必要がなくなってしまったからです。著者は論文の最後で、「経済学とは終わりがない世界で限られた資源をどのように配分するかを扱う学問」であると述べています。収容所の経験が物語るように、終わりが近づいたり、物があふれてただで手にはいる世界では、貨幣を媒介にした市場経済は成り立たないのです。終わりが近づいたら貨幣は流通しない、というのは後でお話しますが、貨幣が機能するための大切な条件です。

3　貨幣の役割

貨幣保有のメリット

貨幣という何にでも交換できるものがあるおかげで、私たちの取引は円滑に進められています。貨幣がなければかなり面倒なことになるのは、すべてが物々交換される世界を想像すれば十分でしょう。経済取引では望まない取引に応ずる義務はありませんから、相手の持っているものが欲しいからこそ交換することになります。先の捕虜収容所の例のように、パンがほしいと思っても、相手が何を欲しているのかわかりません。自分がたまたまもっているチョコレートと交換できるかどうかわかりません。

例として、パン、ミルク、チョコレート、バター、たばこという五つの異なる商品がある場合を考えてみます。それぞれを物々交換すると、パン一枚とチョコレート一枚、ミルク二〇〇ミリリットルにたばこ五本のように、それぞれの交換レートが必要です。五つの商品のペアを考えるのですから計一〇（＝５×４÷２）通りの交換レートが必要です。しかし、たばこを基準に価格を決めれば四つだけで事足ります。

商品の数が増えるほどその効果は歴然です。一〇〇種類の商品それぞれの交換レートは四九五〇（＝100×99÷２）通り、一〇〇〇種類の商品であれば四九万九五〇〇（＝1000×999÷２）通りと爆発的に増えてしまいますが、たばこで基準をつくれば、商品一〇〇種類であれば九九通り、一〇〇〇種類であれば九九九通りとなります。こうした基準となるものを経済学ではニューメレールと呼びますが、そのおかげで交換レートがそれぞれ五〇分の一（＝99÷4,950）と五〇〇分の一（＝999÷499,500）ですむのです。

商品の数が増えれば増えるほど、たばこのようなもので基準を作ることが一層便利になります。

チョコレートを持っている人がパンを欲しくても、パンを持っている人がチョコレートを欲しいとは限らないわけですが、この例のたばこのように取引を媒介するものがあれば、とりあえずたばこに代えてから、自分の欲しいものを手に入れることができます。また、今すぐに欲しいものがとりたててない場合は、たばこのまま保管して欲しいものができたときに代えてもよいでしょう。このことから、貨幣として使われた物は、古代から石や貴金属のような保存しやすいものが利用された理由がわかります。劣化せず、保存しやすいものであれば、たくさん集めても後日他の欲しいものと交換できるからです。

貨幣を持っていれば、自分の欲しいものにいつでも、どこでも、だれとでも交換することができます。この性質を流動性と言います。すぐに処分して、その価値を実現できるということです。財産としては、国債、株式といった金融資産から、家屋、土地のような実物資産までさまざまな形態がありますが、急な出費に迫られて財産を処分しなければならなくなったとき、家屋や土地ではその価値を実現するのに当然時間がかかりますから、こうした実物資産は流動性が低いことになります。国債や株式などの金融資産は実物資産に比べれば短い時間で処分できますが、貨幣に比べれば時間がかかってしまいます。

株式や国債であれば配当や利子が得られ、土地や家屋などの実物資産も貸出すれば地代・家賃収入が得られます。これらの資産は新たに利益をもたらしてくれますが、貨幣をそのまま持っていても利子を生みません。収益性という点では貨幣はあまり魅力がありませんが、すぐに欲しいものに交換できるというメリットがあります。流動性が非常に大きいことが貨幣保有のメリットなのです。

貨幣なくして分業なし

このように、いろいろな欲求をもった人々の交換を円滑にする役割を貨幣は持っていますが、それに加えて富の貯蔵手段としての役割ももっています。先にあげた捕虜収容所の例では、たばこであれば保存がききますから円滑な取引ができそうですが、鮮魚であればそうはいきません。自分の持っているものを、他人の持っているものと交換するのが経済取引ですが、その取引は自分の好きなときに、都合の良いときに行いたいものです。しかし、漁業を営んでいる人は魚を他のものに交換することになりますが、魚が新鮮な時間はそう長くありません。財産を蓄えるという点で不利になってしまいます。

私たちの世界は分業によって成り立っていて、他人が作ってくれたもので生活のほとんどが成立しています。これらの他人が作ってくれたものを手に入れるには、市場取引を行わなければなりません。小さな集落ではお互いが顔見知りですから、お互いに約束して分業することもできます。しかし、見知らぬ人とはそういうわけにもいきません。貨幣が存在することによって、どこの誰か知らない人とでも、そして詳細な約束を交わさなくても役割分担が決まり、分業できるのです。現代のように極めて細かく分業して経済が豊かになるには、貨幣による交換と富の貯蔵ができなければ不可能でしょう。貨幣のない物々交換の世界では、漁業のような仕事では生活しにくいのです。経済が成長するということは物的な面で豊かになることですから、たくさんの商品やサービスを生産、消費することです。それは分業を細かくしていくことで可能になりますが、分業は貨幣なくしては成り立たないものなのです。

変動する貨幣の価値

先に挙げた鮮魚などの生鮮食料品は貯蔵しにくい典型的な例です。これに対して工業製品は比較的作り置きができるものですが、やはり劣化してしまいます。また、私たちの労働力もです。いつまでも若いときと同じように働くことはできませんから、自分の稼ぎを蓄える手段が求められました。そのため、貨幣として使われたものが、石や貴金属という劣化しにくく保存しやすいものだったのです。

ここで保存しやすいというのは物理的に劣化しないことはもちろん、経済的に価値が減らないということも含まれます。金は化学反応しにくく物理的に保存しやすいものですが、それに加えて経済的な価値が減りにくいということも重要です。実際、コロンブスに始まるスペインの中南米進出の結果、一六世紀には豊富な銀鉱山が発見され、銀の供給量が飛躍的に上昇し、銀の価値はヨーロッパで大きく下落してしまいましたが、そのようなことが起これば銀で蓄財するのは不都合です。財産を蓄えるという点では、ここで挙げた銀のように大幅にその量が増えてしまっては困るのです。

ちなみに人類によってこれまで掘り出された金の総量はおおよそ一四万トン、五輪の競泳用プールにして三杯程度だそうです(3)。金塊を探し求めた話はたくさんありますが、たかだかこの程度しか金を掘り当てることができなかったのです。人類の鉄の使用量は走っている自動車だけを考えても膨大であることがわかりますが、それと比較すると金の希少価値がわかります。裏返せば、金の価値が保障されていたということでもあるのです。

現代の貨幣は硬貨や紙幣ですが、ほとんどの人は銀行などの預金口座に預けていますから、通帳に数字が並んでいるだけです。幸いにも生鮮食料品のように腐ることはありませんが、市場価値が下がってしまうことは起こりえます。貨幣の価値とは、つまるところモノやサービスをどれだけ購入できるかということで測られますから、諸物価の水準で測ることになります。物価が上昇するインフレは、貨幣の価値が下がっている状態、物価が下落するデフレは貨幣の価値が上昇している状態ということになります。あまりにも激しいインフレに見舞われると、貨幣で財産を蓄えることができなくなってしまうのです。

4　貨幣発行益という麻薬

一万円札は二〇円で作られる

一生懸命働いて築いた財産の価値がなくなっていたというのでは困ります。金本位制に世界がこだわったのも、貨幣の信頼性を維持する必要性に迫られていたからです。紙切れは権力者の都合で見境なく濫発され、激しいインフレ（ハイパー・インフレ）をもたらされる恐れがありますから、金という裏付けがなければ貨幣が発行できないようなルールの確立が必要と考えられました。

金本位制度は、貨幣と金の一定量の交換レートを固定する制度ですから、きちんと金本位制度が運用されているのであれば、貨幣の発行量は金の保有量によって制約されることになります。ブレトンウッズ体制では一ドルを持っていれば、いつでも〇・八九グラムの金に換えることができるということですから、政府・中央銀行の金庫に金の備蓄が少なくなれば、貨幣の発行量も減らさなければなりません。金が足りなくなって交換に応じられなくなるからです。ですから、好き勝手にドル紙幣を印刷することはできません。同じように、一ドル＝三六〇円で固定されていた円も、政府・日銀の都合で好き勝手に貨幣供給量を増やすことはできなくなります。こうして、貨幣供給量に制限を設けることよって、貨幣発行の濫発を防ぎ、貨幣の価値を保つ、裏返せば物価の安定が図られていたのです。

貨幣発行を濫発する誘惑があるのは貨幣発行益（シニョリッジ）が得られるからです。紙幣で考えるとわかりやすいでしょう。紙幣を作る物理的費用は紙の原材料と印刷費になります。一万円札の原価は公表されていませんが、おおよそ二〇円ぐらいだそうです。二〇円のコストで一万円分の買い物ができるのですから、約九九八〇円が貨幣発行益になります。こんなにおいしいビジネスはありませんから、ついつい濫発してしまうということになりかねません。これが行き過ぎると激しいインフレになってしまいます。激しいインフレは、経済の血液である貨幣の価値を大きく下落させるのですから、経済に与えるダメージは大きくなります。金本位制による制約を課して貨幣の信用を維持することが、長期的には経済にとってプラスであると考えられたのです。

余談ですが、一円玉は最近の電子マネーの普及から新規製造されないことも珍しくなくなりました。一円玉の製造費用は二円ぐらいでだそうで、作れば作るほど損するようです。[4]もっとも、人件費などの費用がかさむことが原因で、一円玉一枚の原料のアルミニウム一グラムは一円よりもだいぶ安いようで、一円玉をアルミニウムの地金に代えても儲けられるわけではありません（もちろん、これは犯罪です）。

窃盗よりも重い偽金づくり

こうした貨幣発行益の大きさを考えると、貨幣発行が政府・中央銀行に限定されている理由がわかります。誰しもが貨幣を発行できるなら、誰しもが貨幣発行益を得ようと濫発してしまい、貨幣の信用性が失われ経済が混乱してしまうからです。一億円を盗むよりも偽造する方が罪は重いのもこうした観点から説明できると言えるでしょう。実際、窃盗は一〇年以下の懲役または五〇万円以下の罰金（刑法二三五条）ですが、偽造は無期又は三年以上の懲役（刑法一四八条）と定められています。室町時代や戦国時代にも悪銭と呼ばれた偽造貨幣を使用したものは死罪にするという厳しいルールを定めていたようです。[5] 死罪とは厳しいですが、権力の源泉に対する挑戦は謀反と同じとみなされたのかもしれません。

歴史的に見ても、紀元前五〇〇年ごろのギリシャ世界で通用した銀貨は、アテネのような強い国家によって製造されましたが、アテネの周辺地域では定額の銀貨というよりも、銀そのものの銀地金として流通していました。[6] 実際、周辺地域では銀貨をのみで傷をつけ、その品質を調べたものが発見されていますが、これは周辺地域では銀貨としてではなく、銀地金として流通していたことを示しています。アテネの銀貨は銀地金の価値よりも高めに額面が設定されていて、発行益が得られるようになっていました。これはアテネと貿易をする他の地域にとっては、アテネから銀貨で支払いを受ける以上、重量単位でみれば少ない銀の受け取りになり損することになります。そのため、可能ならば銀貨での受け取りは避けたいところですが、それでもアテネと貿易するメリットが大きかったため、銀貨での支払いを受け入れていました。貨幣発行益を享受できるのは覇権を握る者にしか許されないと言えるでしょう。第二次世界大戦後、ドルが世界の基軸通貨になったのも、アメリカの市場が大きく、アメリカとの経済取引のメリットがどの国にとっても大きかったからなのです。

5　金の呪縛

景気がよくなると貨幣需要が増える

金本位制は貨幣の信用性を維持するためのものでしたが、なかなか維持していくのは難しいものでした。どうしても金の準備量に比べて貨幣の供給量を増やす必要性に迫られがちだったためです。これは貨幣発行益のためにむやみに貨幣供給量を増やしたというだけではありませんでした。

貨幣は経済取引の際に必要となりますから、取引回数が増えれば増えるほど貨幣が必要になります。貨幣需要が高まるのです。経済が成長する、景気がよくなる、というのはつまるところ経済活動が活発になることです。たくさんの商品がつくられるということですから、交換の頻度も増えます。取引の回数が増えるのですから取引を行う上で貨幣がそれだけ必要となります。

しかし、金本位制度では貨幣は金との交換にいつでも応じなければなりませんから、貨幣の発行は金の準備量に制限されてしまいます。金の準備量に関わらず貨幣供給を増やすというわけにはいかず、経済が活性化した社会の貨幣需要をそのままではまかなうことができません。モノやサービスの生産量は増えているのに貨幣供給量が増えないということになってしまいます。モノやサービスに比べて貨幣の量が足りないということです。貨幣の量が足りなければ売れるものも売れません。せっかく、経済が成長する機会があっても、貨幣の量が足りないために経済に冷や水を浴びせてしまうのです。

このような状況では、生産量に比べて貨幣が少ないのですから、モノやサービスの価格が変わらないのであれば売れなくなります。余り気味のモノやサービスを売ろうとすれば、価格を下げなければなりません。商品やサービスの価格が下がっていくデフレになると、生産活動にかかった原材料等の費用を回収できなくなります。どちらにしても企業経営は厳しくなり、経済は不況に突入してしまいます。この不況の原因は貨幣の供給量が不足していることが原因です。

経済成長にタガをはめる金本位制

不況は商品やサービスが売れなくなってしまう状態ですが、いろいろな場合が考えられます。景気のいいときに勢いに任せて生産能力を拡大してしまうと、気付いた時には作りすぎてしまって売れなくなってしまうことがあります。これは本来必要とされないものを作りすぎてしまったということですから、景気のいいときに経済が過熱しすぎてしまったことが原因です。このような場合は、不況によって過剰な生産設備が調整されるのは痛みを伴うとはいえ仕方ない面があります。社会が必要としないものをたくさん生産することに意味はないからです。

しかし、貨幣供給量が不足して不況になる場合はそれとは異なります。社会が必要としている商品でも、その取引をするうえで欠かせない貨幣がなければ売れなくなってしまいます。金本位制による貨幣発行の制約は、経済における貨幣供給量の制約をもたらし、経済を必要以上に冷却してしまいます。金本位制は経済の成長にタガをはめてしまう制度だったのです。そのため、経済が拡大していくにつれて貨幣供給量はついつい増える傾向にあったといえるでしょう。金本位制から離脱することによって、貨幣はその裏付けが無くなる反面、経済の成長に合わせて貨幣供給量を増やすことが理論上は可能になるのです。

現代ではこうした金の足かせを外した貨幣制度を取っているため、一九世紀には周期的に起きていた恐慌を回避することができるようになりました。一九三〇年代の大恐慌では米国の失業率は二五％にものぼり、世界経済に大きな影響を与えました。大恐慌がここまで深刻になったのは、金本位制が主たる原因であると言われています(7)。株や土地などの資産への需要が急激に減少し、それが資産価格の暴落につながりました。誰しもが、土地や株式を手放して貨幣を手に入れようとしたのです。貨幣需要が急に高まりましたが、金本位制のために貨幣を増やすことができず、資産価格と物価が急落してしまったのです。生産している企業からすれば、物価が下がるデフレは、収益が下がることを意味します。一〇〇万円で仕入れた材料で生産して、二〇〇万円で売るつもりでいたのが、物価がさがって五〇万円でしか売れないとしたら大赤字です。仕入れた一〇〇万円が銀行からの借り入れであれば、一〇〇万円に利子をつけた金額を返さなくてはなりませんが、売上が五〇万円であればどうしようもありません。経営はいきづまってしまいます。

また、銀行にとっても同じことがあてはまります。銀行の債務は預っている預金になりますが、資産は土地や株式などです。デフレによって資産価格が大きく下がれば、銀行のバランスシートは債務超過になり、預金者が不安を感じるようになります。取り付け騒ぎが起きやすくなり、銀行が経営破たんしてしまいます。銀行が経営破たんしそうになったとき、金融危機を回避するために、中央銀行が「最後の貸し手」として資金供給することが求められます。しかし、金本位制の下では、このような柔軟な資金供給はしにくいので、事態が悪化していったのです。

こうして、十分貨幣の供給を増やさなかったことが経済の悪化を一層進めることになりました。実際、金本位制から早く離脱した国ほど大恐慌からの経済回復は早かったことが知られています。

6　お金を持っていると損をするとき

外貨が流通する理由

貨幣の供給量を制限しすぎると経済を冷却してしまいますが、だからといって無制限に供給すればいいというわけではありません。無制限に供給すれば市中に貨幣が増えすぎて、貨幣の価値が下がってしまい、インフレになってしまいます。激しいインフレになると、その貨幣を保有して買える商品は減ってしまうわけですから、貨幣の価値は下がってしまいます。そうした信用のおけない貨幣はできることなら使いたくありません。貨幣を持っているだけで損してしまうのですから、財産として蓄えることはもちろん、普段の取引でも不便です。場合によっては、自国の通貨を押しのけて安心感のある外国の通貨が流通することになります。通貨発行益があるため通貨の発行は政府がふつう行いますが、通貨発行権が政府にあったとしても、その通貨が市中の経済で広く流通するかどうかは別の話なのです。

（旧）社会主義諸国では、その国の現地通貨よりもドルのような外貨の方が使い勝手がよいという状態が珍しくありませんでした。公定の為替レートでは、国のメンツもあってか実勢価格よりもかなりドル安に設定してあるため、ヤミの実勢レートで両替されることも珍しくありませんでした。現地の人たちがドルのような外貨を得ることは簡単にはできませんから、観光などで訪れた外国人にドルとの交換を求めるのです。また、そうした国では外国からの旅行客に一定金額の両替を公定レートで強制することもしばしば行われました。あまり価値のない現地の通貨に無理やり交換させて、米ドルなどの外貨を安く入手していたのです。

現在の日本で生活をしていると自国通貨と外貨とが両方流通しているのは想像しにくいですが、途上国では少なくありません。三年ほど前に筆者はベトナムに行く機会がありました。ベトナムは第二次世界大戦後フランスから独立し、米国との長い戦争を経て共産党政権が確立しましたが、一九八〇年代後半からドイモイと呼ばれる市場開放政策を進めています。戦争が終わって出生率が高まり、市場経済を導入して活気に満ちた国ではありますが、過去のインフレを反映して高額紙幣が出回っていました。筆者が渡航したときには、ベトナムの通貨単位ドンは一〇〇万ドンが四〇〇〇円ぐらいでしたから感覚がピンときません。買い物ではふつうにドンとドルの両方が流通していましたし、むしろドンよりもドルの方が使い勝手がよいように感じました。ただ、ドルで買い物してもおつりはドンで帰ってきますから、正当な額なのか逐一電卓とにらめっこすることになり、これはこれで面倒でした。ベトナム市民にとって蓄財は価値の安定しているドルで、交換の手段は自国のドンで行われているのでしょう。

わが国でも、八世紀の和同開珎からはじまる皇朝十二銭の貨幣発行が行われますが、一一世紀には貨幣としてあまり流通しなくなります。一二世紀に入り、中国から銅銭を輸入し、それが国内で流通するようになりました。鎌倉時代にあたる一三世紀に入ると、その輸入量は膨大な量になります。国内で貨幣鋳造の技術がすでにあったにもかかわらず、外貨として中国からの渡来銭が流通したというのは興味深いところです。政府が通貨を決めたからといって、そのままでは市場で流通するとは限らないのです。

貨幣が紙切れになるとき

金の呪縛からの解放はメリットも大きいですが、貨幣の信頼性を維持するにはそれだけ責任も大きくなります。紙切れが貨幣として流通するには、社会の信用を勝ち得なければなりませんが、金貨ですら中にまがい物が入っていないか疑われてきたことを考えると、なかなか遠い道のりです。紙切れが価値を維持し、社会で受けとってもらえるという揺るぎない信頼を得るのは簡単なことではありません。裏返せば、誰しも信じなくなったら、魔法は解けてしまい、貨幣はただの絵を描いた紙切れになってしまうかもしれません。貨幣が誰も受け取らなくなる社会というのは、普段、お金があれば大概の物が手に入る社会で暮らしている私たちには想像しにくいことですが、要するに、お金では何も買えなくなる状態です。

多少のインフレは、様々な人が活動する経済では日常的に起きることですし、それほど大きな問題になりませんが、お金を誰も欲しがらないような激しいインフレ（ときにハイパー・インフレーションと呼びます）は人為的な原因があります。インフレが起きるのは、経済活動に比べて貨幣の量が多すぎることが原因です。貨幣の物理的な量は政府・中央銀行しか増やすことはできませんから、政府・中央銀行が貨幣の量を増やしすぎたのが原因となります。無茶苦茶に貨幣の量を増やすと、経済活動に比べて貨幣があふれてしまいます。誰しもが貨幣をもっている状態なわけですが、生産物には限りがありますから、当然バランスを取るように価格が上昇していくわけです。物価が上昇していくと、今度は取引に必要な貨幣の絶対量が必要となってきます。そして、物価がますます上昇すると人々が予測するようになると、それに見合う貨幣がさらに必要となってきますから、中央銀行も貨幣の供給量を増やさざるを得なくなり、ますます物価が上昇して収拾がつかなくなってしまいます。この状態がどんどん進むと、誰も貨幣に価値がないと分っていながら、ますます貨幣の流通量が増えてしまいます。

激しいインフレは、第一次世界大戦後のドイツ、一九八〇年代の南米諸国、最近ではジンバブエでも起きています。どれも、政府・中央銀行が大量の紙幣の発行をしたことが原因です。政府・中央銀行が紙幣を印刷して増やすと、経済全体では貨幣の量が増えたとはすぐにわかりませんから、政府・中央銀行はその貨幣で商品やサービスを手に入れることができます。貨幣を印刷して国民から商品やサービスを徴収しているわけです。

今度は、政府に商品やサービスを売った人が新たに印刷されたお金を保有しますが、彼らもそのお金で商品やサービスを買おうとします。お金が新たに印刷されて増えた分需要が増えるわけですが、社会全体では生産量が変わらないことに注意しなければなりません。生産量はその国の労働力などの資源がすべて稼働すればそれ以上増やすことはできません。しかし、お金は印刷すれば増えてしまいます。この増えるお金の量が大きければ、社会全体では商品やサービスの生産量は増えないのに、需要だけが増えますから物価がやがて上昇していきます。

結局、物価水準が高くなる前に、新しいお金で商品やサービスを買った政府が得をしているわけですが、社会全体では国民が生産した商品やサービスを徴収していることになるのでインフレ税と呼ばれます。

政府が税収を得るには、ふつう、税のルールをつくり、徴収する仕組みを整えなければなりません。例えば、所得税は人々の所得水準に応じて税額が決まります。税額をいくらにするか法に定めて議会で審議しなければなりません。さらに、人々がいくらの所得を得たのか把握しなければなりませんし、把握した後で実際に徴収しなければなりません。会社の経理や税務署が行っている作業の量は国全体では膨大で、かなりの実務上のコストがかかります。消費税のような間接税も同じです。私たちは料金とともに税金を支払いますが、お店がその消費税を納入することになります。当然、お店ごとにいくらの売り上げがあったのか補足しなければなりません。このように税の徴収はかなり面倒な手続きが必要ですが、貨幣の発行量を増やすのはこれに比べると簡単です。印刷して必要なものを買ってくればいいだけです。そのため、財政難に陥った政府が安易に貨幣の発行量を増やそうとする誘惑があるのです。これを財政ファイナンスと呼びます。

ドイツの経験——ハイパー・インフレーションの苦しみ

第一次世界大戦の敗戦国ドイツはベルサイユ条約で多額の賠償金を課せられました。当時のドイツのＧＤＰの二〇倍の賠償金額といいますから想像を絶します。当時のドイツ国民が、飲まず食わず働きつめて二〇年かけて返せる金額ということになります。長期の戦争で国力は疲弊しているなかで、とても支払えるものではなく経済は破綻してしまいます。

当時のドイツでは、お店で買い物の行列で待っている間に値段が上がったと言われています。この当時のドイツは一〇〇〇〇〇〇〇〇〇〇〇〇〇〇マルク札（なんと一五桁）まで発行されました。〇ばかり並んで目がくらみますが、一〇〇兆マルク札です。一九二〇年一二月には二・三七マルクだった一キロのライ麦パンが、一九二二年一二月には一六三・一五マルク、翌年一九二三年一二月には三九九〇〇〇〇〇〇〇〇〇〇マルクにまで上がっています(8)。

このドイツを上回るケースもあります。一九四六年のハンガリーのハイパー・インフレも歴史的な規模でした。一〇〇〇〇〇〇〇〇〇〇〇〇〇〇〇〇〇〇〇〇（二一桁……、一〇垓《がい》といいます）ベンガー札が発行されたそうで、一部では歴史上最高額紙幣と呼ばれているそうです。

こうしたハイパー・インフレに見舞われた国の人々の生活を記録した写真は、安定した貨幣のもとで暮らしている私たちにとってはとてもシュールです。子どもたちが札束を積み木代わりにして一〇段以上のピラミッドを組み立てているところ、紙幣の山を暖炉に入れて燃やし暖をとっているところ、路上に散らかったさばききれない大量の紙切れを落ち葉を掃くように箒で清掃しているところ、そして苦笑しながらそれを見ている人々……、こうしたことが現実に起きたのです。

アダム・ファガーソン著『ハイパーインフレの悪夢』（新潮社、二〇一一年）には、インフレで苦しむドイツ国民の生活の様子が生々しく描かれています。それによると、ハイパー・インフレは当初は問題の深刻さになかなか気づくことが難しいようです。ハイパー・インフレでは貨幣の価値が下がるのですから貨幣で蓄財するのは損です。その結果、手持ちの貨幣を使いきろうと商品を購入しようとするので、短期的には需要が増大します。経済状況が改善しているように見えるのです。また、自国の通貨の価値が下がっているというのも感じにくいものでした。ほとんどの人はドルが値上がりしているとは思っても、マルクが値下りしていることに気付かなかったそうです。食べ物や衣服の値段が上がっているのであって、マルクの価値が下がっているとは思っていなかったそうです[9]。

しかし、これは無理に消費が拡大し、無理に生産している結果ですから、やがて破たんしてしまいます。際限なく物価が上昇していくのですから、約束の代金の支払いが遅くなればそれだけ損してしまいます。代金や賃金が支払われたときには、その価値は半分まで下がっていたことも珍しくありませんでした。こうした社会では、モノを所有している農家はその経済的地位を高めますが、都市部にすんでいる労働者や中産階級は没落してしまいました。「知的職業層のなかには、依頼人にその仕事を不必要と見なされてしまう人たちもいた。たとえば、民事訴訟はぜいたくとされた。誰が本を買う？誰が建築上の助言を急いで求める？芸術や教育は後回しでいい。急患以外はあわてて治療する必要はなく、急患でさえ医者が望む金額がすぐに支払われるとは限らなかった」そうです[10]。

こうしたハイパーインフレは戦争の後という混乱した非常時にだけ起きるわけではありません。一九八〇年代に南米諸国も深刻なインフレに見舞われました。外国から借り入れた債務を返却しきれずに、インフレがどんどん進みました。このころ筆者はすでに物心のついた歳でしたので、当時のテレビのドキュメンタリーの映像を記憶しています。どんどん物価が高くなっていきますから、紙幣を誰しもが持っていたくないのです。ババ抜きのジョーカーのように扱われていました。そして、紙幣をレンガほどに束ねて、それを積み重ねて取引がされていました。札束の枚数はもちろん、その中身が本物かどうかなどお構いなしです。もっとも驚いたのは紙幣を壁紙に使っている家庭でした。壁紙を買うよりも紙幣を紙として使った方が安上がりらしく、紙幣をきれいに壁に貼っていたのです。こうした生活を根底から破たんさせてしまうインフレは、最近でもジンバブエで見られました。ネット検索するとたくさんの画像が出てきます。

激しいインフレになると自国の通貨の信用は失墜しますから、外国の通貨が決済手段として流通することになります。しかし、外国の通貨はなかなか手に入るものではありませんから、人々の生活は困窮を極めてしまいます。ハイパーインフレ下で腕一杯に紙幣を抱えた人の写真を見ると、日常生活に必要な物品を手に入れるのに貨幣が欠かせないことを皮肉にも物語っています。逆説的ですが、ハイパーインフレという貨幣が紙切れ以下になっても、取引を媒介する貨幣の役割は何もとって代われないものなのです。

7　お金は永遠に流通しなければならない

期限付きの貨幣は引き取り手がいない

ところで、金の裏付けの有無にかかわらず、貨幣が市場で流通するのはどうしてか、もう一度立ち返って考えてみましょう。紙切れが価値を持つのは不思議なことですが、そもそも金であっても同じことが言えます。金もただの金属です。ピカピカ光っているからうれしいとしても、あそこまでの価値があるとは思えません。二〇一三年では金一キログラム当たりの相場は四〇〇万円から五〇〇万円でした。日本の世帯所得の平均が五〇〇万円を上回るぐらいですから、人によっては年収に相当する金額と同じ価値が金一キログラムにあるわけです。しかしながら、いくら薄く加工可能で何かと重宝な金属といってもそれ自体にそこまでの価値がないのは、家族だけで自給自足の生活を強いられたときに、一年の労働すべてを犠牲にしてまで欲しいとは思わないことからも明らかです。金もそれ自体以上の価値をもっているのは紙切れと同じです。

それ自体以上の価値を持っていなければ、ハイパーインフレのときに紙幣を暖炉にくべたり、壁紙として張り付けたりといったことが観察されたように、貨幣としては流通せず、そのモノとして消費されることになるでしょう。こうしたモノとしての価値以上の価値を持つ貨幣が流通するには、期限がなく終わりがないということが必要です。

もし、ある紙幣がその年の一二月三一日に効力がなくなり、ただの紙切れになるとしましょう。一月、二月ならば、期限はまだ先のことですから、ひょっとしたら受け取ってもらえるかもしれませんが、期限が近付くにつれて誰も受け取りたがらないでしょう。最後の一二月三一日は誰も欲しがりません。明日には紙切れになるものを欲しがる方が変です。前日の一二月三〇日も誰も欲しがらないでしょう。明日になれば引き取り手がないと分かっているものを引き取りたくないからです。とすると、一二月二九日も同じようなことになるはずです。期限内であっても誰も欲しがらなくなれば、それは貨幣としての機能を事実上もっていないことと同じです。こうして考えていくと、一一月、一〇月も誰も欲しがらなくなりそうです。

誰しもがこうしたことを合理的に考えているならば、理論的には一月一日にその貨幣は引き取り手がなくなってしまいます。貨幣は期限を切られたら流通しないのです。実際には、すべての人が合理的であるとは誰も信じきれないので、一、二月は貨幣として機能するかもしれませんが、その信用性はだいぶ落ちているでしょうし、年の瀬が近付くにつれ機能しなくなってしまいます。

期待を裏切らなければ，なんでもいい

貨幣が安定して流通するためには，いつまでも引き取り手が続くであろうと，多くの人が信じていなければならないのです。株式や土地のように期限が区切られていない資産の価格がどんどん高騰していくのも同じ理屈です。期限が切られている国債や社債などの価格は，その価値以上の価格で取引されることはふつうありません。期日には額面価値だけが実現されるからです。バブルは終わりがないと思うからこそ起こります。後から振り返ればバブルであると分っても，バブルの真っただ中では気づくことは難しいものです。そして多くの人が終わりが来ると思ってしまった瞬間はじけてしまい，価格が急落してしまいます。貨幣もそのような性質を持っている以上，人々の期待を裏切らないように貨幣の量をきちんと調整していくことが大切なのです。

裏返せば，人々の期待を裏切らないのであれば貨幣は何でもいいということにもなります。金の裏付けのない紙切れである必要すらありません。実態のない電子マネーのようなものでもよいのです。コンピュータ上できちんと管理されており，人々がみんな電子マネーの価値を認めていれば，お金として十分流通します。

電子マネーは現代の技術によって可能となったようにみえますが，その原理は必ずしも新しいわけではありません。太平洋上のヤップ島では，石のお金で直径数十センチから三メートルぐらいのものが使われていました。大きい方が価値がありましたが，当然，大きいモノは持ち運びができませんから，石貨自体は島の所定の場所に置かれたままで所有権だけが変更されたと言われます。誰が所有しているかが島民にとって明らかにされ，そしてその所有権が正当に守られているのなら，取引の決済において何の問題もありません。銀行にお金は預けて口座の金額だけが変わる現代の金融システムと極めて似てい

ると言えるでしょう。

石貨はたくさん製造されましたが、いくつかは日本に運ばれました。直径一メートルぐらいのものは東京の日比谷公園でそれこそ野ざらしになっていますが、さすがに誰も取っていかないようです。

8 信用創造――銀行のしくみ

マネーストックとは何か

今まで、漠然と貨幣と呼び、日常生活でみなさんが使用している一万円札などの紙幣ととりたてて区別をしてきませんでした。マネーストック（貨幣供給量）という言葉をニュースで聞いたことがあるかもしれませんが、このマネーストックを正確に理解するには、紙幣と貨幣を区別しなければなりません。

経済学で考える貨幣（マネー、M）とは、巷に流通している流通通貨（C）と銀行預金（D）で構成されると考えます。経済で流通しているマネーの量をマネーストック（以前はマネーサプライ）と呼びますが、この貨幣の量を、銀行を除く企業や個人が保有している通貨の額と、全銀行の預金総額を合わせたものとして考えます。つまり、M＝C＋Dと書くことができます。マネーストックの定義にはいくつかあり、代表的なものに銀行預金として利子の付かない普通預金や当座預金を含むM_1（エムワン）と、定期性預金まで含むM_2（エムツー）とがあります。M_1とM_2とでは対象となる金融機関が異なっており、ゆうちょ銀行はM_1には含まれますが、M_2には含まれていません。このほかにもM_3という指標もあります。M_3は対象となる金融機関はM_1と同じですが、貨幣に含まれる範囲がより大きい指標で、近年重視される指標です。

市中に流通している通貨は皆さんの財布や金庫に入っているお金ですから、これがマネーだというのはわかりやすいでしょう。銀行預金をマネーに含めるのは、銀行口座にお金を預けたままでも、私たちは取引の決済をできるからです。振込や小切手といった手段で支払いをすることができます。少し仕組みが異なりますが、クレジット・カードも銀行口座の預金から代金が支払われています。手元に現金がなくても、銀行預金をもとに支払いをしています。支払い手段という点に注目すると、銀行預金を含む定義が貨幣としては自然なわけです。

信用創造のからくり

ここで信用創造と呼ばれる銀行のしくみを考えます。世の中に一枚の一万円札しかお金がないような単純化した状態を考えてみます。最初に、この一万円札の所有者、例えばXさんが銀行に預けたとしましょう。この預けた一万円札がそのままであれば、銀行の金庫の中にその一万円札が保管されているはずです。しかし、銀行は預金を集めて、資金が必要な企業や個人に融資することが主な仕事です。預金として預けられたこの一万円札を必要な人、例えばYさんに貸し出します。Yさんはその一万円札で事業を行うわけですから、資材の購入にあてたり、雇った人に賃金として支払いをして使ってしまいます。借りたお金を使ってビジネスを行い、儲かったら後日銀行に利子をつけて返済することになります。

さて、このビジネスに使われたこの一万円札はまわりまわって誰かに所有されることになります。この一万円札は様々な使い方がなされるでしょうが、その一つに銀行に預けるという選択肢があります。いろいろな取引に使われて、いろいろな人のところを流通しますが、やがて銀行に預ける人が出てきます。この人をZさんとしましょう。再び、この一万円札は銀行の金庫の中に納まります。

今、この一万円札を最初に預けたXさんと最後に預けたZさんがいます。二人とも銀行に預けただけですから、解約すればいつでも現金を保有できるという約束になっています。しかし、この世の中には、物理的に一万円札は一枚しかありませんでした。一万円札が回りまわっただけで、銀行の金庫の中には一枚の一万円札しかありません。しかし、XさんとZさんの二人がそれぞれ一万円を銀行に預金として預けたことになっています。二人がいっぺんに預金を解約しようとしたら、銀行は二万円払い戻さなければなりませんが、金庫には一万円札は一枚しかないのですから支払うことができません。銀行がつぶれてしまうのです。

もちろん、つぶれてしまうといっても銀行は債務超過になっているわけではありません。銀行の資産は銀行内にある一万円と、Yさんに貸し出した一万円分の債権の計二万円です。XさんとZさんの預金額の合計とつりあっていますから、この銀行のバランスシート自体は健全です。

この例では現金として保有している人はいませんから、流通通貨は〇です。そして、XさんとZさんがそれぞれ一万円を預金として預けていますから、銀行預金総額は二万円です。こうして、マネーストックは二万円になります。一枚の一万円札が二万円のマネーストックを生み出しているのです。これが信用創造です。そして、この物理的な紙幣の額、ここでは一枚の一万円札ですが、これをマネタリーベースと呼びます。

信用創造によって、マネタリーベースの何倍ものマネーストックが生み出されています。日本銀行調査統計局のマネーストック速報によると、二〇一三年八月のマネタリーベースはおよそ一七二兆円、マネー・ストックは、M_1とM_2それぞれおよそ五六二兆円と八五〇兆円ですから、物理的な通貨の額の三・三倍もしくは四・九倍のマネーが流通していることになります。

普通の状態では、預金者が一度に預金をおろすことはありませんから、預金総額のごく一部を銀行が保管しておけばよいことになります。これを銀行の預金準備と呼びます。銀行の金庫の中に保管されているお金です。

しかし、何か突発的なことが起きて、預金者がパニックになるとも限りません。一度に多くの預金者が銀行に押し掛けてしまえば、銀行の中の預金準備は預金総額の一部にしかなりませんから、払い戻しができないことになり、銀行がつぶれてしまいます。取引の決済は銀行を通じて行われることが多くなっていますが、銀行がその役目を果たせなくなってしまうと経済が大混乱してしまいます。そして、重要なことはこのようなことは銀行の経営状態にかかわらず起きることがあるということです。

たとえば、ある銀行の経営状態は健全だったとします。何も問題がなくても、預金者が一度に預金を降ろそうとすると破綻してしまいます。「あの銀行の経営は危ないらしい」という、何の根拠もない噂でもみんなが信じてしまえばそれが現実になります。噂を信じた人が預金を降ろそうとし、そうした人たちの姿を見た人も我先に預金を降ろそうとすると、銀行は支払いすることができませんから破綻してしまいます。噂が現実になってしまうのです。

ただの紙切れである貨幣が流通するのは、誰しもが貨幣を受けとってもらえると信じているからでした。それと同じように、誰しもが銀行に自分の預金を預けておけるのも、その銀行が大丈夫だと信じているからなのです。もし、信じられなくなったら、銀行もつぶれてしまいます。貨幣経済が破たんしてしまうのです。こうした根も葉もない噂で、潰れかけた金融機関も存在するのです（コラム2－1参照）。

政府はなぜ金融機関を救済するのか

預金者が大挙して押しかけるのは、自分が預けている預金を心配してのことですから、銀行が破たんしても預金が保護されるような仕組みが作られていれば安心です。そうしておけば、誰もあわてて預金を引き下ろすことがなくなりますから、銀行から多額の預金が流出することが少なくなります。その結果、金融機関が取り付け騒ぎでつぶれてしまう事態を避けることができるのです。実際、現在のわが国の預金保険制度では、利息の付かない当座預金は全額保護されますが、利息がつく普通預金や定期預金は一金融機関あたり元本一〇〇〇万円とその利息分が保護されます。お金持ちはともかく、筆者を含めたほとんどの人には、これはこれで残念ではありますが、あまり心配する必要はないわけです（コラム2－2参照）。

また、パニックが起きないように安心させるためにも、公的資金を注入することが必要な場合もあります。公的資金が注入されれば、預金を引き出したいという人のニーズに銀行はこたえることができますから破たんを免れることができるのです。

一九九〇年代は「失われた一〇年」と呼ばれました。バブルが崩壊して、金融機関の不良債権が日本経済の諸悪の根源のように言われていました。債務超過の恐れのある金融機関は、資金の調達が行き詰まり、相次いで破たんするということが起きました。一九九七年には日産生命、北海道拓殖銀行、山一證券が破たんし、その後日本長期信用銀行、日本債券信用銀行という大手の金融機関が経営破たんに追い込まれてしまいました。破たんは免れたものの、破たんのうわさが絶えない金融機関もあり、このころは金融不安が顕在化した時期でした。こうした状況の下で、政府・日本銀行は公的資金を金融機関に注入して体力を強化させ、金融市場がパニックに陥るのを防ごうとしました。最近では、サブプライム・ローンの焦げ付きに端を発する米国の金融危機が記憶に新しいところです。リーマン・ブラザーズが破たんし、その後米国政府は公的資金の注入を決断しました。

現在の金融システムは電子取引で行われるので、金融危機の際に預金を引き出そうとする人々の行列を見ることはありませんが、電子取引上では膨大な量の貨幣需要が発生しています。普段は様々なものに投資されていますが、金融危機のときには投資家が損失を防ごうとして資産を売却してマネーに換えようとします。大量の貨幣需要が発生するのです。一時的なパニックであれば政府・中央銀行が十分なマネーを供給すれば金融システムが破たんすることを防ぐことができます。金融システムは経済の血液ですから破たんさせるわけにはいかないので、公的資金が金融システムの維持のために必要とされたのです。

日米どちらの金融危機でも、大手金融機関に公的資金が注入されることに大きな批判がありました。市場経済では経営に行き詰った企業は倒産して退場させられることになります。製造業やサービス業、もしくは個人経営の小さな企業は経営に行き詰っても、政府に助けてもらえることはありません。どうして大手の金融機関だけが特別救済されるのか、という思いが人々にあるようです。どの国も大手の金融機関に勤める人の給与は高い傾向にあることが、その感情に拍車をかけているように見えます。実際、米国では、金融機関救済に関する法案を下院が一時否決することにもなりましたし、ウォール街の経営者の世間の感覚からかけ離れた高給についてバラク・オバマ大統領が苦言を述べていました。

経営者の経営責任を明確にすることは重要ですが、政府がそこまでして金融機関を救済しなければならない理由を理解することが大切です。それは貨幣を取り扱う金融市場も、人々の信用に基づいているからなのです。貨幣は誰しもが受け取ってもらえると信じているから、紙切れが貨幣として流通することを説明しましたが、金融市場も人々の信用を失っては機能しなくなるのです。信用を維持するために公的資金の注入が必要とされたのです。

ある国の貨幣が今後もずっと受け取られると誰しもが信じていることが、紙切れが貨幣になるために必要なことでした。そのためには、経済活動に見合った貨幣の量が供給される必要があります。しかし、適切な貨幣の量を調整することはなかなか難しいことです。その理由の一つは、中央銀行が操作できるのは、マネタリーベースの量だけであり、マネーストックには間接的にしか影響を及ぼすことができないからです。

経済取引が活発化すれば、決済の機会が増えますから、必要なマネーの量は増えます。マネーストックを増やすには、通常、中央銀行は国債を買い入れることで行います。銀行の持っている国債を買うことによって、市場で流通しているマネタリーベースが増えることになります。マネーはそれだけでは収益を生みませんから、国債を売った銀行はそのマネーを新たに貸し出して利子収入を得ようとするでしょう。しかし、どれだけマネーストックが増えるかは、どれだけ貸し出され、また預金として戻ってくるかという民間の経済取引に依存します。そのため、マネーストックを調整するのは難しいのです。

また、そもそもマネタリーベース自体を中央銀行がコントロールすることが難しいという人もいます。経済学者と金融政策当局者との間で長い論争があり、決着は未だついていないようにみえます。

コラム2

① 噂のおそろしさ

　一九七三年一二月、健全な経営状態だった愛知県の豊川信用金庫が何気ない噂であわや破たんするかという事態になりました。どのようにデマが伝播していったか検証することはふつう難しいものですが、どのように噂が広がっていったかが明らかになっている有名な事件で、伊藤陽一・小川浩一・榊博文「デマの研究――愛知県豊川信用金庫〝取り付け〟騒ぎの現地調査」（総合ジャーナリズム研究、一九七四年）に詳しく描かれています。

　もともとは、豊川信用金庫に就職内定をしていた女子高生らの他愛のない会話が事件の発端でした。就職の決まった友人に、「信用金庫ってあぶないんじゃないの」と何の根拠もない話を通学途中の電車の中でしていたのを、他の乗客が聞きつけていました。ここから噂が広がっていくのですが、それだけではさすがに誰も信じません。しかし、五日後の一二月一三日、あるクリーニング店のお客さんがたまたま電話で豊川信用金庫から大金を降ろすように指示していました。このお客さんは何らかの理由で資金が必要なだけだったのですが、この話をたまたま聞きつけたお店の人は、先日聞いた噂と勝手に結びつけて信金の経営状態が危ないと思い込んでしまい、あちこちの人にそのことを連絡するようになり、一気に噂が広まっていきます。

　同日に豊川信金のある支店にお客を運んだタクシー運転手の証言が事態がどんどん深刻になっていく様子を伝えています。「昼頃の客は『（同信金が）あぶないらしい』」（傍点原文）、「二時半頃の客は『あぶない』、四時半頃の客は『つぶれる』、そして夜に乗せた客は『もうあすはあそこのシャッターはあがるまい』」と、時間が経つにつれて誇張されていきました。

翌一四日には「職員の中に五億円を持ち逃げした者がいて経営がおかしくなった」、「理事長が自殺した」というデマが広がりました。ようやく一五日に、大蔵省東海財務局長と日本銀行名古屋支店長が連名で信金の経営保障をすることを告知し、また、自殺したと噂された理事長自らが対応に立ったこともあって事態は沈静化しました。この事件で、預金量三六〇億円のうちおよそ二〇億円が引き出されたといいます。現在の法定準備率が1％程度ですから、膨大な預金が流出したことがわかります。

さらに、この論文によると、こうしたデマを広めたことへの怒りから、誰がそんなデマを飛ばしたのかという憶測をよび、差別的な派生デマがあったことを報告しています。東日本大震災のときにも様々なデマがありました。デマが広がっていくのは、みんなが真剣だからです。非常時に正しく情報を判断するのはとても難しいことがわかります。

2　マイナスの金利

お金を貸したら金利を得ることができます。一〇〇万円貸したら利息分増えて返ってくるのが普通です。しかし、二〇一二年一月にはドイツの新規発行国債の金利が何とマイナスになってしまいました。ドイツ政府はお金を借りることで金儲けができるということです。一億一〇〇万円借りておきながら、返済額は一億円でいいという話です。ユーロ危機の解決策が見えない中、確実にお金が返ってくる投資先としてドイツ国債が選ばれたということのようですが、どうして損してまでドイツ国債を買うのか、そのまま現金で保有しておいた方がいいではないかと思うのがふつうでしょう。

これは財産を保管するための費用を支払ったということなのです。財産を保管するのはお金持ちには悩ましい問題です。財産を現金で持っていては盗難や火災に逢うと大変ですから、金庫に保管するのでしょうが現金で数億円も入りません（残念ながら推測です……）。ジュラルミン・ケース一つの大きさで一億円とすると、一〇億円の財産を保管するのはそれだけ大変だということがわかります。

建物や土地で保有することになりますが、管理や処分するのに費用がかかります。銀行預金では保護されるのはたかだか一〇〇〇万円ですから、銀行が破たんしたら戻ってこないかもしれません。株式は投資のリスクがあります。個人の資産家はもとより、多額の資金を集めている運用会社にとっては資産を安全に維持する仕組みはとても重要なものなのです。

このように考えると国債が有力な投資先であることがわかると思います。国債は国の借金ですから踏み倒されるリスクは民間企業に比べるとかなり小さい、むしろほとんどありえない安全な資産と考えられています。国債一億円分を九九〇〇万円で購入すれば、償還期限が来れば、一億円が返済されます。この例では一％にあたる一〇〇万円が運用利益となります。一％のリターンは小さいかもしれませんが、リスクを負わないのですからそれでも十分です（十分と考えている人が国債を買うわけです）。ふつうは、このように国債を購入すれば多少ともリターンがあるのですが、金融危機のような非常時には、マイナスの金利が見受けられます。リーマン・ショック後にはアメリカ国債にもマイナスの金利が付きました。多額の資産を保管する費用がマイナスの金利として現れているのです。

註

（1）　Wall Street Journal, October 2, 2008（Internet article: http://online.wsj.com/news/articles/SB122290720439096481）"Mackerel Economics in Prison Leads to Appreciation for Oily Fillets."

（2）Radford, R. A.（1945）"The Economic Organization of P. O. W. Camp," *Economica*, vol.12, pp.189–201.
（3）村上隆『金・銀・銅の日本史』（岩波書店、二〇〇七年）一三頁。
（4）日本経済新聞ネット配信記事（二〇一一年五月二六日付）。
（5）水藤真「悪銭と刑罰——中世の銭」、国立歴史民俗博物館編『お金の不思議——貨幣の歴史学』（山川出版社、一九九八年）一六八～一七七頁。
（6）ジョナサン・ウィリアムズ編（湯浅越男訳）『図説お金の歴史全書』第一章（東洋書林、一九九八年）。
（7）Bernanke, Ben and James, Harold（1991）"The Gold Standard, Deflation, and Financial Crisis in the Great Depression: An International Comparison," in Hubbard, Robert G. eds.,"Financial Markets and Financial Crises," Univ. of Chicago Press, pp.33–68.
（8）『世界の歴史教科書シリーズ一五　西ドイツⅣ』（帝国書院、一九八二年）一〇八頁。
（9）前掲書、一〇二頁。
（10）前掲書、二七〇頁。

第三章　利益はどこから生まれるか——裁定取引とブラック・マーケット

本章のテーマ

・経済取引によって利益が生まれるのは、どのような場合でしょうか。
・チケットを転売するダフ屋行為は禁止されていることがありますが、禁止される理由とはどのようなものでしょうか。
・覚せい剤や臓器売買のような違法な取引では、暴力団やマフィアが関わることが多いのはどうしてでしょうか。
・経済に占めるブラック・マーケットの割合が大きくなると、どのような損失があるでしょうか。

Key words

裁定取引、市場均衡、一物一価の法則、流動性、ブラック・マーケット

1　利益の源泉

安く買って高く売る

第一章でガソリンの話をしましたが、山奥のガソリン・スタンドでガソリンが売られているのは、買いに来る車があり、ガソリンを売ることによって利益を上げることができるからです。スーパーも消費者が欲しがる商品を陳列しているのも儲けたいからです。この利益とはどのようにして発生するのかを考えてみましょう。といっても、「安く買って高く売る」という簡単な話です。

市場では買い手と売り手がお互いの同意のもとで取引します。お互い同意のもとなので、少なくとも損するような取引は行われません。買い手にとって一万円の価値があると思う商品が八〇〇〇円で手に入るなら、差し引き二〇〇〇円が買い手の（帳簿には表れない）利益になります。売り手にとっても、自分にとっては五〇〇〇円の価値しかないと思われるものが八〇〇〇円で売れるのなら、差し引き三〇〇〇円の利益になります。商品やサービスの個人的な価値と市場で評価されている価格に差があるから、売買によって利益をあげることができます。私たちが日常生活で様々な市場取引をしていますが、その本質は（お金以外のものも含む）利益の追求にあるのです。

商人は様々なものを売買して利益をあげてきました。中世イタリアの商人は東洋の香辛料を安く仕入れ、欧州で高く売ることで大きな利益をあげましたが、これも仕入れ値と売り値の差が利益の源泉になっています。「安く買って高く売る」というのは商売の大原則ですが、そうすることによって利益を生み出しているわけです。

価格に差があるから利益が生み出されているわけですが、当然、誰しもが利益をあげようとして、「安く買って高く売る」ことに努めることになります。多くの商人が安く買いたいと思って大挙して出かければ、現地での買値は上昇していきます。また、多くの商人が大量に自国で売ろうとすれば売値は下落していきます。こうして、利益を生み出した価格差はどんどん小さくなっていきます。みんなが利益を得ようとして、安く買って高く売ろうとした結果、利益の源泉である価格差はどんどん小さくなっていきます。もし、この価格差が十分小さくなれば、貿易にかかる運送費用などを回収できなくなるかもしれません。利益が得られなくなれば、これ以上の取引は行われません。買値と売値が同じであれば利益は決して生み出されませんから、こうした取引は魅力あるものではなくなります。差がなくなれば利益は生み出されませんし、取引をするメリットもなくなります。

こうした「安く買って高く売る」という行為を裁定取引といいます。そして、裁定取引によって利益が得られ、大勢が裁定取引による利益を追求する結果、やがて価格差がなくなると理論的には考えられます。どの市場でいくらで売買されているか完全に分かっていれば、同じものなら同じ価格になるはずです。これを経済学では一物一価の法則といいます。

よく引き合いに出されるのが外国為替取引です。ニューヨーク市場が開くころは、ロンドン市場でも取引されています。そこで、ドルとユーロの取引が行われます。それぞれの市場で取引されていますから、ドル・ユーロレートも違う値になることもありえます。しかし、その差はすぐになくなってしまうはずです。理由は簡単です。多くのトレーダーが世界中の市場の動向をにらんでいます。もし、ニューヨークでは、ロンドンよりもドル高ユーロ安になっていたら、ニューヨークで高いドルを売って、ロンドンで安いドルを買おうとするでしょう。ドルを横流しするだけで利益が上がるのだから美味しい話です。しかし、世界中の取引参加者が行うので、ドルが売られるニューヨークではドルが瞬く間に下がり、ドルが買われるロンドンではすぐに高くなるはずです。結局、同じドル・ユーロレートに落ち着くことになります。こうした裁定取引が行われるので、ニューヨークでもロンドンでもドル・ユーロレートは差がなくなってしまい同じになります。これが一物一価の法則なのです。

現在の資本取引は世界中で多額のお金が動いていますが、その取引の多くは人間の勘に頼るようなものではありません。債権などの金融商品の「本来の価格」である理論値を複雑な数理モデルで導き出し、理論値とかい離していれば取引を行います。理論値よりも現実の価格が高ければ「売り」、反対に安ければ「買い」によって利益が期待できます。

この理論値を導き出す数理モデルの知識と、それをコンピュータにうまくプログラミングできるかで、取引の勝敗が決します。優れたモデルとプログラムがあれば、より正確に理論値をはじき出し、より小さなリスクで利益を上げられるからです。

しかし、往々にして、こうした知識はどこも同じようなものになります。あるファンドが優れた投資実績を上げていれば、関係者を引き抜いてノウハウを引き出すことができますから、隠し通すことは難しいところです。となると、重要なのはスピードです。ほぼどこも同じような理論値をはじき出すとしたら、市場価格が理論値から外れたら、他人に先駆けて売買する必要があるからです。現在の取引はほとんどがコンピュータで処理されますから、そのスピードはとても速いものでミリ秒（一〇〇〇分の一秒）を争うまでになっています。ここまで速くなると、証券取引所のコンピュータにつながるまでの距離が問題なってきます。本社機能のある都心のオフィスからでは証券取引所まで一秒も（！）かかってしまうということにもなります。そこで、証券取引所内に発注サーバーを置くことのできるコロケーションというサービスが提供されるようになりました。その結果、ミリ秒単位で取引ができるようになってきました。このような取引では、理論値からのわずかなかい離を探し、見つかれば巨額の資金を投入します。こうした取引を瞬時にこまめに繰り返して稼ぐことになります。徹底的に裁定取引が行われている世界です。

市場均衡とはどういう状態か

少しでも利益が得られるならば、ビジネスの世界では利益を得られるように行動しますから、裁定行動の結果、これ以上利益が得られないような状態が市場均衡です。先ほど挙げた外国為替相場において一物一価が成立するのも、裁定取引が最後まで行われてしまった結果、もはや誰もこれ以上利益を得られない状態になっています。

価格が調整されて需給がバランスするのも裁定行動の結果です。買い手が売り手よりも多い超過需要の状態では買いたくても買えない人がいます。買いたくても買えない人は、今の価格よりも高い価格で購入する意思があります。売り手としては一円でも高く購入してくれる人と取引を行いたいので、より高い価格を提示した人に売ろうとします。こうして、価格が上昇していきます。価格が上昇していけば買いたいと思う人が減り、売りたいと思う人が増えるのが自然ですから、買いたくても買えない人の人数は減っていきます。こうしたことを繰り返すと、やがて買いたい人と売りたい人との人数が等しくなり、需給が均衡します。

需給が均衡すると、これ以上、新たな取引で利益を得ることのできる人が誰もいなくなります。均衡価格で商品を購入する意思がある人は、可能ならば現在より低い価格で取引したいという願望を持っていますが、より低い価格で取引に応じてくれる売り手を見つけることができません。均衡価格で売りたくても売れない人がいないので、価格を下げてでも売ってくれる人がいないのです。均衡価格で売っている人は、売れるなら一円でも高い価格を希望しますから、均衡価格よりも取引価格を下げることに同意しません。市場均衡では裁定取引の機会はまったくないのです。これが経済学の教科書で説明される需要曲線と供給曲線の交点、市場均衡の状態です。

2　現代の金融取引にみる裁定取引

下がる株で儲ける方法

利益の発生源は価格差にあることを説明しました。東洋と西洋間の価格差が貿易の利益の源泉だったというのはわかりやすい話ですが、地球が狭くなった現代では、こうした地理的な価格差は長い間安定的に存在するのは難しくなってきています。ここでは、金融の世界の裁定取引を利用した話を紹介しましょう。

みなさんが資産を運用するファンド・マネージャーで、運用益を出すことを求められているとしましょう。株や債券を買う場合は、将来値上がりが期待できそうなものを買えば、利益を得ることができます。安い今のうちに買っておけば、高くなった将来に売ることによって利益を得ることができます。「安く買って高く売る」という基本的なストーリーです。

このケースは、株や債券の価格が将来上昇すると期待される場合に利益が得られるという自然な話ですが、それでは、株や債権の価格が将来下落すると予測される場合はどうしたらいいのでしょうか。

値下がりしていくのですから利益は上げられそうにありませんが、こうしたケースでも利益を得ようと投資家たちは行動しています。それがカラ売りです。カラ売りとは信用売りのことで、持っていない株や債券などを持っている証券会社などから一時的に借りてきて売ることです。そして、価格が下がったときに買い直し、証券会社に返します。高いときに売って、安いときに買っているので、利益を得ることができます。借りた株や債券を返すのは半年ほどの期間が一般的で手数料を支払いますが、株や債券の価格が大きく下がっていく局面でも、うまくやれば利益を得ること出来るのです。

株や債券の価格の上昇局面では、本来高くなるものが現在安いわけですから、その価格差を利用して利益を得ること出来ます。価格の下落局面でも、本来安くなるものが現在高いわけですから、その差を利用して裁定取引を行い利益を得ることができます。価格差が利益を生み出している原理は貿易の仕組みと基本的に同じなのです。

予測とリスク

さて、こうした裁定取引が大規模に行われれば、価格の上昇局面では現在の価格は上昇傾向に拍車がかかります。なぜならば安い今のうちに買おうとするためです。反対に価格の下落局面では、価格の下落は一層促進されることになります。裁定取引によって価格差が消滅するように価格調整が行われるため、上昇局面では価格の上昇に、下落局面では下落に拍車がかかることになります。裁定取引によって市場価格は速やかに将来起こるであろう価格水準に収束していきます。すみやかに裁定取引が行われる結果、現在の価格水準に将来価格に関する情報がおりこまれていることになります。将来の株や債券の予想価格は現在の市場価格になります。いろいろなアナリストによって将来価格が上昇するという予想が行われたりしますが、市場価格に反映されていないということは、多くの人がそれが正しいとは思っていないことを示しているのです。

これは株や債券が本来のあるべき価格の水準に速やかに調整されると考えれば必ずしも悪いことではありません。しかし、本来あるべき価格の水準というのは誰も正確に知りえているわけではありません し、そのときの相場によってきまる曖昧なものです。そのため、こうした投機的取引は市場価格を過度に乱降下させるものだという批判がなされることも珍しくありません。資産運用をしているファンド・マネージャーにとってあまり波風立たない価格が安定している金融商品は利益を出すという点からは魅力がありません。価格が変動しなければ、損することもありませんが儲けることもできないからです。反対に価格が大きく変動する場合は、うまくやれば（やれればですが）利益をあげるチャンスがありますから、そうした金融商品に惹かれるかもしれません。その結果、様々な思惑をもった投資家が取引に参入するので、価格の変動が一層大きくなる可能性があります。

今まで述べてきた投機的取引は、うまくやれば上昇局面でも下降局面でも利益が得られることを説明しましたが、利益を上げるうえで一つ大きな難点があります。それは株や債券の価格が上昇するか下降するか、将来のことはよくわからないということです。上昇すると思って買っておいた株や債券が、予想が外れて下がってしまえば損失を計上してしまいます。反対に下降すると思ってカラ売りしていたときに、価格が上昇してしまうと高い値で買い戻さなければならず、これまた損失を被ってしまいます。さまざまな思惑をもつ投資家がうごめく金融市場で、将来の価格動向が正確に予測できるということはふつうありませんから、そこには大きなリスクがあり、ギャンブルの様相を呈するのは否定できない事実です。

しかし、リスクを被ることなく確実に利益を得られる方法があれば誰しもが惹かれます。現代の洗練された裁定取引として米国債取引の例を紹介しましょう。

現代の錬金術

償還期限が三〇年の米国債のうち直近に発行されたものをオン・ザ・ランと呼び、それ以外のものをオフ・ザ・ランと呼びます。オン・ザ・ランはオフ・ザ・ランに比べて常に価格が少し高いことが観察されていました。この新規発行された米国債（オン・ザ・ラン）も半年もすると、新たに米国債が発行されるので古くなり（といっても、償還期限が半年しか違わないので、ほとんど感覚的なものです）、オフ・ザ・ランになります。最初はオン・ザ・ランとして割高だった米国債がやがてオフ・ザ・ランになってしまい、そのプレミアムが消滅してしまうことが市場で広く観察されていました。オンとかオフとかややこしそうですが、ようするに一番新しいものは割高ですが、半年もすると古くなって以前に発行された国債と同じになるということです。ここに目を付けたのです。

今は割高なオン・ザ・ランがいずれオフ・ザ・ランになってしまいますから、その割高なオン・ザ・ランをカラ売りし、オフ・ザ・ランとなったときに買い戻せば利益が得られそうです。

今、オン・ザ・ランが一〇〇ドル、オフ・ザ・ランが九九ドルであったとしましょう。いずれ今のオン・ザ・ランである米国債はオフ・ザ・ランになってしまいます。オン・ザ・ランを一〇〇ドルでカラ売りしておき、オン・ザ・ランが古くなり、オフ・ザ・ランになって九九ドルになったときに買い戻せば、差し引き一ドルの利益が得られる計算になります（図3－1）。

この方法は、先ほど説明した価格の下方局面ではカラ売りによって利益が得られる話と同じです。問

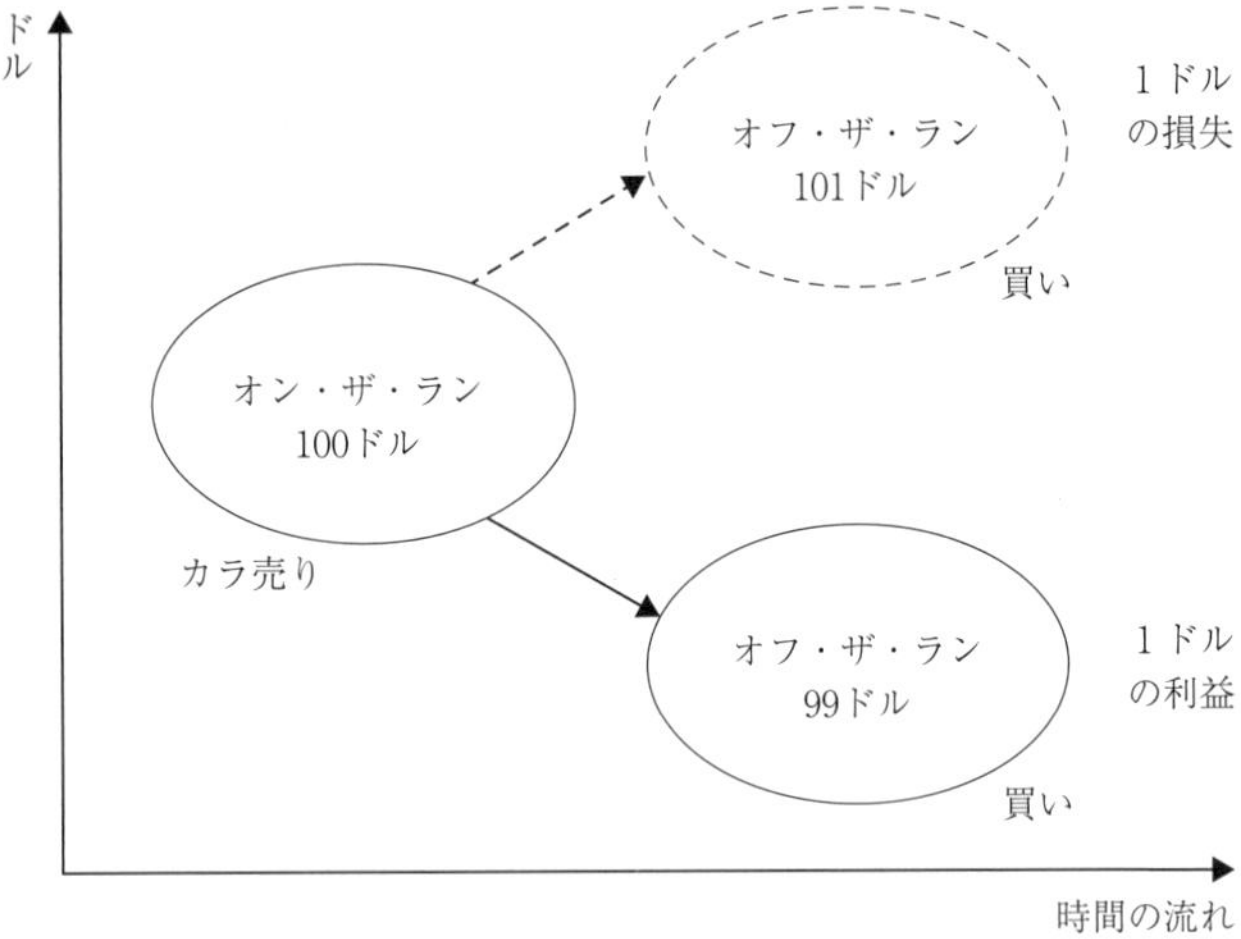

図3－1　新規国債（オン・ザ・ラン）だけをカラ売りした場合

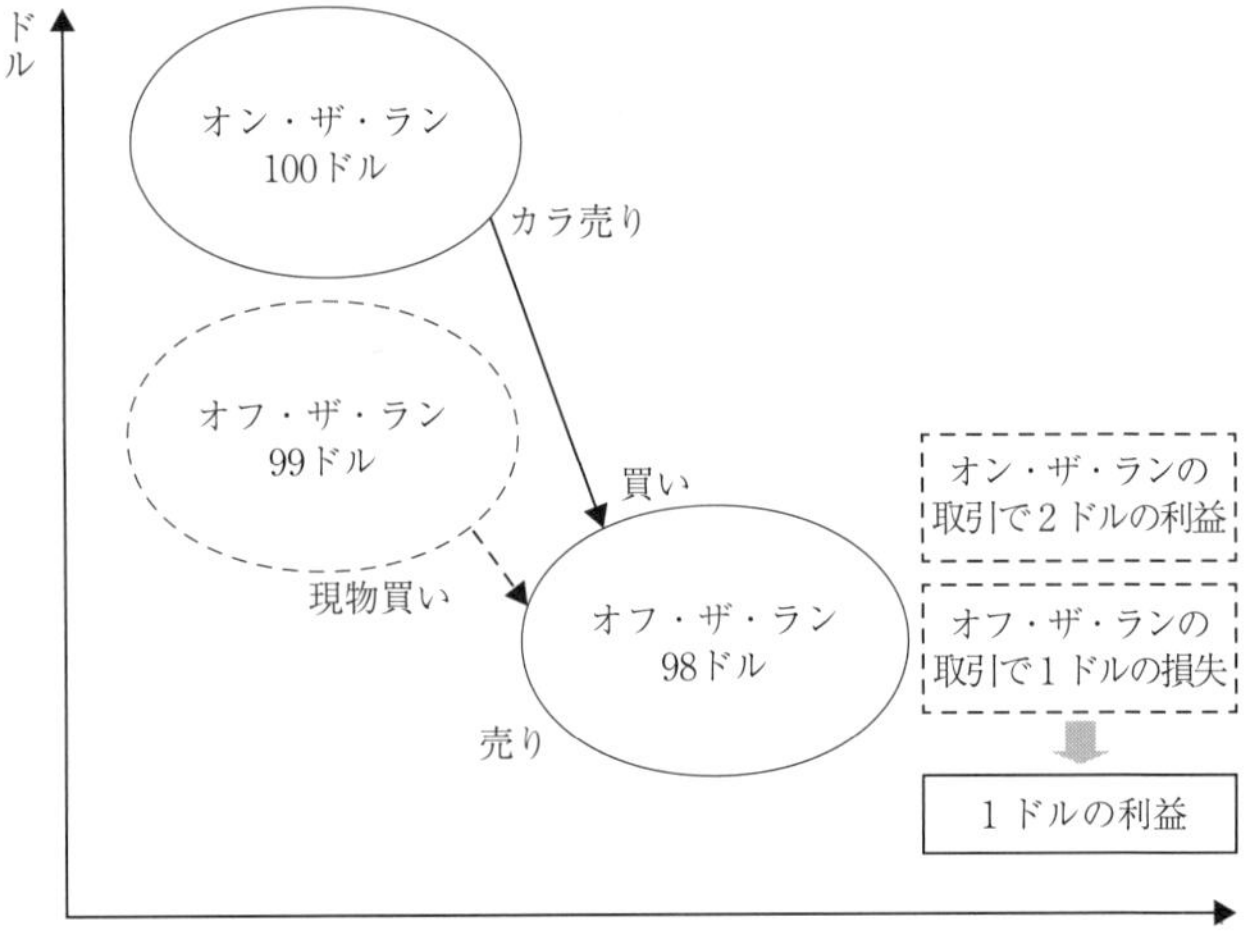

図3－2　オン・ザ・ランをカラ売り後、オフ・ザ・ランの現物を購入し、その後、国債価格が下がった場合

題は、半年後のオフ・ザ・ランの価格が九九ドルのままとは限らず変動してしまうところにありました。オフ・ザ・ランの価格が一〇一ドルに上昇してしまうと、カラ売りしたオン・ザ・ランは一〇〇ドル、その後買い戻したときには一〇一ドルですから、一ドルの損失になってしまいます。オフ・ザ・ランの価格が上昇すると損失を被ってしまいます。このままでは投資のリスクが残ったままです。

このリスクを最初に古いオフ・ザ・ランを買うことによって相殺することができるのです。ここがこの投資のポイントです。現在、一〇〇ドルのオン・ザ・ランと九九ドルのオフ・ザ・ランがあります。今、オン・ザ・ランをカラ売りして、オフ・ザ・ランを購入しておきます。

①オフ・ザ・ランの価格が九八ドルに減少した場合（図3－2）

このときは、オン・ザ・ランだった米国債はすでにオフ・ザ・ランになって九八ドルになっています。これを買い戻せば、一〇〇ドルで売って、九八ドルで買っているわけですから、差し引き二ドルの利益となります。

次に、当初現物を九九ドルで購入していたオフ・ザ・ランを九八ドルで売ります。これは九九ドルで買って、九八ドルで売っているわけですから一ドルの損失になります。

以上から、両方の取引を合わせると二ドルの利益と一ドルの損失ですから、一ドルの利益が得られます。

②オフ・ザ・ランの価格が一〇一ドルに上昇した場合（図3－3）

次に、オフ・ザ・ランの価格が上昇した場合を考えましょう。このときは、当初、一〇〇ドルでカラ売りしていたオン・ザ・ランを一〇一ドルで買い戻さなければなりませんから、一ドルの損失となります。しかし、当初九九ドルで購入していたオフ・ザ・ランが手元にあります。これを一〇一ドルの価格

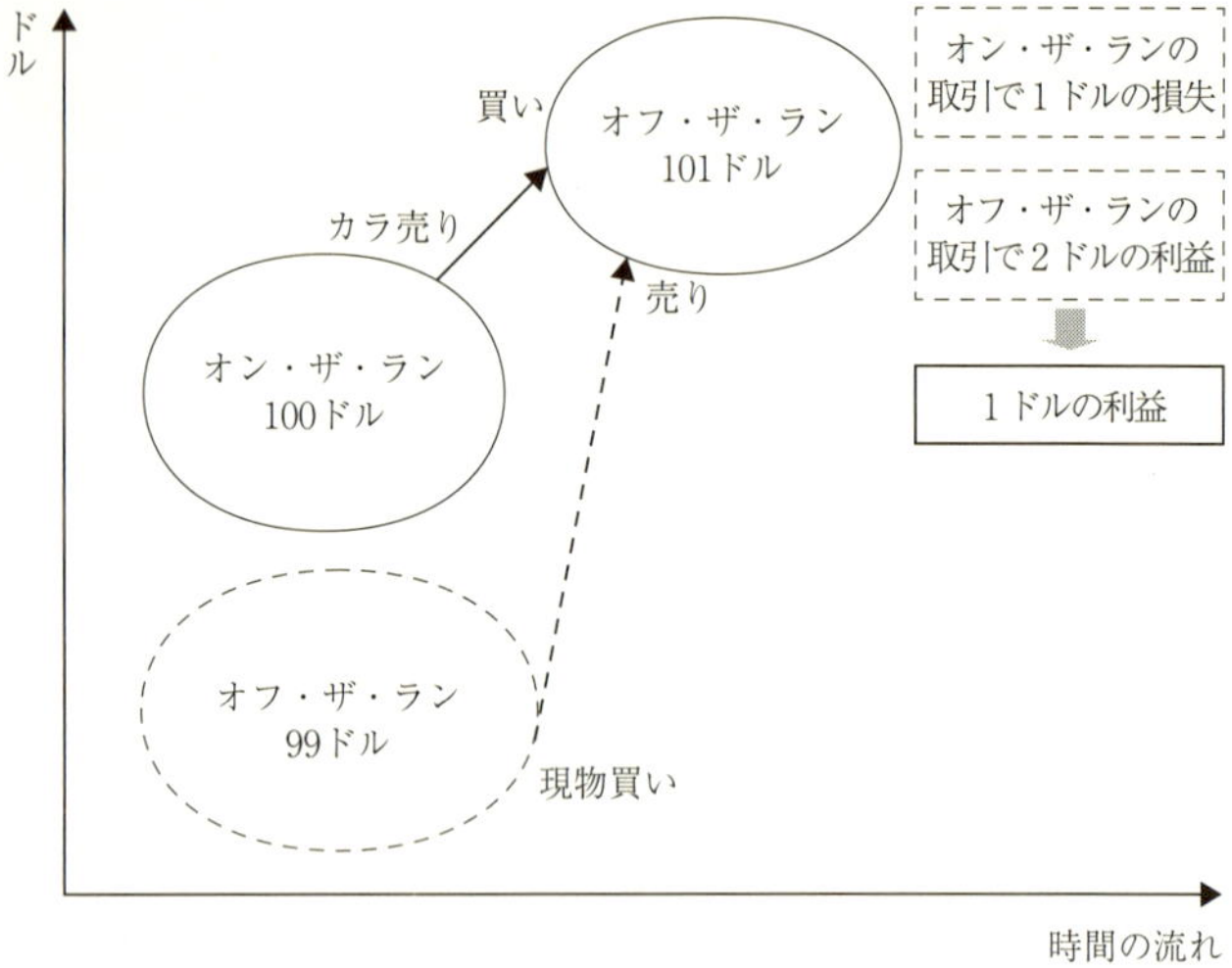

図3－3　オン・ザ・ランをカラ売り後、オフ・ザ・ランの現物を購入し、その後、国債価格が上昇した場合

で売ることができますから、差し引き二ドルの利益が得られます。こうして、両方合わせて一ドルの利益が得られます。

以上より、現在、オン・ザ・ランをカラ売りすると同時に、オフ・ザ・ランの現物を購入しておけば、価格が上昇しても下落しても必ず利益が得られることになります。この利益は、いずれはオフ・ザ・ランとして同じ価格になる国債が、一時的に価格差が付いていることによってもたらされています。価格差（金融の世界ではスプレッドと言います）が利益をもたらすという原理はここでも同じなのです。

償還期限が半年程度の違いしかない長期国債の信用リスクはほとんど同じですから、いずれ同じ価格に収束していくわけです。言われてみれば納得ですが、このことに最初に気付いた投資家はとても頭のいい人だということがわかります。黒木亮著『巨大投資銀行』（ダイヤモンド社、二〇〇五年）ではソロモン・ブラザーズがこうした裁定取引を大量に行い巨額の利益をあげていたことが描かれています。こうした裁定取引が一九八〇年代に米国では行われていましたが、当時の日本の金融機関の現状は同書を読むかぎりとてもお寒い状態だったようです。新社長の就任に合わせてご祝儀相場を形成したいというような市場の実勢を無視したようなことをすれば、冷徹な市場原理によって他社にむざむざ利益を与える機会を提供してしまうことになります。裏返せば、経済的に合理的に説明できないような現象があれば、そこを起点に利益を得られることになります。

ところで、どうして新しい米国債、オン・ザ・ランは少し価格が高かったのでしょうか？　これは投資家が流動性を評価していたからだと言われています。つまり、新しい国債の方がより安全だとみんなが信じていたからです。その分だけ、人気があり価格がわずかながら高くなっていたわけです。当然のことながら、この投資方法は広く知れ渡るにつれ、目立った価格差はなくなり、巨額の利益をあげにくくなりました。

金融危機

先の金融取引では、リスクなしで利益が得られるように見えます。その仕組みは、将来同じ価格になる国債が現在では価格に差がついているというところにありました。経済の状態が普通であれば、同じような商品の価格は同一になるはずですから、その点で絶対に儲かる仕組みでした。でも、経済が普通の状態ではなくなってしまうと、この取引でも損してしまいます。新旧の国債の価格差が消滅する、もしくは小さくなるというのが、この投資方法のポイントですから、逆に価格差が広がってしまうと損失を計上してしまいます。

最新の米国債であるオン・ザ・ランの価格が少し高かったのは、投資家がより安全だと評価していたからでした。金融市場がパニックになって、誰しもがより安全な資産へ乗り換えようとして、この取引でも価格差が開いてしまえば、損してしまうのです。

一九九七年のロシア通貨危機、二〇〇八年のリーマン・ショック、二〇一一年に顕在化したギリシャ危機など、グローバルな規模で金融危機が起こるようになりました。世界中で自由な資金取引ができるようになってきたため、その分金融危機の規模も大きくなってきました。こうした金融危機が起きるのは、何かがきっかけになって、投資家が国債や貨幣といった安全な資産へ大量に乗り換えようとすることによっておきます。

金融取引も他のビジネスと同じように利益を得るために、より収益の高い投資先に資金を投資、運用しようとします。ただ、将来のことはわかりません。何らかの理由で当てが外れたら損してしまいますから、できるだけ傷を浅くしたいと考えます。となると、自分だけ売り抜けることができればいいわけですから、できるだけ早く自分の持っているリスクの高い債権などの金融商品を売ろうとします。同じことを投資家すべてが考えているとすれば、一気に大量に金融商品を売ろうとしますから、その資産価格は急落してしまいます。

金融危機のときは、手持ちの危険と思われる金融商品を売って、安全な資産と考えられている国債や貨幣を手に入れようとします。ですが、安全な資産には限りがあります。安全な資産がほしいと思っても、みんながそのように思っていますから、多くの投資家が安全な資産に買い替えることができず、その結果、様々な資産価格が全面安になってしまうわけです。資産価格が急落してしまうというのは、多くの人々の資産が吹っ飛んでしまうわけで、当然、私たちの生活にも影響が出てしまいます。

こうした金融危機が起きるのは、多くの投資家が大量の安全資産を求めるにもかかわらず、安全資産に限りがあるために手持ちの資産を売りきれず、その結果、資産価格が暴落してしまうからでした。とすれば、安全資産である貨幣を中央銀行が市場に供給すれば、金融危機は防ぐことができます。金融危機は流動性危機とも呼ばれるのは、投資家が貨幣を欲しがっているにもかかわらず、十分な貨幣が供給されていないために起こるからです。そのため、金融危機の際は投資家が売りたがっている金融商品を中央銀行が買い入れ、十分な貨幣供給を行うことが必要となるのです。

従来は、中央銀行が貨幣と交換するのは国債のような安全な資産だけで、企業の株式などは購入の対象ではありませんでした。しかし、金融危機のときには安全な資産を市場が求めているわけですが、中央銀行が貨幣と国債を交換しているだけでは安全資産は増えません。安全資産と安全資産とを交換しているだけだからです。そこで、企業の株式なども買い、十分な貨幣供給を行うことが求められました。

金融危機が一時的なパニックであれば、パニックが解消するまで、中央銀行が十分に貨幣を供給することが望ましいでしょう。市場が冷静になれば、収益を生まない貨幣や、収益率の高くない国債を保有するのは損ですから、収益性のある金融商品の需要が回復し、元通りになります。中央銀行が買い入れた国債以外の金融資産もそのときに売れば、貨幣供給量も元の状態に戻ります。中央銀行が何もしなければ、パニックがどのようなマイナスの影響を経済にもたらすかわかりませんから、金融危機時には思い切った中央銀行の介入が求められるのです。

3　チケットの転売は是か非か

転売は悪?

先にあげた金融取引はときにマネーゲームの様相を帯び、市場価格を乱降下させると批判されることも多くなりました。人間が非合理的に振る舞うことはあり得ますし、これまでも金融危機を経験しているわけですから、なんでも自由に取引させていいというわけではありません。ただ、「安く買って高く売る」というのは経済取引のごくごく基本的な原理です。この裁定取引による利益追求そのものが悪いわけではありません。しかし、これがそうは世の中に認められていないように見えます。実際、スポーツやコンサートの会場ではチケットの転売がふつう禁止されています。チケットを高額で販売するダフ屋を取り締まるためです。ダフ屋の中には暴力団と関係のある者もいるため、禁止されても仕方がないようにも感じます。しかし、彼らがチケットを転売しようとするのは、高額な値段でもチケットを欲しい人がいるからでもあります。

彼らのやっていることは転売行為であって、金券ショップとやってることは同じですから、それ自体は何も悪いことをしているわけではありません。確かに、入場者で混雑している会場付近でお金のやり取りをするわけですから、トラブルが起きるかもしれず、また、偽造したチケットを売りつける輩も出るかもしれず、それが大きな混乱をもたらすかもしれませんので、ダフ屋を取り締まることも根拠が皆無というわけではありません。しかし、どうも理由はそこにあるようには思えません。実際、会場から少し離れたところで公然と大々的にチケットを自由価格で（要するに「高額」な価格で）販売したら、取り締まられる確率は高そうです。各都道府県が定める迷惑条例で転売を目的としたチケットなどの購入は禁止されていることが多いのです。実際、ネット上を含む転売行為そのものが日陰の身におかれているようにみえます。

チケットをめぐるやりとり

二〇〇五年に大人気を博した愛・地球博の「サツキとメイの家」（サツキとメイはジブリ映画「となりのトトロ」の姉妹の名前です）でも、同じような光景が観察されました。このアトラクションは博覧会に入場すれば無料で観覧できるもので、当初は電話で予約券の配布を受け付けていましたが、とても人気がありました。電話では追いつかなくなり、郵便による予約券の申込に変更されました。これも無料だったので予約が殺到し、抽選の当選者に予約券が郵送されました。この予約券がネット・オークションで販売され、これが非難の対象となりました。非難の報道にもかかわらず、そのまま転売行為を黙認したネット・オークションもあり、テレビ番組に出演していた評論家の中には、ものすごい剣幕で非難していた人もいました。確かに、タダで手に入れたもので金儲けとは何事か、「サツキとメイの家」関係者の善意を踏みにじる行為だ、という感情は分からないでもありません。しかし、この転売行為で経済的に損失を被った人はいるかといえば、いないのです。

ネット・オークションでこの予約券を転売した人は転売によってお金を得ます。予約券よりもお金の方が欲しいから売るのであって、いやいや売っているわけではありません。一方の買い手もいやなら買わなければいいわけです。高額な値段でも手に入れる価値があると思っているから買うわけで、こちらもこの取引で得しています。売り手と買い手がこの取引でともに得をしていますし、双方同意の上で取引が成立しています。また、誰かに迷惑をかけているわけではありませんから、この取引を禁止することは社会にとってむしろ損失なのです。

もちろん、本来は小さな子どもたちを対象にしたもので、大人の金儲けに利用されるのは関係者の本意ではなかったでしょう。ですが、無邪気な子どもたちを対象にしたいのであれば、無料配布や単純な抽選は目的を実現する望ましい手段ではなかったのです。残念ながら本当に「サツキとメイの家」に行きたい人を探すのは不可能です。もし、無料でチケットを配布すれば、あまり興味のない人も無料なら応募しようということになりますし、さらに転売目的の人も呼び寄せてしまうことになります。

このほかにも二〇〇二年の日韓共催のサッカーW杯チケットの例があります。サッカーが大好きな人であれば、外国までいって、ときには仕事（家庭も？）を捨ててW杯を観戦します。自国開催であれば、航空運賃代分ぐらい上乗せされた高額の価格で取引されるのは十分予想できます。このW杯チケットは購入希望者の中から抽選で選ばれた人が買えましたが、転売はもちろん、譲渡も不可とされていました。チケットには購入者の名前を印刷し、当日会場で身分証明書の携行を求め本人確認するというふれこみでした。

当然ながら、この本人確認が物議をかもします。仕事の都合で観戦できなくなった人は、せっかく手に入れたプラチナ・チケットを家族や友人に譲渡すらできません。実際、数万人が試合会場に押しかけるのですから、ゲートの係員を務める者が一人ひとり本人確認などできない、と多くの非難がなされ、結局本人確認は事実上されませんでした。

4　自由な経済取引の効率性

転売が行われる理由

自由な経済取引は本人の意志に基づきますから、片方が損する取引は行われません。だから、売買が成立するのは双方が利益を得るのですから望ましいことであり、転売は大いに斡旋したほうがいいということになります。

こうした転売がなされるのは、チケットの当初の販売価格が市場の実勢価格よりも低すぎるからです。スポーツやコンサート、ミュージカルのチケットは席にもよりますが、数千円から一万円ぐらいで販売されますが、ヤフオク等をのぞくと三万円とか五万円とか、ときにはそれ以上の高額で落札されていることが目につきます。市場の評価では数万円もするチケットが数千円で販売されるのですから、殺到するのは不思議ではありません。無料ならなおさらです。

本来高値で売れるものをわざわざ安値で売らなければならない理由は、自由な経済取引ではなにもないのですが、イベントの主催者としてはお金のない人も楽しめる可能性を残しておきたいということなのでしょうか、かなりの高額にすることはためらいがあるのかもしれません。最初から高い市場価格を付けてしまうと、お金のない人はどうやっても手が出ないからです。実際、W杯チケットでも一〇万円を超える高額の価格で最初から販売すれば、個室のような特別な席でもない限り世論が許さないと思われます。しかし、お金のない人がチケットを安く手に入れても、高値で売れるのであればお金と交換してしまうことになります。結局、お金を出せる人のところへチケットは転売されていきます。

経済学で考えるチケットの〝価値〟は、そのチケットを購入する上で、いくらまでならお金を支払ってもいいかで表され、〝willingness to pay〟と呼びます。私たちがチケットを購入するのは、チケットの価値がその価格より高いと判断しているからです。自分にとって五万円の価値しかないチケットを一〇万円で購入する人はいないでしょう。「お金がなくて買えない」というのは、チケットの価値よりも、その支払い代金にあたるお金の方が大切だということなのです。彼氏や彼女に「忙しくて会えない」ばかりを言われているとしたら、それが何を意味しているかは自ずとわかることと同じなのです。

もし、無料やとても低い価格にして、抽選のような形で配布または販売し転売を禁止すると、最も高く評価している人、一番チケットが欲しい人のところへ商品が供給されない可能性があります。しかし、転売を認めれば利益を追求する結果、最終的には一番高く評価している人のところにチケットはたどり着き、チケットという稀少な資源が効率的に配分されていくのです。

また、転売の可能性があれば、取引のリスクを減らすことができます。チケットなどは興行日よりもかなり前に販売されますから、購入後に諸般の事情で行けなくなることはよくあることです。将来のことがよくわからない段階で、高額のチケットを買うのは勇気のいることですが、もし、転売が禁止されていればもっとリスクは大きくなります。状況が変化してイベントに行けなくても、転売できるのであれば、そのリスクは小さくなるでしょう。こうした点からも転売を認めないのはあまり良いことではないのです。

ところで、最初から実勢価格で販売していたら、最初から高い価格がつき、転売しても利益になりません。裏返せば、最初から市場の実勢価格からかい離した価格で販売しているからこそ、転売し一儲けしようという人たちが現れてきます。実際、ミュージカルなどの人気のあるチケットは販売と同時に即完売してしまいますが、ヤフオクなどですぐに転売されていることが珍しくありません。最初から転売を目的としている個人や業者というその道のプロに買い占められてしまいます。

実勢価格より低い価格で販売するのは第九章でも見るように売り手の戦略でもあり、必ずしも悪いことではありません。ただ、実勢価格より低い価格設定なので、チケットを求める人が殺到します。これは買い求める際に窓口で行列に並んで待ったり、ネット上で購入する場合は販売開始時刻にそなえてパソコンの前に張り付いていなければならないことになります。この待ち時間をかけて行列に並べる人はあまり忙しくない人たちです。会社勤めのビジネス・パーソンは何時間も並ぶことはできません。時間的に融通のきく人が手に入れやすくなります。そのため、どうしても転売を目的とした個人や業者に買い占められてしまい、そうした人たちから実勢価格で買わざるを得なくなるのです。実勢価格より低い価格で販売するというのは、図らずもこうしたプロの業者への利益供与になっているのです（コラム3－[1]参照）。

経済学における「社会の損失」

しかし、経済学の観点から問題にしたいのは転売業者へ利益が流れていることではありません。実勢価格からかい離した低い価格で販売する結果、埋め合わせることのできない損失が社会に発生しているのです。転売業者への利益は社会全体から眺めると、実勢価格で販売したときの主催者の利益がすり変わったものです。お金が主催者から転売業者へ移動しただけで社会全体では変化はありません。「濡れ手で粟」はけしからんという感情を除けば、転売業者への利益は社会の損失ではありません。

経済学で考える社会の損失は、安いチケット等を購入するために、（それこそときには徹夜にもなる）行列を作ったり、パソコンの前で貼りついたりする作業や、それにかけた時間なのです。実勢価格を反映した市場価格で当初から販売されていれば、そのチケット等を購入できる人しか購入しようとしません。十分高い価格が付くので長い行列や待ち時間は無縁になるか、とても短くなります。一方、安い価格で販売すると、行列ができてしまいます。先に見たように、実勢価格より十分低い価格で販売しても、一番高く評価している人のところへチケット等はいきます。誰がいくら儲けるかの違いはありますが、社会全体ではお金が水平に移動しているだけでした。しかし、最初から市場価格で十分高い価格を設定していないときと違って、行列という無駄な時間ができてしまうのです。

このことがなかなか認識されないのは、行列は個人にとっては無駄な時間ではないということがあります。自分がとても欲しいものが安く手に入るのですから、行列も苦にならないというものです。ですが、社会全体にとってはその時間がもったいないのです。一つのイベントのチケットをめぐって一〇〇人が五時間並んでも、全体で五〇〇時間になります。一人の労働時間として換算すればおよそ三ヶ月分が行列で費やされていることになります。世の中の行列をすべて考えると社会全体ではその損失は決して小さくありません。この損失を（やや意味不明ですが）経済学では死荷重といいます（dead weight loss の直訳です）。

夢を見る権利

行列は社会にとっては損失です。ですが、実勢価格より低い販売価格は広く観察されます。実際、サッカーや野球、人気タレントのコンサートなどのチケットが市場の実勢を反映した「適性」な価格で販売されたら、世論の怒りを買うでしょう。他にも、東京ディズニーランドはいつも人がいっぱいです。

パスポートチケットは五〇〇〇円ほどですが、実勢を反映して三万円とか、場合によっては一〇万円もしたらどうでしょうか。コンサートやディズニーランドのチケットは、殺到するのは承知の上で当初の販売価格を低く据え置いているように見えます。チケットの価格について、経済的理由とは異なる暗黙の規範が私たちの社会で共有されているからでしょう。

みんながほぼ平等にお金を持っていれば、お金だけで解決してもあまり問題にはなりません。しかし、持っているお金に差がある以上、お金以外の要因でチケットや商品を配分する仕組みがある程度あった方がよいと、多くの人たちが思っているのです。ディズニーランドがお金持ちしか入れないよりは、並んでもいいから誰でも入れるほうがフェアだと思う人は多いのではないでしょうか。スポーツやコンサートのチケットも同じです。お金がなくても夜中から並んで憧れのサッカー選手やアイドルを見に行く、そんな夢を見る自由を誰しもが持っているべきだという社会規範があるのでしょう。ただ、その代償として、転売業者に利益を与えることになるのです。

5　ブラック・マーケットはなぜ発生するのか

統制経済とブラック・マーケット

自由な取引を行う結果、最も高く評価する人のところにモノが流れていきます。限られた資源は、最も高く評価している人が利用するのが望ましいですから、市場で自由な取引をすることが求められます。そのためには、先に見たように、最初から自由な市場取引を行うか、当初は抽選のような形で配布したとしても、転売行為を自由に認め、自由な市場取引をしてもらうことが必要でした。

しかし、W杯のチケットの例で見たように、ときとして転売が禁止されることがあります。その理由として挙げられるのは、お金持ちしか買えなくなるため、リーズナブルな価格設定にしたい、しかし、その結果、転売行為で高く売って利益を得ようとする人々、ときとして裏社会の住人を締め出したいということです。

確かに裏社会の住人に大金を支払うのは気持ちのいいものではありませんが（もっとも、チケットの転売をしている人すべてが裏社会と関わりをもっているわけではありません）、実は、裏社会が関わらないようにするには自由な転売を認めなければならないのです。

転売しようとする人たちの理由は共通です。運良く抽選で当ったり、個人的なコネで安く手に入ったものが、世間では高い値をつけているからです。安く買って高く売るのは商売の大原則ですから、ある意味で当然の経済行動をしているだけでもあります。

もし、転売が禁止されていれば、手元のチケットは高く評価している人ではなく、あまり高い評価をしていない人がそのイベントにいくことになります。仕事などで行けない人にとっては全く無駄になってしまいますから、少しでもお金に換えようと思うのは自然なことですし、ある意味チケットの有効利用でもあります。しかし、転売が禁止されていれば堅気の人間は関わることはできません。少しのお金欲しさに逮捕されてしまえば職を失うことだってありそうですから、そうしたリスクをリスクと思わない人や組織が関わりやすくなるのです。市場のニーズがあるのに禁止していれば、裏社会の人たちが暗躍することになります。

自由な経済取引が強く規制されれば、闇の市場が成立しやすくなります。これまでも自由な取引を制限する統制経済ではブラック・マーケットが裏で発生しました。戦時中と終戦直後の日本では食糧などで配給制がとられましたが、闇市での取引がみられました。闇市での売買は法で禁じられていましたが、闇市で食糧を入手しなければ生きていけない状態でした。実際、闇ゴメを買った人に有罪判決を出したことのある裁判官が、自ら闇での食糧を摂取すること拒否し、少ない配給の食糧を全て家族に与えたために餓死するという事件も起きました。また、一九二〇年代の米国では、アルコールの販売を禁止した禁酒法によって、かえって、マフィアが社会に浸透しました。お酒は飲みたいという需要があるにもかかわらず、一方的に禁止してしまうと、善良な市民は酒屋を営みにくくなりますから、裏社会が需要をみたすべく暗躍することになります。（旧）社会主義諸国でも、生活物資や食糧は満足に配給されず、市民は困窮しましたが、政府官僚や共産党関係者が豊かな物資を徴収していました。彼らは消費しきれない物資を裏の市場でさばいたのです。

表も裏もルールが必要

この表と裏の取引は何が異なるかを考えてみましょう。お互いの利益になるような取引が行われるのは、表も裏も同じです。市場で取引されるのは、お互いの金銭や商品・サービスです。自分が所有しているものを、お互いの同意のもとで交換することです。

私たちの日常生活では、商取引の法制度やルールのもとで取引が行われていますから、相手が不正なことをすれば、警察や裁判所が相手の不正を取り締まり、こちらの権利を守るように機能してくれます。金銭を払わずにモノをとられたり、注文した商品が不良品だったりすれば、表の市場であれば、ちゃんとした商品が送り届けられたり、または金銭を支払い戻してもらったりして救済されます。このように安心して取引ができる環境が整っていなければ、第一章でお話ししたように市場経済は機能しません。

それでは裏の市場ではどうでしょうか？　麻薬取引は明らかな犯罪行為であり、裏社会でしか取引されません。ドラッグの質が想定していたものより悪いものだったとしても、相手を裁判所に訴えることはできませんから、きちんと取引が行われるような裏の掟、映画ゴッド・ファーザーの世界なら「裏切り者には死を」が存在します（もちろん推測です）。

賭博場の運営のような、非合法なビジネスを生業にしていると、トラブルが起きたときに警察には連絡できませんから、その筋の人が仕切ることになりがちです。バクチのような裏の世界では、警察や裁判所に頼れませんから取引上のリスクがあり、そのリスクを減らすために裏のルールを作るべく、その筋の人たちが暗躍することになります。裏の世界でもルールがなければ取引が成立しないのです。

もっとも、バクチやドラッグは大多数の人にはまったく関係ありませんが、自由な取引が規制された統制経済だと多くの人々の生活に影響を与えてしまいます。表向きは自由に取引することが禁止されていると、裏で取引が行われます。（旧）社会主義諸国の闇市で取引されたのは、食糧品であったり、衣類であったり、燃料であったりと、ほとんどが生活物資でした。統制経済下では、我々が日常使うようなものであっても、裏の市場で取引される以上、ドラッグやバクチと同じような問題が生じます。不良品だった、金銭を支払ってくれない、約束を守らない、そういうリスクが起きたときに、表の行政機関や司法機関に救済を申し立てることができません。これは困ったことです。

このようなリスクが大きいと安心して取引ができません。市場を通した分業システムによって、私たちは大きな利益を享受していることを第一章でお話しましたが、分業システムがうまく機能するのは、市場から安心してモノやサービスを手に入れることができるからでした。裏の市場では残念ながら安心して取引ができないので、私たちは十分な分業を実現することが難しくなります。

また、裏の市場では自分のビジネスを改善する動機を持たなくなります。ヒット商品を作ろうと努力するのは、高い価格で売れると期待しているからですが、裏の取引であれば、客はそのままばっくれてしまうかもしれません。特許や著作権のような知的財産権を保護することも難しくなります。このようなビジネスのリスクが大きければ、だれも努力しようとはしないでしょう。裏の市場取引が大きくなってしまう統制経済では、技術革新が損なわれて経済成長が滞ってしまうのです。

市場の実勢価格を無視した規制は、結局のところ裏で市場取引が行われてしまいます。こうした規制の範囲が大きくなりすぎれば、市場を通した分業は抑制され、また、経済成長も滞ってしまいます。

6　すべてを表の市場取引へ？

合法化の効果

例に挙げたギャンブルの世間の評判はよくありません。しかし、競馬や競輪のような公営のギャンブルは合法で、マージャンやポーカーはだめ、というのは根拠が乏しいように思えます。ギャンブルにはまって身を滅ぼすのは、競馬やパチンコも同じです。バクチでトラブルが起きて、ときには殺傷事件のような痛ましいことが起きるから、というようなことが言われますが、これはバクチを非合法にしているからです。非合法にしているから、相手は表に出られないと思うから、負けが込んだら誤魔化そうとしたり、相手に難癖つけたり、はたまた、いかさましたりしてトラブルになります。そして、トラブルを避けるためにその筋の人たちに頼ることになります。トラブルになるから、ヤクザが関わっているから、バクチを禁止すべきだというのは、因果関係としてはむしろ逆です。禁止しているから、トラブルになったり、裏社会の人たちが暗躍するのです。堂々と表に出られるのであれば、殺傷事件はもちろんトラブルはぐっと減るでしょう。実際、公営ギャンブルの会場でトラブルはほとんどありません。

同じ理由から、麻薬取引を合法化すべきだと真顔で主張する人もいるのです。実際、マフィアとの麻薬戦争が勃発しているメキシコでは、二〇〇九年に少量のヘロイン、マリファナ、コカインといった麻薬の所持を合法化しました。これは限られた予算や要員を、組織的な薬物犯罪に振り向けようとするためです。すべてを禁止するよりは、小さな犯罪は目をつぶり管理できるようにした方がよいという判断なのです。[1]

臓器売買を合法化する一定の合理性

さらに、二〇〇七年にフィリピンで臓器売買を合法化を検討するという、とてもショッキングなニュースがありました。さまざまな意見がありますが、禁止して裏の市場で取引されるよりは、トラブルや裏社会の介入を防ぐために合法化するのも一定の合理性があります。フィリピンで合法化の議論が出た理由もここにあります。様々な事情から自身の臓器をお金に代えようとする人がいます。その多くは貧しい人です。彼らが生活のために自らの体を切り売りするような社会は、私たちが目指す社会ではありません。しかし、臓器取引を禁止している裏で、闇の市場で取引が行われているのも事実です。その際に、腕のいい医師にきちんと手術をしてもらえるか、約束の代金を支払ってもらえるかということを考えると、かなり怪しいのではないでしょうか。

フィリピンのパセコというスラム街は生きた臓器提供者が住む地域として知られており、地元政府の推計によると、住民五万人のうち三〇〇〇人程度が腎臓を提供したと言われます。[2] 危険なゴミ捨て場で売れるものを物色せざるを得ない人たちが多い地域です。血液を売り、その後腎臓などを売る人が後を絶たないといわれます。中には、健康を害して命を落とす者も少なくないようです。法を破ってまでも自身の体の一部を売ろうとする人は、それだけ立場の弱い、生活に困っている人たちです。こうした立場の弱い人が、無免許医のいい加減な手術で健康をさらに損なったり、代金をきちんと支払われなかったりといったことが起きたとき、彼らは泣き寝入りするしかありません。もし、合法化していれば、こうした事態は改善されると考えられます。衛生的な医療機関で手術を受けられるでしょうし、闇の組織との関わりも減らすことができるからです。ただ、臓器売買を合法化した国はこれまでにないこと、当然のことながら倫理上の問題に抵触すること、そして、臓器を売って豊かになった人はいないこともあり、法案が成立するには至っていません。

日本でも国内外で違法な臓器提供や売買が行われていたことが報道されています。中国での臓器移植手術を受けられず、手術費や滞在費という名目で大金をだまし取られたり、臓器移植の仲介を暴力団に頼んで腎臓の提供を受けたケースでは、提供者の行方がその後分らなくなっているというニュースを目にすることがあります。(3)中国で少なくない外国人が秘密裏に臓器移植を受けているといわれています。その相場は中間のブローカーや医師らの報酬が含まれるため総額五〇万から六〇万元（約六二五万から七五〇万円）になりますが、腎臓提供者には約五万元（約六二万円）しか渡らないそうです。(4)

ここでお話したことはかなり極端だと感じる人が多いのではないでしょうか。人間は誰しもが合理的に、理性的に意思決定しているわけではありませんから、臓器売買やギャンブルを社会の規範として禁止することも十分根拠のあることです。筆者としても臓器売買を合法化するというのは倫理的にも生理的にも受け付けないところがあります。しかし、臓器を売らざるを得ない人がいる現状で、「人間の尊厳」という大義を振りかざして禁止するだけでは、彼らをもっと苦しめてしまうというのも一つの事実なのです（コラム３－[2]参照）。

合法化がもたらす危険性

もちろん、合法化することに対する批判もあります。取引を合法化してしまうと、そのような取引を促進してしまい、かえって望ましくない事態が起きる可能性があります。メキシコの麻薬の件では、麻薬のための観光旅行が増えることを隣国のアメリカは懸念していると伝えられています。メキシコで所持した麻薬をそのまま自国に持ち帰る可能性は大きいですから、アメリカ政府としては外国のことと傍観するわけにはいかないのです。

さらに臓器売買の場合、売買が合法化されるということは、これまで闇で行われていた臓器移植の需要が顕在化しますから、当然ながら臓器の市場価格は上昇するでしょう。臓器移植を待っている人にとっては、自分や大切な人の命がかかっていますから、合法化されたときの需要の増加はとても大きいことが予測されます。その結果、臓器を売らざるを得ない人たちが手に入れるお金は増えますが、誘拐して人身売買する犯罪の増加が懸念されます。実際、ナイジェリアで「赤ちゃん製造工場」が摘発されたというニュースでは、新生児を売買する目的で監禁、妊娠・出産させられていた一〇代の少女三二人が救出されたといいます[5]。報道によると、新生児は日本円に換算すると一五万五〇〇〇円から五二万円で売られていました。生活水準を考慮すると現地での価値はその数倍から数十倍にもなるでしょう。児童の人身売買が横行している西アフリカでは、農園や鉱山、工場の働き手、家政婦、売春婦として売られるだけでなく、黒魔術の儀式用に殺害または拷問を受ける場合もあると言われています。こうした犯罪行為を助長しかねないのです。

市場取引は様々なものがつながっています。一つの市場だけ合法化した場合、その市場では犯罪は減るかもしれませんが、他のところでの違法行為を誘発することは十分ありえます。倫理上の問題だけでなく、こうした市場のつながりも考えなくてはいけません。こうした非人道的なニュースを聞くと、貧困を解決する経済成長の必要性と、適切な再分配があって健全な市場取引は成立するものだと感じさせられます。

7　価値の測り方

評価額が決まる二つの要因

チケットの例では、市場取引の結果、もっとも高く評価している人のところへいくとお話ししました。稀少な資源はもっとも高く評価している人が利用するのがよいですから、てんでバラバラに見える市場取引が資源を有効に配分していることになります。これが市場の効率性ですが、そこでの評価規準とはどこまでお金を払えるかという金銭の単位で測ったものでした。

W杯のチケットで、人々の評価額がどこになるかは、大きく分けて二つの要因で決まります。一つはその人がサッカーが好きか、そうでもないか、という価値観です。所得や資産の水準に差がないのであれば、サッカーが好きな人が大金を出してチケットを買って観戦した方が、チケットの有効利用だというのは誰しもが納得がいくところです。自由な取引、転売によって、サッカーがもっとも好きな人のところに自動的にチケットが渡るでしょうから、市場が効率的な資源配分を実現していることにあまり反論はないでしょう。

もう一つは、その人が持っているお金です。どんなにサッカーが好きでも、お金がなければ生活のためにあきらめなければならないでしょう。たまたまチケットを抽選などで手に入れても、先の例のように高く売ってお金に換えることもあるでしょう。チケットにどこまでお金を払えるか、もしくは払いたいかはその人の所得水準によっても影響されます。厚生経済学の基本定理として知られる、市場が実現する効率的な資源配分は、人々がいくらお金を持っているかという所得の状況に左右されるものです。あくまでその所得分配の状況を前提としたうえで、一番効率的な配分が実現されるということです。市場経済ではお金がなければ取引に参加できませんから、市場メカニズムだけでは格差の問題を解消することは必ずしもできません。

お金で測れないもの

W杯のチケットであればお金で決めても問題はないかもしれませんが、命にかかわる医薬品だったらどうでしょうか。お金を持っている人とあまり持っていない人の間で、一つしかない新型インフルエンザのワクチンをどちらに配分すべきでしょうか？

お金で決めることに抵抗を感じる人が多いのは、命のようなかけがえのないものは金銭を超越しているというある種の規範を持っているからでしょう。たまたまお金持ちの家に生まれた人が楽をして幸せを享受し、お金のない家庭に生まれた人々がワクチンを接種できない状況は納得しにくいものです。でも、アリとキリギリスの話のように、お金を持っている人は将来に備え一生懸命努力して働き、節約してきたのかもしれません。お金をあまり持っていない人は今まで好き放題してきた結果かもしれません。

そんな人にワクチンを提供することに同意する人は少ないでしょう。また、お金を稼ぐというのは、その人にそれだけお金を払ってもよいという人が多くいたということでもありますから、お金を稼いだ人はそれだけ人々の幸せに貢献してきたともいえます。

このように考えると、お金で測るというのは必ずしも肯定できるものではありませんが、簡単に否定できるものでもありません。何を基準にするべきかは、私たちの社会が抱える難しい問題で、経済学だけで決められるようなものではないのです。

コラム3

1　紅白歌合戦

大晦日の紅白歌合戦のチケットは、転売市場でなんと約四七万円の値が付いたそうです。[6] 紅白のチケットははがきで応募した中から抽選で決まるらしく、一三一三席に対して約七六万通の応募があり、倍率はなんと五八〇倍！　そして、二六一枚のチケットがネット・オークションにかけられ、八割以上が二〇万円以上で落札されたそうです。実勢価格で売れば数億円の収入が期待できる以上、きちんと利益をあげて受信者に還元すべきだと思うのは筆者だけでしょうか。

2　臓器売買の対する経済学者の意見

臓器の売り買いにもっとも抵抗（?）がないと思われる経済学者の意見はどうなのでしょうか？腎臓の売買に関する簡単なアンケートがシカゴ大学が主催するIGM Forum（http://www.

igmchicago.org/〉に紹介されています。

二〇一四年三月の時点でアメリカの経済学者は、腎臓の売買に「とても賛成する」一二％、「賛成する」三三％、「わからない」二九％、「反対する」七％、「とても反対する」五％、「回答なし」二％でした。概ね賛成が四五％と半数近いのは経済学者らしいとも言えますが、「わからない」に「反対」と「とても反対」を加えると、四一％にもなり、意見の分かれる難しい問題ということがわかります。

そこでのコメントを見ると、自発的に売りたいと思う人を強制的に認めないというのは難しい、多くの命を救う可能性が広がる、という肯定的な意見から、所得の低い人々はどうするのか、医療保険でカバーされるのか、不正をきちんと防ぐ仕組みが必要、という現実な意見、お金で命の値付けをこれ以上進めるのはよくないという否定的な意見まであり、隔たりは小さくありません。

註
（1）ＡＦＰ通信ネット配信記事（二〇〇九年八月二三日付）。
（2）ＡＦＰ通信ネット配信記事（二〇〇八年四月二二日付）。
（3）産経新聞ネット配信記事（二〇一一年一月一三日付）、ＴＢＳ系列ネット配信記事（二〇一一年六月二四日付）。
（4）時事通信ネット配信記事（二〇一二年二月二〇日付）。
（5）ＡＦＰ通信ネット配信記事（二〇一一年六月二日付）。
（6）産経新聞ネット配信記事（二〇一一年一月一三日付）、ＴＢＳ系列ネット配信記事（二〇一一年六月二四日付）。

第四章　安心安全な取引——情報の非対称性

本章のテーマ

・まだ十分な実績のない新興企業が優良な商品・サービスを提供していることをアピールするにはどうしたらいいでしょうか。
・ＪＩＳマークや医師免許のような公的な認証制度と、スタンダード・プアーズやミシュランなどによる民間機関による格付けは、どのような違いがあるでしょうか。
・製造物責任（ＰＬ）法の経済学的根拠は何でしょうか。

Key words

不確実性、取引の不完備性、情報の非対称性、逆淘汰、シグナリング、モラルハザード、評判、長期的取引関係

1　市場の成立を脅かす問題

耐震構造偽装マンション事件

少し前になりますが、二〇〇五年に大問題になったのは耐震構造偽装マンションです。販売されたマンションが実は十分な耐震構造を持っておらず、震度五規模の地震で倒壊する可能性があるというので大問題になりました。東日本大震災は言うまでもなく、地震国日本ではどこに住んでも震度五というのはいつか遭遇するでしょうから、大金を払ってマンションを購入した人たちが、どれだけ当惑したかは想像するに難くありません。この耐震構造偽装マンションでは、安く仕上げるために鉄筋の数を減らしたり、コンクリートを薄くしたりと、数々の手抜き工事が行われていました。さらに、きちんと建築基準を満たしかどうかを確認する建築士や、行政から認可を受けた審査機関がその役目を果たしていなかったことが明るみになりました。

マンションを建築する業者としては、できるだけ低い費用で建築したいと思うのは倫理上の問題はあるにしても、他社と競争している以上避けられない誘惑です。一部の心ない業者がこの種の許されない誘惑に負けてしまうことは十分考えられますから、業者が行き過ぎないようにチェックする仕組みが大切です。それがまったく機能していなかったことは、市場経済を揺るがす大問題といっても過言ではありません。ほとんどの人にとって、マンションを買うのは一生に一度の大きな買い物です。それが、専門家、審査機関がＯＫと評価したものが、致命的な欠陥をもっていたというのでは、人生がめちゃくちゃになってしまいます。普通の人はマンションに欠陥があるかどうか判断できませんから、専門家の判断を信用するしかありません。もし、多くの専門家の評価が信用できないとしたら、怖くてマンションを買うことなどできなくなります。つまり、市場という取引の場がなくなってしまうのです。市場経済の根幹にかかわるというのは決して大げさではないのです。

取引の不完備性

個々人がばらばらに意思決定していても、売り手と買い手にとってお互いの利益になるのであれば取引が行われ、取引を繰り返していけば、最終的に最も効率的な資源配分が実現することを第三章でお話しましたが、これには大きな前提があります。それは品質保証です。取引が円滑に進むには、商品やサービスの品質が保証され、不良品だった場合は支払った料金を全額返却するなどの補償が必要です。

しかしながら不良品をつかんでしまうことがあります。テレビを買ってみたが、電源が入らなかったという場合であれば、明らかに欠陥商品ですからふつう取り替えてくれるでしょう。このようなはっきりとした不良品であれば、クレームをつけて交換、修理してもらうことができますし、場合によっては支払った料金を返してもらうこともできますから、あまり問題ではありません。むしろ、そこまではっきり欠陥だと言えないような場合の方が問題です。

ノートパソコンを例にあげると、立ち上がりにやけに時間がかかったり、ちょっとしたことでフリーズしたり、ある部分が非常に熱くなったり……、といったことがあります。これまで使っていたノートパソコンとは明らかに違うのですが、欠陥商品だと断定できるかどうか微妙なところです。あるレストランに入ってみたらおいしくなかったり、店員のサービスが悪かったということもしばしば経験します。このような場合、結果的に私たちが期待していたほどの価値を得られなかったことになりますが、訴えたり、料金を支払わずにすますことはふつうできません。「はずれ」を引いたとあきらめてすごすご引き返すことになるわけです。消費者にとっては明らかに「はずれ」ですが、欠陥商品、不良サービスとして賠償請求するには証拠がなくて難しいからです。

レストランでカルボナーラを注文しているとき、私たちは当然ながら、「美味しいカルボナーラ」、「のびていないカルボナーラ」を期待していますが、注文しているのは単に「カルボナーラ」です。ナポリタンが出てくれば、注文と違うことを伝えることができますが、何がおいしいのかは味覚という非常に曖昧な基準であり、客観的な基準がありません。この部分は、明確に約束したり、注文したりできないということになります。これを取引の不完備性といいます。一〇〇％完全にこちらの期待を相手に伝えて注文することができないという点で「不完備」という用語を経済学では使います。私たちがお店に求められるのは「カルボナーラ」だけなのです。

パソコンの例では、パナソニックや富士通などのメーカーと型番までは指定できますが、その性能まで特定化することはできません。なかなかフリーズせず、丈夫でバッテリーの持ちがいいノートパソコンがいいわけですが、これも明確に注文することができません。このように、取引には常に「あたり」と「はずれ」のような不確実性が伴います。この不確実性が小さければ、安心して取引ができるわけですから、この不確実性をできるだけ小さくしたいところです。

「はずれ」を引かない仕組みを

私たちは「はずれ」を引いた場合、普通はだまって「二度と買うもんか」と心の中で決心します。文句の一つも言いたくなりますが、何度も繰り返して買うようなものであれば、「二度と買わない」というのは有効な戦略です。鮮度の低い生鮮食料品を売っているスーパー、おいしくないレストランなどは、誰も行かなくなりますから、こうしたお店はいずれつぶれてしまうでしょう。長く残るのは納得のいくお店のはずですから、こうしたところを選んでいけばまず間違いはないことになります。

しかし、何度も繰り返して買うようなものではない場合はそうもいきません。多くの人にとっては、マイホームやマンションは一世一代の買い物ですし、新車の購入もとっかえひっかえできるわけではありません。また、命を預けるような手術も、ヤブ医者にあたって「二度と行くか」で済む問題ではありません。レストランでも取引先の大事な人を接待するときに、まずい料理を出されては面目丸つぶれです。「はずれ」であることを立証することができれば、賠償請求したり、改善や救済を求めることもできますが、立証不可能であれば泣き寝入りということにもなりかねません。

どんなことでもまちがいは起きますから、「はずれ」を完全になくすことはできませんが、できるだけ「はずれ」を引かない仕組みを作る必要があります。本章ではその仕組みについて考えます。

2　情報の非対称性

逆淘汰――憎まれっ子世にはばかる

ある買い手が購入しようとしている商品には、品質にぶれがあるとしましょう。いい品質のものと、品質に難のある不良品とが混在しているようなのです。賢明な消費者はどの程度の確率で「はずれ」を引くか考慮して、この商品の予想価値を見積もります。「はずれ」の可能性があまり高くなければ、予想価値は比較的高くなり購入を決めるでしょう。しかし、「はずれ」の可能性が高いと予想されるほど、予想価値が低くなり、ひどい場合は買うことをあきらめます。支払う金額に比べて割に合わないからです。

もちろん、運悪く不良品にあたっても、取り替えてくれたり、修理したり、または損失を弁済してくれれば、買い手としては概ね満足でしょう。いきとどいた補償や親切なカスタマー・サービスがあれば、「はずれ」を引いても安心ですが、消費者が「はずれ」と感じることすべてを補償することは売り手にとっては無理な相談です（コラム4-1参照）。

どの売り手も提供する商品やサービスに「はずれ」がでることはありえますが、「はずれ」が出やすい売り手もあれば、めったに「はずれ」を出さない売り手もあります。後者の優良な売り手からすれば、前者の困った売り手の存在は迷惑です。困った売り手のおかげで、優良な売り手も価値の高い商品・サービスであるにもかかわらず、粗悪なものと一緒に扱われてしまい、低い価格で売らざるを得なくなるからです。ひどい場合はコスト割れを起こしてしまいます。反対に粗悪品を出している売り手は、優良な売り手の評判にただ乗りしているわけです。こうした粗悪品を意図的に出している企業が存在すると、優良な企業も足を引っ張られてしまいますし、消費者も困ります。このような憎まれっ子世にはばかる現象を逆淘汰（逆選択）と言います。本来、自然界では優良な種が生存競争を勝ち抜き、劣性の種が淘汰されていきますが、これとは逆に不良なものが優良なものを市場経済から淘汰する様からこのように言われます。

逆淘汰が起こるのは情報の非対称性が買い手と売り手との間にあるからです。売り手は自分の供給しているものが「はずれ」かどうか知っていますが、買い手はどれが「はずれ」かわかりません。持っている情報が売り手と買い手の間で同じではなく非対称になっています。優良な企業は自分の商品は「はずれ」ではないというでしょうが、不良な企業も同じことを言いますから、消費者には区別が付かないのです。

もし、情報が対称であれば逆淘汰は起きません。どれが「はずれ」か買い手も区別できれば高品質のものには相応の高い価格がつき、低品質のものにはそれなりの価格がつき、それぞれ別のものと扱われますから逆淘汰は起きません。本当にひどい「はずれ」ばかり供給している企業は誰も相手にしなくなりますから市場に長く留まることはできません。情報の非対称性がなく、どれが「あたり」で、どれが「はずれ」か区別できていれば、良質のものが市場で評価され生き残っていきます。

また、買い手だけでなく売り手もどれが「はずれ」かわからないときは、ある一定の割合で「はずれ」が出るものの、「はずれ」を考慮して取引がされることになり、やはり逆淘汰は起こりません。宝くじはこれと似ています。売り手も買い手もどれが「当たり」かわからないからこそ、くじの売買が成立します。

これに対して、宝くじの売り手だけがどれが「あたり」で、どれが「はずれ」かわかっていれば、売ろうとするのは「はずれ」ばかりになります。買い手もそのことを予測しますから、「はずれ」ばかりの宝くじを買うことはありません。買い手は知らないが、売り手だけが知っているという情報の非対称性の下では宝くじの市場はなくなってしまうのです。念のために繰り返しますと、逆淘汰は「はずれ」が存在することを意味しているのではなく、不良なものが優良なものを押しのけてしまう現象のことをいいます。逆淘汰は情報の非対称性がなければ起きないのです。

安心安全な取引が形成されるために

逆淘汰は深刻な影響をもたらしますが、当然のことながら、優良な売り手は手をこまねいるばかりではありません。買い手にとっては優良な売り手の商品の価値は高いわけですから、優良性をアピールし粗悪品と区別することができれば、買い手は多くのお金を支払う用意があります。優良な売り手はなんとか差別化して、その優良性をアピールしようとするはずです。そのアピールのことを経済学ではシグナリングといいます。ただ、そのアピールは不良な企業が簡単にはまねできないものでなければなりません。

優良性をアピールするには様々な方法が考えられます。一つは過去の実績です。これほど強いアピールはありません。多くのお客さんがおいしいと評価したレストラン、親切だったという口コミが広がったお医者さん、ほとんどフリーズしなかったパソコンを作ってきたメーカーなど、これまでの実績が明らかであれば、その優良性を容易にアピールできます。例えば、伊勢の名物として知られる赤福の本店は「創業宝永四年」と書いた看板をかかげています。それだけ長い間顧客の支持をえてきたことをアピールしているわけです。少々保守的ですが、多くの人が長年評価しているものは間違いがないのです。長年の評価が定まったブランド品や老舗のものが高い価格を付けているのは、それだけ消費者が間違いなくその高い価値が実現されると予想しているからでもあります。

過去の実績に勝るアピールはありませんが、実績を打ち立てるには時間がかかります。新しくビジネスを始める場合、どんなに優れたものであっても過去の実績がありませんからアピールしたくてもできません。このような場合、残念ながらその優良性をアピールできなくなります。

それでも先にお話ししたように、レストランであれば開拓心をもったお客さんが試しにお店に来てくれてそうです。やがて評判も広がるでしょう。レストランや美容院のように、一回の出費が比較的小さく、「はずれ」にあたってもその被害がわずかであれば、いずれ優良な売り手はその評価を確立できるでしょう。このような場合、自発的に繰り返される経済取引が評判を確立させ、安心安全な取引ができる場を形成していきます。

情報公開と患者の利益

しかし、マンションや家の購入、体にメスを入れる手術などでは費用も大きく、失敗したときのダメージははかり知れませんから、長年やってきた不動産業者や病院を選ぼうとするでしょう。不動産業者の場合はこれまでどのような家やマンションを建てたのか、業者のこれまでの業績について情報が比較的入りやすいですが、病院の場合はほとんど情報がありませんから、みんな大病院に駆け込んでしまうことになりがちです。比較的容易な手術でも、患者にとっては自分の体にメスが入るのは不安ですから、大きいところへ行きたいというのは自然な気持ちです。結果として、政治家や有名人が入院する大病院はいつも長蛇の列になってしまいます。

実際、医療機関の広告内容はかなり細かく規制されています。(1) 例えば、現在の規制では医師個人の心臓バイパス手術のような具体的な手術件数を広告することはできませんし、「二週間で九〇％の患者で効果がみられます」のような表現や治療前後の写真やイラストを広告に掲載することも認められていません。厚生労働省の立場は、「治療効果については、個々の患者の状態等により当然にその結果は異なるものであり、効果について誤認を与えるおそれがあることから、広告可能な事項とはなっておりません」というものです。さらに「当診療所に来れば、どなたでも〇〇が受けられます」のように、必ず特定の治療を受けられるような表現も、「本来、診察の結果、治療内容が決定されるものであり、あらかじめすべての患者が特定の治療を受けられるような誤解を与える表現は適当ではなく、そのような表現は広告できません」となります。

このように医療機関から有効な情報が発信できないため、私たちはどこの医療機関にかかればよいのかわかりません。ですから、『病院の実力』（読売新聞東京支社、二〇一一年、二〇一三年）や『手術数でわかるいい病院』（朝日新聞出版、二〇〇九年〜）のような本が出版され、私たちはそれを頼ることになりますが、医療機関がそうした本に選ばれたことを宣伝することも認められていません。確かに過度に自由化すれば、医療機関も競争をしていますから、ついつい過剰な広告をしてしまいトラブルになるかもしれませんが、そこまで情報を与えないことが果たしてよいのか疑問に思います。現実には医師の技能や医療機関の水準に差がある以上、優良な医療機関と困った医療機関をできるだけ区別することが患者の利益になるからです。また、不良な医療機関にはだれも行きたがらないでしょうから、医療機関も医療技術やサービスの向上に努めるインセンティブを与えることができます。

3　品質を保証するしくみ

資格と格付け

不動産の購入や手術のように、「はずれ」を引いても何度もくり返せばいいというわけにはいかない場合、そのサービスの品質を最低限保証する仕組みが求められます。それがなくては怖くてたまりませんから、不動産業や医療機関が都道府県知事の認可や国家資格が必要になるのは理にかなっています。

新しく開業したクリニックに私たちが安心してかかれるのは、医師免許という国家資格が最低限の水準を保証しているからです。「はずれ」を引いたときの損害が大きいものでは、円満な取引を実現するために政府や地方自治体の認証制度の整備が必要になります。レストランや美容院のように評判が確立するのを待ってはいられないのです。

この種の保証する仕組みは、何も政府や公共機関だけが行うものではありません。ムーディーズやスタンダード・プアーズのような格付け会社が、企業のリスクを細かくランキングしているのは広く知られています。格付けを下げられた国や企業が強く反論する場面をよく見かけるようになりましたから、その影響力の大きさがうかがえます。このほかにもミシュランのレストランの格付けは大きな話題を振りまきました。これらの格付けで上位を占めるのは簡単ではありませんから、有効なアピールになります。

こうした格付けによって、私たちは安心して経済活動ができますが、これらも長年活動をしてきた企業に対して行われるものです。新しくビジネスを開始した企業や個人には格付けやランキングがつくことはなく、評価対象外とされてしまいます。実際、経済活動を行うほとんどの企業や個人は、こうした格付けやランキングの対象外に置かれています。実際、ムーディーズなどの格付けはトヨタや日立のような大企業が対象であり、中小企業は対象に含まれませんし、ミシュランのような権威ある格付けを獲得していないレストランや食堂の方が圧倒的に多いのです。こうした格付けやランキングにカバーされない業者の存在を考えると、政府や公共機関が与える基準の有効性が理解できます。ムーディーズやミシュランのなどの民間の格付け機関はすべての企業や個人を評価しなければならないわけではありませんから、高評価を与えられる企業や個人は過少になる傾向があります。ミシュランでは一番下の一つ星でも大変光栄なことですが、そのことを象徴しています。

民間の格付けが過少となるのには理由があります。格付けには二種類のエラーがあり、一つは本来あまり良くないものを優良と過大評価してしまうことです。もう一つは優良と評価されるべきものを評価し損なうことです。どちらも正確な格付けという観点からは望ましくないものですが、前者の過大評価は間違いが露見してしまいますが、後者の間違いは知られずに済んでしまうという違いがあります。いい加減なものを優良と評価したら信用の失墜につながりますが、反対に優良なものを見過ごしてもそこまで大きな責任は問われません。格付けする側としては信頼性を維持するためにも、いい加減なものを優良と評価するのは絶対に避けたいところです。そのため、高評価を得られるものは少なめになりがちです。本来評価されるべきだが、民間の格付け機関では埋もれてしまいがちなところをカバーすることに、公共機関の与える資格や認証の意義があると言えるでしょう。

建築基準などは、建物が満たさなければならない最低限度の基準であり、これが守られていると保証されていれば、一応の安心を得られることになります。医師の免許も同じ役割をもちます。これらは最低限度の基準をクリアしたことを示すだけで、その優良性をアピールするには少々物足りないものですが、こうした最低基準を義務付けなければ、怖くてマンションを買えませんし、安心して医療も受けられませんから、その効果は極めて重要です。レストランや美容院のような何度も繰り返し利用するサービスでは、自由な経済取引の結果から安心して取引できる環境ができてきますが、マンションや医療のような、一回の取引でやり直しができないものは、満たされるべき基準を保証する重要性はそれだけ高くなってくるのです。

様々な認証制度

一方で、義務付けられてはいませんが、業者の意思で差別化を図れるような政府認証制度もあります。例えば、ＪＡＳマーク（日本農業規格）やＪＩＳマーク（日本工業規格）は、製造工程が安全衛生面や環境面などからしっかり管理されている農産物と工業製品について、公的機関が認証した場合に付けられるものです。ふつうの消費者がこれをどれだけ意識しているかはやや疑問ですが、業界内では一定の基準を満たした製品であると認められるので、安心して使うことができます。住宅を建てる際に、使用される木材にＪＩＳマークのシールがついていれば安心です。

この他にも、標準的な国際規格の策定を行う国際標準化機構のＩＳＯが有名です。ISO9001なら品質に関して、ISO14001なら環境面に関して、基準を満たしたシステムの構築ができていることを示しています。例えば、企業のホームページで「ISO14001を取得しています」などと見ることがありますが、これはその企業が製品やサービスだけでなく、廃棄物の取扱い方など企業活動全般において環境保護の規格を満たしていることを示しています。単に「環境保全活動に力を入れています」というよりも、国際的な第三者機関によって認められたことをアピールする方が当然のことながら説得力があります。

こうした規格はきちんとした審査があり、規準を満たしている企業だけが取得できて初めて意義があります。どんな企業でも簡単に基準をクリアできるのでは、かえってその信ぴょう性に「？」がつくこともあります。

一九九二年に廃止された日本酒の等級制度はその例です。お酒の品質とはほとんど関係なく「特級」「一級」「二級」とランクが分かれていました。ふつう「特級」が一番良いように見えますが、実態は税率が異なっていて、お金を出せば「特級酒」になるものでした。当然、誰もそのような等級をありがたがる人はおらず、あえて二級のままで安くおいしいお酒を提供した酒造メーカーもたくさんあったのです。

情報リテラシーの重要性

最近では、価格ドットコムのようなサイトでも、様々な商品の評判がわかるようになっています。ノートパソコンをはじめとした家電製品の使ってみないとわからない特徴が書かれてあり、何も情報がない人にとっては参考になります。しかし、誰でも口コミ情報を書けるとすると、その信ぴょう性は疑わしくなってきます。優良な「評価」を得ることができれば利益を上げることができるわけですから、そうした「評価」を作り出す業者も暗躍します。実際、二〇一二年には価格ドットコムが運営する食べログでは、好意的な口コミ投稿と順位の上昇を請け負う「やらせ業者」がランキングを操作していることが問題になりました。月一〇万円程度の報酬をお店から受け取り、偽の口コミ情報を書き込みランキングが上がるように装ったケースなどが報道されました。運営する価格ドットコムは、こうした不自然な投稿を監視する努力をしていましたが、巧妙なやり口に対しては限界があります。結局、事前に携帯番号を登録した投稿者とそうでない投稿者とを区別する新しい仕組みを導入し、ランキングの付け方も修正して対応することになりました。

この他にもディプロマ・ミルと呼ばれるほとんど実態のない「大学」が、数十万円から数百万円の値段で「博士号」を授与、というよりも販売する学位商法と呼ばれるビジネスがあります。これまでの職歴や経験、資格等を独自の基準で単位化してあっという間に学位を得ることができる仕組みです。なかには騙されて多額の金銭をとられる被害者もいますが、利用者の多くは確信犯で、「学位」を得てキャリアアップをはかり利益を得ようとする場合が多いようです。ディプロマ・ミルは学校名や所在地を頻繁に変えていることが多く、実態がつかみにくいこともあり、ブラックリストを作成することが難しいと言われています。そのため、きちんとした教育機関を掲載したホワイトリストの作成が進められています。

このように誰でも簡単に得られる格付け、資格、口コミなどはあまり有効ではありません。最近のネット・ショッピングでは商品の購入者に対して、商品が届けられる前に高評価のレビューを書かせるひどい業者もいるようです。レビューを書けば値引きするというので、高評価ばかり並んでしまうことになります。もちろん、購入者も良心の呵責があるのでしょう、「商品は届いておりませんが、良品だと確信しています」という書き込みが多かったりします。こうした話を聞くと、情報の受け手の方にもきちんとした情報を解読するスキル（情報リテラシー）が必要となってきたことを感じます。

初回限定サービスの役割

ところで、過去の実績がなくても、資格や格付けによらず自身の優良性をアピールする術があります。これはある一定期間無料で提供することです。テレビのＣＭで有名な再春館製薬のドモホルンリンクルの無料お試しセットはこの一例です。この無料お試しセットは、ここ数年ヤフオクで二〇〇〇円を超える価格がついていましたが、それだけ価値のあるものを無料で配れるのは、一度使ってみれば、その優良性を消費者にアピールでき購入してもらえるという自信があるからでしょう。外国語の教材でも最初の二ヶ月まで無料で試すことができるようにしたり、通販でも返品自由にしているところがあります。このように一度試してもらい、その優良性を確認してもらってから買ってもらうというのは有効な手段です。美容院でも最初の一回は、かなり安くすることでお客を呼び込んだりします。レストランでも、開店当初はキャンペーン期間をつくって低価格をアピールして、固定客をつかむ努力をしているのもこの一例です。『週刊日本の一〇〇人』のような数十巻に及ぶシリーズものの書籍や雑誌も創刊号は安く販売されますし、ネット上で読める朝日新聞デジタルも最初の二ヶ月は無料でした。身の回りのたくさんの実例に思い当たるのではないでしょうか。

化粧品、語学教材、美容院、レストラン……、先にあげた無料のお試し期間や低価格のキャンペーンが有効なのも、やり直しができるような商品、サービスであることがわかります。頻繁に利用しないが、生活に重要なものが安心して取引できるためには、その基準やルール、制度をしっかり整備する行政の役割が重要になります。

自分で作る！——企業が存在する理由

商品やサービスの「はずれ」があまりに大きければ、取引が成立しなくなってしまうことをお話ししました。だからこそ、優良性をアピールする仕組みが重要であり、過去の実績、格付けやランキング、基準の義務付けの役割は大きくなります。こうした仕組みでも不十分で安心できないと感じたらどうしたらいいのでしょうか。

その答えは「自分で作る」です。満足のいくものが市場で買えないのであれば、自分で作るしかありません。木で鼻を括るような答えの様に感じたかもしれません。マンションも車もパソコンも一人の消費者が作れるわけはありませんから、ピンと来ないのは自然なことかもしれません。しかし、満足のいく料理がレストランで食べられないのなら、自分で作ることはふつうのことです。昔食べたお袋の味をどうしても食べたいと思ったら、自分で作るしかありません。近くの食堂もファミリー・レストランも、家庭で昔食べたものと同じものはでてきませんから、面倒ですが自分で作るしかありません。

この「自分で作る」は私たちの経済活動のなかで一つの有効な解決策です。なぜなら、私たちをとりまく企業が「自分で作る」存在だからです。例えば、自動車はたくさんの部品から構成されています。車のボディを構成する鉄板は鉄鋼メーカーから調達しますが、鉄板の型どり、溶接、塗装は自動車メーカーが行います。エンジンは自社内で作りますが、エンジンを構成している部品は取引先から購入しています。ある部分は市場から買ってきますが、ある部分は自社内で製造します。

もし、全ての部品が安心して市場から調達できるのであれば、自分で作る必要はありません。極端な言い方をすると、全部の部品を自社内で製造せず他社から調達して、さらにその組立作業も他社に丸投げして、最後に自社のロゴだけ付けて売ることもできるはずです。実際、アップル社はiphoneやiPadなど人気のある製品を世界に供給していますが、製造工程は外部の企業に委託しています。任天堂もゲーム機の生産を台湾などの企業にアウト・ソーシングしています。NTTの電話機もNTTが製造しているのではなく、電気メーカーの製品にNTTのマークを付けただけです。すべての部品とそれらを組み立てる工程すべてをアウト・ソーシングしています。これらはすべて市場で買ってきたものです。これらの企業にとっては市場で外部の企業から調達したとしてもあまり困ることはないのでしょう。これらの企業としてのアドバンテージは、これらの製品の製作過程にはなく、他のところにあるのです。

自分で作るというのは、品質やコストの面で納得のいくものが買えないからでした。自動車メーカーがエコカーのエンジンやモーターのような基幹部品の製造や組み立てを自社の工場内で行っているのは、満足のいく部品や組み立てが他社ではできない、ようするに市場では調達できないからです。様々な理由から市場では満足のいくものが供給されないとき、市場が一部機能不全に陥っているときに、自分で作ることになります。企業については第八章で改めて扱いますが、企業の存在理由は、まさに市場だけではうまくいかないときにこそあるのです。

4 「はずれ」の代償は誰が負うべき？

価格に織り込まれたリスク

商品やサービスを購入して「はずれ」を引いても、それが明らかに欠陥だと立証できないからこそ、逆淘汰の問題が起きました。もし、欠陥が明確に立証できれば返金や返品をしたり、損害賠償請求ができますから、「はずれ」のダメージは小さくなり、あまり心配しなくてもよくなります。ここまで、私たちは暗黙に売り手が損害を補償しなければならないという前提で話を進めてきました。それはどの程度根拠のあることなのでしょうか。買い手の自己責任という見方はできないのでしょうか。

野球のチケットを考えてみましょう。最近でこそ、ドーム球場が増えたため雨天中止は減っているものの、野球はサッカーとは違い雨天の場合は中止になります。例えば、梅雨どきの特定の日、例えば六月二八日の試合のチケットを購入したものの、雨天で中止になった場合はその料金は払い戻されます。そして、私たちは当然払い戻されるものだと思っていますが、その根拠はそれほどはっきりしていません。晴天で試合が行われれば「あたり」、雨天中止なら「はずれ」と考えれば、これまでのストーリーと同じように考えることができます。このチケットが「あたり」か「はずれ」かは買い手はもちろん、売り手にもわかりませんから、情報の非対称性がもたらす問題はここでは関係ないことになります。

もし雨天で中止の場合はチケットの払い戻しはされないとしましょう。この場合、無視できない確率でチケットがただの紙切れになり無駄になってしまいますから、そんなチケットの価値は高くありません。雨天中止でも払い戻しされる場合と同じ金額を支払う人はいませんから、払い戻しされない場合のチケットの価格は低くなります。このように考えると、雨天中止の場合には払い戻しをしないことにすると、その分チケットの価格が割り引かれて安くなるはずです。つまり、「はずれ」の可能性を織り込んでいるわけです。

雨天中止の際に払い戻しを受けられるチケットというのは、晴天のときには野球観戦のサービスを、雨天中止の際には購入金額にあたる金銭を、それぞれ手に入れることのできるチケットと考えることができます。雨天中止の際に払い戻しされないチケットは、晴天のときにだけサービスを購入できるチケットと考えれば、安くなることが理解できるでしょう。「はずれ」があっても価格が織り込んでくれるのです。裏返せば、「はずれ」をつかんでも文句は言えないのは、その分安い価格で買っているからということになります。これは一種の宝くじを買ったと考えることができますから、後ではずれたからといって文句を言うのはフェアではありません。

「はずれ」をより少なくするためのルールづくり

実際に、住宅の価格もこうした「はずれ」の部分を一部織り込んでいます。同じ住宅でも、洪水や土砂崩れなどの災害のリスクがあるところと、そうしたリスクのないところでは価格に違いが出ます。一〇〇年に一度の大雨が襲えば、その住宅は使いものにならなくなるリスクがありますが、当然、その可能性の分だけ、消費者にとってその住宅の価値は低くなり、市場で取引される価格は安くなるでしょう。

それを納得して買った以上、洪水による損失は自ら負担せざるをえないことになります。厳しいようですが、自己責任というわけです。

住宅のリスクは洪水だけではありません。閑静な地域の住宅と、大きな道路に面した住宅とでは後者の方が価格は低いことがふつうです。騒音や振動などは不快感をもたらしますが、大きな道路では避けられませんからその分が価格に反映されます。一方で、車が飛び込んできて住宅が損壊すれば、ドライバーに損害賠償請求ができます。住人にとっては、洪水で家屋が損傷するのも、車が突っ込んでくるのも、損害が出るという点では同じです。前者は価格に織り込まれており、納得して買ったのだから自己責任ということになりますが、後者の場合は、ふつう損害賠償を請求することが認められています。チケットで考えた例に即すると、洪水のケースは「雨天中止のときは払い戻しをしない」というルールになっており、車のケースでは「雨天中止のときは払い戻しをする」というルールになっているということになります。どちらのルールであろうと価格が調整してくれるのであれば、こうした違いがあるのはなぜでしょうか。

消費者にとっては洪水の場合と車が突っ込んでくる場合とは同じことでした。どちらもある確率で自分の財産価値が減ってしまいます。もし洪水が起きたときに、その被害を政府に弁済してもらえるなら、その分だけ住宅の価格は上がるでしょう。一方、消費者がその被害を負担するなら、その分だけ住宅の価値が下がりますから価格が下がります。車が突っ込んでくる場合でも同じです。運転手が損害賠償の責任を負うなら住宅の価格は上がり、損害の賠償責任がなければ価格は下がります。どちらも価格で調整されます。

しかし、両者における最も大きな違いは、洪水は大雨という人間が作用できない要素によるものですが、車がつっこんでくるのは明らかに人間の仕業によるところです。政府が洪水の被害を弁済してもしなくても大雨の確率には影響を与えませんが、運転手にとっては安全運転をするインセンティブが変わってしまいます。車が突っ込んでも被害を弁済しなくてもよいのであれば、不注意な運転が増えてしまうでしょう。広く使われる言葉になりましたが、これはモラル・ハザードと呼ばれます。事故が多発してしまうのです。被害の賠償責任が課されるなら、より注意して運転するようになると考えられます。一人ひとりの運転手の注意はほんの少しのことですが、車は毎日たくさん走ることを考えると、事故の発生率は大きく下がることが予想されます。望ましいのは当然事故の少ない方に決まっていますから、損害賠償責任を運転手に課す方がよいのです。

このようにルールが変わると人々の行動が変わりますから、より望ましい社会を作るためには、人々がどのように行動するのかを考慮して決めなければなりません。

5　経済学で考える消費者保護

消費者保護の根拠

交通事故の場合は、加害者が明確なので誰が賠償責任を負うかはっきりしていますが、現実にははっきりしない場合もあります。以下の事例を考えてみましょう。みなさんが北海道から産地直送で魚介類を購入したとしましょう。商品は消費者に送られ、代金を支払って取引は完了します。しかし、搬送の際に、トラックが事故に巻き込まれてしまい、商品は炎上してしまったとしましょう。明らかに搬送した運送業者に責任がありますが、この運送業者は賠償するだけの十分な資産がなく、夜逃げ同然になったとしましょう。このとき、消費者は商品が手元にないものの代金を払わねばならないのでしょうか。それとも、売り手が炎上した商品の代金をあきらめなければならないのでしょうか。

私たちの日常感覚としては、消費者は代金を支払う必要はなく、業者がこの損害を負担すべきだと考えるのではないでしょうか。この種の考えは、消費者は小さく弱い存在で、売り手の業者の方が強いという固定観念に基づいていることが多いように思います。しかし、この買い手がイオンやイトーヨーカドーのような大きなスーパーで、売り手は家族で経営している零細な業者だったとしたら、それでも売り手が損害を負担すべきと考えるでしょうか。強いとか弱いとかという曖昧な基準では不十分です。

事故は確率的に起きてしまいますからゼロにすることはできませんが、その可能性を減らす努力はできます。この例では、実績のある運送業者に任せたかどうかが重要です。無理な運送計画をたてる業者を選んでいたりすると、当然事故の可能性は大きくなります。買い手にしろ、売り手にしろ、事故が起きた時に被害を負担することになるのであれば、可能な限り事故が起きないように安全な業者を選ぼうとするでしょう。反対に、被害を負担しない方は、どの運送業者を使おうと、損失を計上することはありませんから頓着しなくなります。

問題は、こうした業者の選定が買い手と売り手のどちらが簡単にできるかということです。買い手が普通の家庭であれば、どの運送業者が良いか調べるのは手間がかかります。しかし、何度も商品を発送している売り手はその種の情報をたくさん持っているはずです。事故による損失を負担することになる方は、事故が起きない手だてを考えるわけですが、社会全体ではその対策費用は小さい方が望ましくなります。この場合、売り手の講じる対策費用の方が買い手のそれよりも小さいので、売り手に被害が発生したときの負担を課し、安全対策をさせた方がよくなります。

この取引での社会全体の利益は、（買い手の商品価値）—（売り手の生産費用）—（安全対策費用）です。誰かが安全対策費用を負担するわけですから、社会全体としてみれば、安全対策費用の小さい方に、安全対策の責任を負わせた方が良くなります。たいていの場合、売り手の方が詳しく知っているわけですから、ふつうの家庭と売り手の企業とでは、売り手に損失を負担させることがよいことになります。

さらに、先の魚介類の購入の例では、一人ひとりの消費者がどの運送業者が良いかを調べて指定するのは、すべての消費者の人数分を合わせるとかなり費用がかかりますが、売り手であれば格段にその費用は小さいでしょう。一方で、買い手が大手スーパーのような大規模な業者であれば、一般に買い手である大手スーパーの安全対策費用の方が小さくなるでしょうから、今度は買い手に費用を負担させた方が良さそうです。実際、大手スーパーであれば、独自の物流システムをもっていますから、結果的に大手スーパーが運搬にかかわるリスクを負担していることが多いのです。

このように、安全対策をたやすく行える側に、被害が起きたときの損害を負担させた方がよくなります。現在は、消費者保護法が施行され、消費者保護の重要性が認知されるようになりましたが、この消費者保護の背景にはこうした経済学的な考え方があります。

商品によっては誤って使用すると大変危険な場合があります。電子レンジでゆでたまごを作ろうとして生たまごをチンしたり、濡れた手で家電製品をさわったりすると、事故が起きて怪我をしたり、その商品が壊れたりします。この種の被害を防ぐために、その商品の性質をより詳しく知っているメーカー側に原則として責任を負わせることにしています。どういう使い方をすれば危ないかを知るために、消費者が慎重にあれこれ試すよりも、その仕組みを詳しく知っている製造側に責任を負わせることによって、低い費用で安全な使い方を知らせるインセンティブを与えているのです。

求められる説明責任

消費者保護法が施行されてから、メーカーが安全な使い方をうるさいほど告知するようになりました。消費者がおかしな使い方をして事故を起こした際に、説明不足を理由に損害を負担させられては困りますから、いろいろなケースを想定して危険な間違った使用法に注意を呼びかけるようになりました。家電製品では、濡れた手で触るとあぶないといった、ほとんど常識とも思えるようなことまで、説明書にはうるさく書かれるようになったのです。

企業側の責任を求めるのは何も製造業に限ったことではありません。マンションの建築・販売の場合、重要事項は前もって消費者に知らせなければなりません。窓から素晴らしい景観が見えると言っておきながら、実は景観を遮る大きな建造物の建築計画が進められている、隣接地と境界に関して係争がある、過去に自殺者がいた、などを黙っていることは説明責任を果たしていないことになります。これらもマンションの購入を考えている人が調べられないわけではありませんが、その調査にかかる費用は大きくなってしまうでしょうから販売元に責任を負わせることが理にかなっています（コラム4-2参照）。

また、金融機関も新しい金融商品による財産運用を提案する場合に、その仕組みをきちんと説明することが求められるようになりました。金融商品は大なり小なりリスクがあるわけですが、そのリスクをきちんと説明することが求められています。

6　長期的関係から得られる利益

長期と短期の違い

事故の際に買い手と売り手のどちらに損害を負担させるかを考えましたが、実際には、搬送された商品に不具合があれば、ほとんどの場合、料金を返却してくれたり、商品の取り換えに応じてくれる売り手の方が多いでしょう。なかには買い手のミスであっても、そのことを問わずに取り替えてくれる業者も少なくないと思われます。理由は簡単です。損して得を取るとでもいうのでしょうか、買い手のクレームに対して、売り手自らに責任があるときはもちろん、買い手に過失があるときでも、売り手が頭を下げれば、買い手は今後とも自社の商品を購入してくれる可能性があります。もし、不誠実な対応をすれば、怒り心頭の買い手は二度と自社を利用してくれなくなるかもしれません。ここでは損かもしれませんが、長い目で見れば十分ペイするのです。

長期的な関係を重視する場合は、短期的な利益を犠牲にすることがあります。これは普段の生活でも皆さん経験することです。上司が来る飲み会には行きたくはないが、先々のことを考えて我慢して付き合うことなどはその例です。長期的な関係があれば、法律で消費者保護を強制しなくても、必要な消費者保護が自律的に実現することがあります。一方、二度とこの買い手と取引しないことが分かっていれば、誠実に対応するインセンティブは小さくなるでしょう。この場合はなんらかのルールを法や規制として取り決めておく必要性が高まります。

普段購入している食糧や日用品を購入する際、スーパーやコンビニ、レストランなどの小売店を何度も利用します。このような店舗では買い手の不満に対して時として過剰なまでに誠実に対応してくれるはずです。何か問題があれば、新品に取り換えてくれるでしょう。

取引の頻度と長期的関係

一方、一度しか購入しないもの、もしくはその頻度が非常に小さいものといえば、住宅やマンション、生命保険、手術などを伴う医療サービスなどです。これらは取引される金額や価値が大きいだけでなく、取引回数の頻度が圧倒的に小さいですから、消費者の理不尽なクレームはもちろん、そうでない場合でも業者が簡単に応じることは少ない傾向にあります。不良建築のトラブル、保険金の不払いなどが頻発したのは記憶に新しいですが、取引頻度が小さいという理由があるのです。これらの取引ではお互いに短期的な視点で行動する傾向が強くなりがちです。もちろん、一人ひとりの買い手にとっては一回だけの取引でも、その背後には多くの消費者がいますから、不誠実な対応をとると口コミが広がり、多くの顧客を逃がすことはありえます。しかし、日用品の取引と比べると、クレームを伝えた時の対応がカスタマー・フレンドリーとはあまり思えないと感じている消費者が多いのではないでしょうか。

中古の自動車や家電製品を購入する際に、きちんとお店を構えている業者や知り合いから買う方が、見ず知らずの人から買うよりもリスクが小さいのは、誰しもが皮膚感覚で分かっていることですが、長期的関係があるかどうかという視点で同じように説明できます。お店を構えていればすぐに逃げるというわけにはいきませんから、長期的な視野にたってビジネスをすることになります。変なものを売ってしまっては評判を落とし、関係にひびが入ることになりますから、長期的な関係の中では、情報の非対称性がもたらす問題を克服できるかもしれないのです。

コラム4

1　不満を表明する方法

古典となったアルバート・ハーシュマンの"Exit, Voice, and Loyalty"では、不満を表明するには二つの手段があり、一つは退出（Exit）で「二度と行くか」であり、もう一つは発言（Voice）で「クレームを伝える」ことだと指摘しています。お客さんが不満をもっていることを、企業としては早急にキャッチし、改善する必要がありますが、退出されてしまうと、なかなか原因がわからなくなります。顧客が減っただけでは、当社に致命的な問題があるのか、それともたまたま景気の状態が悪くなったのか、わからないからです。

顧客が不満をもったときに、カスタマー・サービスにまで電話するのはごく一部です。電話をする人はとても我慢できないような不満を持った人で、その背後には数十倍、数百倍の不満をため込んで我慢している人がいるといいます。このような人たちはクレームを言うことなく静かに去っていくので、企業はなかなか問題を把握できず、解決が遅れてしまい、ときに傷口を広げてしまいます。

そのため、クレームは企業にとってチャンスでもあり、苦情処理係の社内で果たす役割は目立たないようでとても大きいのです。しかし、残念ながらカスタマー・サービスの対応が冷たいマニュアル通りのものだったり、まったく埒のあかないものだったりして、顧客をさらに激怒させてしまう会社もあるようです。

一方、ほとんど言いがかりのような「クレーム」もなかには存在します。最近、クレーマーという言葉が言われるようになりましたが、困った顧客がいるのも確かで、最近は増える傾向にあるのかもしれません。クレーム処理は高度な技能が必要な仕事なのです。

苦情処理を軽視しているかどうかは、どのような従業員を配置しているかで見ることができます。会社のことに詳しい正規社員を多数配置しているほど、クレームを活かすことができるように思いますが、近頃はそうでない会社も多いようです。

筆者の家庭では、パソコン、デジタル・カメラ、ビデオ・カメラなどAV機器をあるメーカーですべて統一していましたが、それぞれの機器に不良と思われることがあり、カスタマー・サービスに連絡するも、まるでこちらが悪いかのような対応を何度もされ、そのメーカーの製品を買うことをやめてしまいました。しばらくして、そのメーカーはリコールが続出して株価は急落しました。華やかなブランド・イメージをもつ会社ほど、商品テストや苦情処理といった地道な作業を軽視しているように見えるのは気のせいでしょうか。

2　訳あり物件のリセット

過去に自殺や孤独死があったり、火災で人が亡くなった不動産は、どうしても敬遠されがちです。亡霊やたたりを信じなくても、気持悪いと感じる人が多いのでしょう。こうした訳ありの不動産を事故物件と呼びますが、UR都市機構は一定期間「特別募集住宅」として半額の家賃で貸し出しています。(2) 首都圏では年間三〇〇件ほどの特別募集があり、全体の一%弱を占めるまでになっています。その後は一般の物件として募集するそうです。

実際にUR都市機構のウェブサイトを見ると、ほとんどが一年の期間で先着順で募集しています。都内のど真ん中のマンションの家賃が、ふつうなら二十数万円のところを半額の一〇万円台になるのですから、価格だけを見れば魅力的ですが、裏返せばそれだけ安くしなければならないということなのかもしれません。果たして、それで「リセット」されたと考えられるかどうかは意見の分かれるところでしょう。
一人暮らしの高齢者が亡くなり、白骨化して発見されたという痛ましいニュースをよく耳にするようになりましたが、高齢化が一層進む以上、残念ながらますます増えていくと考えられます。ネット上で検索すると数多くのウェブサイトが事故物件を紹介しています。筆者の近所でもいくつかの事故物件を見つけることができました。不動産業者が重要情報として告知しなくても、簡単に知ることのできる社会になりつつあるのかもしれませんが、やや複雑なものを感じます。

註

（1）厚生労働省「医業若しくは歯科医業又は病院若しくは診療所に関して広告し得る事項等及び広告適正化のための指導等に関する指針」（医療広告ガイドライン）に関するQ＆A（事例集）より。
（2）朝日新聞（二〇一一年一二月六日付）。

第Ⅱ部　市場経済における政府の役割

第五章　来ない救急車——相対価格と税制

本章のテーマ

・公共交通機関の無料化が社会的に損失をもたらすのは、どういう場合でしょうか。
・社会の損失を小さくするには、どのようなものに課税するのが望ましいのでしょうか。
・消費税は逆進的だと批判されることがあります。それでも、消費税のメリットがあるとしたら、それは何でしょうか。
・小中学校はすべて私立にして、授業料分は政府が家庭に現金で全額支給するとしたら、何か困ったことが起こるでしょうか。

Key words

一括的な所得移転、相対価格、代替効果、需要の価格弾力性、限定合理性

1　シルバーパスから考える現物支給と現金支給

現物支給と現金支給、どちらが適切か？

第三章のところで、適度な所得の再配分が必要になることに触れました。しかし、これは意見調整の難しい問題で、経済学はもちろん社会科学の永遠の課題でもあります。この難しい問題を棚上げして、とにかく社会全体の利益の最大化に着目する傾向が経済学者にはあります。規制緩和による自由な競争が社会を活性化することを強く主張する一方で、競争に敗れた者には一言、セイフティー・ネットの必要性をアリバイの様に述べるだけというのも珍しくありません。そのため、ときとして経済学者の意見に対して生理的な反感を抱かれる方も多いようです。しかし、経済学者の多くが所得分配の難しい問題を棚上げして、全体のパイの大きさに着目することに理由がないわけではないのです。分配の問題を棚に挙げて、社会全体の利益の大きさに焦点を当てる傾向にありますが、これは一括的な所得移転を暗黙に想定しているからです。一括的な所得移転が可能であれば、所得分配の問題を切り離して社会全体の利益だけを考えることができます。ここでは、一括的な所得移転とはどういうものか、そして、現実にはあまり観察されないのはどうしてかを考えます。

一九九七年頃、東京都のシルバーパスをめぐる議論がありました。シルバーパスとは、高齢者がバスなどを無料で乗車できる行政サービスで、これを廃止しようとしたら非難沸騰、お年寄りから移動の手段を奪うのか、という報道がありました。最終的には、二〇〇〇年に有料化されましたが、経済学者はこうしたサービスの方法については概ね批判的です。モノやサービスを効率的に配分しようとする価格の調整機能を人為的に「歪める」からです。しかし、「歪める」と言われてもピンと来ない人が普通でしょう。高齢者にバスを無料にしても悪いことはないというのが大半の意見かもしれません。問題なのは高齢者を優遇することではなく、バスや電車だけを無料にするような、ある種の現物支給はいい方法ではないということなのです。シルバーパスを配るよりも、現金を配った方がよいというのが（原理主義的な）経済学者の意見になります。

一回バスに乗ると二〇〇円かかるとしましょう。往復四〇〇円。距離にして歩けば二〇分ぐらい。歩く人、バスを利用する人、その人の好みや予算に応じて様々でしょう。週に三回最寄りの駅まで出かけるとすると、一週間当たり一二〇〇円、一ヶ月あたり四八〇〇円になります。足腰が悪くてバスを利用しなければならない人、バスには乗りたいが一ヶ月あたり四八〇〇円は高いと感じる人、それぞれの事情があるはずです。さて、ここで高齢者は無料とする政策が導入されたとしましょう。足腰が悪く、バスの利用が欠かせない人はうれしいでしょう。もちろん、四八〇〇円は高いと思って駅まで歩いていた人もただでバスが乗れるのですからうれしくないわけがありません。

しかし、いっそのことバスのフリーパスではなく、現金を月々四八〇〇円支払うのはどうでしょうか。足腰が悪くてバスを利用せざるを得ない人はその現金をバス代に使うでしょう。この人にとっては現金でもフリーパスでもどちらでも同じです。さて、問題は一回二〇〇円のときは高いと思っていた人です。無料なら乗るけれど、現金をもらった場合はどうでしょうか。予算に余裕ができるのですからバス代に使う人もいるでしょう。でも他のことに使う人もいるでしょう。孫にお菓子を買ったり、好きなお酒に使うために、片道二〇分ぐらい歩くことを選ぶ人もいるはずです。明らかに現金を支給した方が、同じ予算でもっと喜ばれるのですから、経済学的にはその方が望ましいのです。

経済学的に望ましい政策とは？

しかし、バスのフリーパスのような「現物支給」は広く見られるものです。高齢者や児童に対する医療費の無料化や割引、小中学校を無料とする義務教育制度もこうしたものと同じですから、経済理論の原理原則（？）を通すと、そういったものは廃止して料金にみあう現金を支給すればよいということになります。

バスや医療のように、特定のものだけを人為的に安くしてしまうと、その人為的に安くなったものを不必要に消費することになります。タダならバスに乗りますが、現金をもらえるならお酒に使うような人がいるように、ある特定のものだけを安くしたり、高くしたりすることによって、人々の経済活動を人為的に「歪めて」しまいます。経済学的観点からは、価格を人為的に変化させて人々の経済行動に影響を与えない政策が望ましいのです。これは消費税のように一律に八％の税率をかける税金の方が望ましいということの論拠でもあります。

一方で、こうした「現物支給」が広く採用されるのはどうしてでしょうか。小中学校をすべて私立にし、高くなった授業料を政府や自治体が全額お金で支給すると、どういう困ったことが起こるのでしょうか？

2　相対価格と消費行動

相対価格の変動によって起こる問題

先ほどのバスの例では、高齢者手当てとして現金を支給した場合は、バスとその他の商品やサービスの価格に直接影響を与えませんが、フリーパスの場合はバスの価格を人為的に下げることになります。商品と商品の価格の比を相対価格と呼びます。相対価格が変化すると、相対的に安いものに消費行動がシフトします。フリーパスの場合は人為的に相対価格を変化させるので、これが社会的な損失の原因となります。本来ならバスを利用しないで移動する人が、価格が低くなったために利用するからでした。

この他では、高速道路料金の一部無料化も一例として挙げられます。高速道路料金の無料化に対しては様々な意見があるでしょうが、無料はもちろん、どこまで走っても一〇〇〇円のように料金を下げれば、長距離移動に高速道路を利用する人が増えるので混雑してしまいます。何十キロにもわたる長い渋滞になってしまうのは、道路のキャパシティを超えているからです。この中には、自宅の近所で過ごす予定だった人々が遠出するからだけでなく、他の交通機関を使う予定から車の移動に切り換えた人々も含まれるでしょう。

高速道路と競合するフェリー会社は、高速料金の低下で売上を減らしました。日本は海で囲まれていますから、フェリーで移動した方が便利なところもあります。例えば、千葉県房総半島から神奈川県三浦半島へ移動するには東京都心部を迂回できるフェリーが便利でした。また、愛知県渥美半島から三重県伊勢市方面へも名古屋市内を通らずに短時間で移動できます。フェリーに乗るには運航時間にあわせなければならない半面、自動車の移動は時間の融通が効くという点でどちらがよいかは人によりますが、高速道路料金を下げた結果、少なくないフェリー利用客が高速道路を使うことになりました。安いのであれば、多少時間がかかっても高速道路の渋滞も我慢しようということもあったでしょう。渋滞まで起きるのですから、CO_2の排出量も増えてしまいます。もし、どのような交通機関を使おうとも旅行や仕事で移動する人には等しく割引されるなら、フェリーから高速道路へという需要のシフトは起きません。

高速道路の料金だけを値下げした結果、過剰な高速道路の利用を促した可能性があります。

ある特定のものだけ高くしたり、または安くして人為的に相対価格を変化させると、消費行動がゆがめられてしまい、社会の利益が下がってしまいます。ですから、すべての商品やサービスにできるだけ中立で、相対価格をゆがめないような政策が望ましいのです。

経済活動に対して中立的な政策とは

人々の経済活動に中立的な政策とは、ある特定の商品やサービスの価格を直接変化させず、金銭の支給額（または支払額）が人々の経済活動から影響を受けないものです。頭ごなしに書くとわかったような、わからないような感じですが、ある特定の方向に経済活動を誘導しないものということになります。

しかしながら、実は中立的な政策はなかなかありません。例えば、所得税は所得に税金をかけますから働く意欲に影響を与えます。たくさん税金を取られたら働く意欲をふつうは阻害してしまいますから、この点で中立的ではありません。また、消費する商品やサービスに対して一律に等しい税率がかけられる消費税はかなり中立的ですが、完全にはそうではありません。例えば余暇には税をかけることができません。休日の過ごし方は人それぞれですが、観光地に出かければ消費税を支払うことになります。一方、自宅でゴロゴロして過ごす場合は税金がかかりませんから、厳密にはゴロゴロ過ごすことに誘導していることになるのです。本章の冒頭のバス料金の例では、バス料金には消費税をかけることができますが、歩くことにはふつうかけられません。移動するという手段に対して一方だけに税金がかかって高くなるのですから、人々の経済活動に厳密には影響を与えてしまいます。

中立的なのは人頭税のような、一人あたりいくらというようなものです。人頭税とはあまり耳慣れない言葉ですが、国民一人あたり一万円というような税金です。国民であれば、お金持ちでも、そうでない人でも一万円、たくさん働いて稼ごうが、余暇を楽しもうが一万円、そういう税金であれば、人々の経済活動に直接的な影響を与えません。ある特定のモノやサービスが安くなっているわけでもありませんし、何をしても、またはしなくても結局一万円払わねばなりませんから、人々の行動をある特定の方向に影響を与えないのです。

こうした人頭税のように、経済取引の活動の如何に関わらず、独立に支給される（または徴収される）ものを一括的な所得移転といいます。シルバーパスの例では、バスなどの公共交通機関の料金を安くしてしまうより、お金を直接支給するほうが望ましい結果をもたらしました。人為的な価格の変化を通じて、人々の消費行動を変化させるよりは、消費行動に影響を与えない中立的な（固定額の）金銭支給が理論的には望ましいのです。

一括的な所得移転と留意すべき点

この理論的性質は経済学ではとても大きな意味を持ちます。所得の再分配を行うのであれば、原則として一括的な所得移転が望ましいという命題です。つまり、所得の再分配の問題は、一括的な所得移転によって行われるべきであり、公共交通機関や食糧などの必需品を直接安くするような政策は社会全体の利益を減らしてしまうので、できる限り避けた方がよいことになります。実際、社会全体の利益を最大にした後で、その増えた利益を困っている人に一括的に分配できるなら、それが最も望ましいのです。社会全体の利益を大きくすることができれば、社会的な弱者をもっと救うことができます。一括的な所得移転によって、再分配や貧困の問題は考えるべきであって、ある特定の財やサービスだけをことさら安くするべきではないということになります。

例えば、人々の所得や資産の分配が平等的な仮想的な社会を考えてみましょう。このような社会であれば、みんながほぼ平等なので、生活必需品であることを理由に高い税率をかけるべきではないという議論はあまり説得力をもちません。万一、食糧品の税率を低くすれば、レジャーとしてレストランで食事する費用が相対的に低くなるでしょう。レジャーとして海外に旅行するのか、国内でグルメを楽しむのか、どちらも同じレジャーです。おいしいレストラン巡りの回数を無理に増やすことは一人ひとりには認識しにくいことですが、社会全体では損失をもたらします。

経済学者がときとして、全体のパイを最大化することばかりを主張し、所得の再分配の問題をさしあたって脇に置く傾向があるのは、こうした理論的前提を踏まえている、もしくは慣れているからです。全体のパイを大きくすることは、社会的な弱者を救うためにも重要ですから、それ自体は間違った主張ではありません。

しかし、所得の再分配を一括的に行うのは現実には難しいのも事実です。一括的な所得移転が不可能であれば、生活必需品に低い税率をかけるべきだという議論も垂直的な公平性の観点から説得力をもってきます。現実には一括的な所得移転が不可能であるにもかかわらず、市場メカニズムに信頼を置いた資源配分、規制緩和による自由競争によってパイを最大にすることばかり追求するのは楽観的すぎるでしょう。

それでも一括的な所得移転という考え方は意味のないものではありません。どんな政策も全く欠点がないということはなく、なんらかの問題点を抱えています。生活必需品など特定のモノやサービスの価格を人為的に下げると、社会全体では損失が発生してしまうという経済の原理は目に見えるものではありません。経済学を勉強してはじめてきちんと認識することができるのです。

3 食糧品と旅行、どちらの税率を高くする?

ラムゼールール

一括的な所得移転が難しいことは次章でもお話しますが、そうすると次善の策としてどのようにすればよいかを考えることが大切になってきます。冒頭のシルバーパスの例では、パスの配布を行うか、現金を給付するかで、お年寄りの満足度が異なる可能性をお話しました。しかし、現金を給付した方が満足度が高くなったのは、シルバーパスで無料ならバスに乗るが、現金でもらった場合は乗らないような人でした。このような人は、シルバーパスによって、バスの乗車料金が相対的に低くなるために、消費行動を変化させた人です。安いものをより消費するような代替行動をとった人でした。一方で、足腰が悪く、シルバーパスを支給された場合はもちろん、現金を給付されてもバスに乗車する人にとっては、どちらでも満足度は変わりません。結局、バスに乗車するだけだからです。このような人は、シルバーパスであろうと、現金であろうとバスに乗ります。すなわち、バスの相対価格が低くなっても代替行動を取らない人たちです。

税金や補助金などで価格を人為的に歪めた結果、より安いものへと消費行動が変化する場合は、社会に損失が発生します。裏返せば価格が人為的に歪められても、消費行動が変化しなければ社会の損失は発生しないのです。

税金をかけたり、税率を下げたりすれば価格が変化しますが、価格が変化しても消費者の消費パターンが変化しにくいものは何でしょうか。言い換えれば、価格が高くなっても買い控えできないもの、安くなっても大量に購入しないようなもののことです。光熱費や食糧品のような生活必需品がこれにあたります。確かに、高くなったからといって、米の消費はそれほど節約できるわけではありませんし、安くなったからといってドカ食いできるわけでもありません。電気代や水道代も同じです。

一方で、レジャーにかかる費用は高くなれば、買い控えが大きく起こります。一般の人の映画料金はおおよそ一八〇〇円ですが、これが二五〇〇円になれば映画館で映画を楽しむ人は大きく減りそうです。DVDが出るのを待つことにして、他のレジャーにお金を使う人が増えるでしょう。消費者行動が変化しにくいものに税金をかけた方が良いわけですから、食糧品のような必需品には高い税率をかけ、映画や海外旅行のようなレジャーには低い税率、もしくは税金をかけないのがよいことになります。

本来は、すべての財やサービスに等しい税率をかけるのが望ましいですが、すべてのものに税率をかけることができないのが現実です。このような場合は、すでに述べたように、消費量が変化しにくいものに高い税率をかけた方がよくなります。これを最適税率に関するラムゼールールと呼びます。

この結論は、私たちが普段共有している常識とかけ離れているようにも感じます。所得の高低に関わらず消費する生活必需品に税率をかけ、海外旅行のような金銭的に余裕のある人しか消費できないものには税金をかけないほうがいい、というのは生活実感からかけ離れているようにも感じます。これは経済理論が間違っているというわけではありません。もちろん、現実の社会において生活必需品に高い税金をかけて、海外旅行や宝石のようなものには税金をかけない方がよいと断定しているわけでもありません。ここで留意すべきことは、垂直的公平性の観点から所得の再分配が必要とされる場合、社会全体では損失が生じることを受け入れなければならないということなのです。

先に挙げた人頭税は経済効率性という点では望ましいもので、英国でサッチャー政権時代に導入が計画されましたが、所得の多寡にかかわらず一定の税負担であることに英国民の同意を得られず、サッチャー退陣の原因の一つになりました。垂直的な公平性の観点から、私たちが再分配を必要と判断するなら、それに伴う社会的費用を負担する必要があるのです。

個別間接税によるその他の損失

経済理論的な観点から、市場で決まる相対価格を人為的にゆがめる間接税や補助金はあまり望ましくないことを説明しましたが、これ以外にも、人為的に価格をゆがめる政策には色々と問題があります。一つは何に税金をかけるかということが経済問題のみならず、政治問題になってしまう点です。一九八九年に消費税が導入される以前は物品税という個別間接税がありました。この物品税はぜいたく品に税金をかけるというものでしたが、何がぜいたく品かの判定が難しいのです。企業としては自社商品やサービスには税金をかけられたくありません。税金をかけられてしまうと、価格が高くなり消費が減りますから、企業利潤も減少します。企業としてはこれは避けたいところです。当然、ロビー活動することになります。ロビー活動自体は必ずしも悪いことではありませんが、活動にかかる費用は社会的には本来必要ではないものですから社会的損失といえます。また、度を越えると、官僚や政治家に金品を渡すことにもなります。政治腐敗は避けたいところです。

また、課税当局もいちいちどれに課税をするか決めなければなりませんから、行政の担当者が必要になります。消費税のように一律に税率をかけるのであれば、余分な担当者は不要ですから、これも社会的な損失の一つです。

物品税のもとではぜいたく品に課税するという趣旨で、宝石や毛皮などの高級品に課税されました。これらに税金がかけられるのは、垂直的公平性という点で庶民感情的にも納得がいくところです。しかし、ゴルフ用品に課税されて、テニス用品には課税されないと聞いたらどうでしょうか？　どうもしっくりしないと感じるのではないでしょうか。この他にも、レコードは課税されましたが、童謡であれば教育的見地から非課税とされました。ちなみに、四五〇万枚以上という、未だ破られていないシングル最高売り上げ枚数をほこる「およげたいやきくん」は童謡とされましたが、何をもって童謡とするのかが曖昧です。実際、歌詞の内容がサラリーマンの悲哀を歌っているとして、歌謡曲扱いで課税対象になりかけたと言います（コラム5－[1]参照）。

経済が成長していくにつれて、新商品、新サービスが生み出されていきますが、ぜいたく品かどうかをいちいち決めるのはナンセンスです。デジタル・カメラは？、iPad は？などと、いちいち課税か非課税かについて議論していては労力と時間を浪費してしまいます。こうした視点からも、原則としてすべての商品やサービスに同じ税率をかける方が望ましことが多いのです。

4　来ない救急車

無料が生み出す損失

個別間接税のように、ある特定の商品やサービスにだけ税金をかけるのは、相対価格をゆがめて損失をもたらすこと、また、課税を実施する費用がかかること、これらから一律に等しい税率をかける一般消費税が望ましいことを述べました。これは税金だけではなく、政府が支給する補助金でも同じことです。

ところで、少子化ということもあり、この一〇年、児童に対する医療費補助制度が目覚しく進みました。地域によって差がありますが、一〇年前は満一歳児までだったり、三歳児までだったりした医療費補助が、六歳児までになったり、一二歳児までに拡張されたりしています。少子化対策としては不十分ながらも少しずつ政策的対応が施されつつあります。

このような医療費補助は、医療サービスだけを人為的に安く受けられることになりますから、理屈の上ではこれも相対価格を歪めてしまい、冒頭の高齢者のシルバーパスと同様のことが起こります。医療の場合は医療保険制度によって運営されているので、保険の性格上どうしても過剰消費になるのは避けられませんが、子どもと高齢者の医療費を現役世代に比べて窓口での負担を安くすると、その分ゆがみをもたらしてしまう可能性があります。

実際、高齢者の社交場となっている医療機関は少なくないと言われます。高齢者は概ね時間的余裕があるので、病院で時間をつぶすこともあります。病院としても経営的な観点からはお年寄りは大切なお客さんでもあります。お年寄りを大切にすることはよいことですが、医療費は社会保険から支払われ、お年寄りが窓口で直接負担する金額は全体に比べると小さく、病院と患者のどちらも医療サービスにお金を使うことに抵抗がなくなりがちで、どうしても過剰なサービスの提供になってしまいます。

そのため、医療費の直接負担をある程度あげることは望ましいのですが、二〇〇八年から施行された後期高齢者医療制度は高齢者の医療費の負担を求めたために、「現代の姥捨て」とまで呼ばれ非難沸騰という状態でした。それでもお年寄りの窓口での医療費負担は一割にとどまり、現役世代の三割に比べると低いものでした。この制度は、少子高齢化に伴う財政難という現実と効率的な保険制度の運営の必要性から提案されたものですが、あまり冷静な議論が見られなかったのは残念なことでした。

もちろん、病気やけがはいつなるかわからないものなので、単に一括的に現金を支給すればいいというわけではありません。病気にならないかもしれませんが、万一病気になったら高額の医療費がかかるというのでは不安です。命はお金に換えられませんから、現金を支給するのではなく、医療費の補助を行うのが理にかなっているようにみえます。

ただ、時間的に余裕のある高齢者に安く医療サービスを提供すると、本当に治療が必要な人が病院にかかろうとしても時間がかかってしまい、なかなか行けないということも起こりえるのです。実際、日本の医療機関では予約制になっていても予約時間から一時間以上遅れることは珍しくありません。働き盛りの人にとってとくに時間は貴重なものです。昼間の時間を割いて病院にいくには、その間仕事ができないことになりますから職場の同僚にも迷惑をかけてしまいます。自分の業績もマイナスになって昇進に響くかもしれませんから、ついつい病院に行きそびれて、気づいたときは大変な状態にまで症状が悪化してしまうことも起こりえます。高齢者が病気がちになるのは避けられませんから、高齢者にも十分な医療を受けてもらいたいところですが、結果的に働き盛りの人を押し出してしまっています。

英国のＮＨＳ

最近、わが国でも、救急車をタクシー代わりに使ったり、ほとんど急を要するとは思えないような症状なのに救急車を呼ぶケースが増えてきているといわれています。国民のモラルが下がったということも原因の一つですが、救急車の利用は無料であることも原因の一つです。無料で救急車のサービスを提供しているために、本当に急を要する人が救急車をすぐに利用できない恐れがあるのです（コラム５－②）。

英国にはＮＨＳ（National Health Service）と呼ばれる医療サービスがあります。これは無料（！）の医療サービスで、国民一人ひとりが登録し担当医が決まっています。風邪のような内科から、水虫、結膜炎などなど、一通りの診療を担当してくれるかかりつけの一人のお医者さんがいて、そこでの診療、投薬費用は無料というすばらしい制度でした。専門的な医療が必要であれば、そのかかりつけの医師が専門機関に患者を搬送または紹介します。

ＮＨＳはお金の有無にかかわらず誰もが医療を受けられる制度です。しかし、無料なので予約はいつも一杯でなかなか治療を受けられません。四〇度近く熱があっても、二、三日待たされるのは当たり前で、白内障の手術に半年から一年もの順番を待つことも珍しくありません。電話でパニックになるぐらいに訴えないと、救急車は来てくれません……（少なくとも筆者は英国滞在中にそのように助言されました）。無料で誰しも医療を受けられるため、本当に必要な差し迫った人がはじき出されてしまっています。当然ながら財政的にも厳しいという話で、投薬に関しては一部費用負担することになりましたが、それでも改善されているわけではありません。ＮＨＳでは医療が満足に受けられないので、個別診療（日本でいう自由診療で医療費を全額自己負担する）でお願いしたら、かかりつけの医師はすぐに診てくれると言われていました。

食い物にされる福祉

わが国でも生活保護を受けている人々の医療費をめぐる生々しい報道がありました(1)。生活保護受給者には指定された医療機関で医療サービスを受けることができ、その医療費は医療扶助として支給されます。二〇一〇年度に支払われた生活保護費三兆三〇〇〇億円のうち、医療扶助は一兆五七〇〇億円と四七・二％を占めています。心や体の健康が失われて働けなくなった人が生活保護の対象者になりますから、医療扶助が大きな金額を占めるのはそれほど不思議なことではないのですが、中には眉をひそめたくなるような実態もあるようです。報道では、日課のように医療機関に通う「頻回通院者」の存在が指摘されています。例えば、足腰が痛むと言って毎日点滴とマッサージを受けにくる人がいるのも、生活保護により無料で医療サービスが受けられるからです。かかりつけの医師が働くことができないという書類を作成すれば、役所やケースワーカーにはどうしようもありません。こうした「患者」が自転車で元気そうに医療機関に通うなど、無頓着に医療を受けているケースがあります。一方、病院側もこうした人たちをターゲットにして、ビラなどを配って「患者」集めに奔走して利益をあげようとしているところもあるようです。

こうした報道を聞くと真面目に働くのがばからしくなってしまいます。念のために断っておくと、日本人の多くは真面目なので、このようなケースは全体からみればわずかです。不正が発覚した分だけですが、生活保護の不正受給は金額でみて全体の〇・五％程度にすぎませんから、ただちに生活保護予算を削減することはよいことではありませんが、無料という過度なまでに安くしてしまったために、医療サービスを受ける側と施す側の両方が福祉を食い物にすることが起きています。

5　医療や教育の分野で、現物支給が広く採用される理由

本当に必要な人にサービスが行き渡らない

さて、これまでの議論から、ある特定の商品やサービスにだけ税金をかけたり、補助金をかけて、市

場で決まる価格を人為的に変化させると、いろいろ困ったことになることを説明してきました。大原則はその通りですから、その理屈をしっかり理解しておくことが大切です。

その一方で、こうしたある特定の商品やサービスだけを安くする「現物支給」的な制度が広く見られます。一見、経済理論を無視したような施策が行われているわけですが、根拠がないわけではありません。先ほど挙げた児童の医療費補助制度を例に考えてみましょう。

子どもだからといって、高齢者の場合とストーリーが変わるわけではありません。ちょっと、子どものお腹が痛いぐらいでなんでもかんでも病院に行ってしまうと、子どもで病院があふれかえってしまうというのは先ほどと同じです。児童の医療費の自己負担率を特別に低くするよりも、児童手当としてお金を支給すれば有効活用できる可能性は大きいでしょう。最初のシルバー・パスと同じ理屈です。しかし、子どもは自分でお金の使い道を決められるわけではありません。その保護者が病院に使うのか、他の用途に使うのかを決めてしまいます。ここが高齢者の場合と大きく異なる点です。高齢者の場合は自分である程度判断できるので、手当てのような形で現金を支給し、一般の人と同じ負担をしてもらってもよいかもしれません。飲み代に使って、病院にいけなくなってもそれは自業自得だからです。

大多数の健全な保護者は子どものことを考えてお金を使うはずです。しかし、中にはギャンブルやお酒に使ってしまう不埒な親がいます。実際、子どもがいると生活保護の支給金額が増えるので、子どもは絶対手放さないという虐待まがいのことを平気でしている大人もいます。赤ちゃんを車に放置してパチンコに興ずる親のニュースは夏になると必ず耳にします。遊びに行くために小さな子どもを部屋に閉じ込めて死なせた悲しい事件もありました。子どもは親を選べませんから、そのような親を持った子どもは大変不幸です。おそらくは医療はもちろん、教育も満足に受けさせてもらえないでしょう。こうした不幸な環境に生まれた子どもたちをどうやって救うか、このことを私たちは考えなければなりません。そして、こうした環境の子どもたちにこそ、医療や教育がいきわたるようにしなければならないのです。どのような策が望ましいのか、なかなか難しい問題ですが、児童手当として現金を与えるよりは、医療費を無料にしたり、義務教育として小中学校を無料にする方が、これらの子どもたちに医療と教育が行き渡りやすいでしょう。医療費の補助や義務教育のような「現物支給」的な社会保障や公共サービスが存在する理由の一つです。

いざというときのために

先ほど、高齢者は自分で判断できるから、現金を支給されて、ギャンブルやお酒に使って、病院にかかれなくなっても自業自得であると書きました。これは一応の説得力を持ちそうですが、患者が自分の症状についてどの程度正確に把握できるかという問題もあります。よくある腹痛なのか、それとも深刻な病気の初期症状なのか、素人にはわかりません。二〇〇九年春に新型インフルエンザがメキシコを起点に世界に広がりましたが、弱毒性であるにもかかわらず、メキシコでの死者数があまりにも際立っていました。新聞報道によると、貧しい階層の人々が医療サービスを十分受けられなかったために、初期に必要な治療が受けられなかったことが原因だと言われていました。

医療を安心して受けたいというのは誰しも共通の願いです。万一、お金がなくて病院にかかれないよりは、行列を我慢しさえすれば、お医者さんに診てもらえる安心感の方が社会のメリットは大きいのかもしれません。お金がないために、自分の大切な人が医療を受けられず、助けられる命を助けられないのはとても悲しい、そして悔しい経験です。英国のＮＨＳが修正されながら継続されているのは、そうした人々の意思の反映なのでしょう。一方、お金は金融機関や親類から借りて工面することができるものですから、一刻を争う事態でいつまでたっても救急車が来ない方がリスクが大きいと考えることもできます。いくら安くても、いざというときに医療を受けられないのであれば、絵に描いた餅にすぎないからです。

誰しもが受けられる無料の公的な医療サービスに、緊急時にお金を出せば直ぐに受けられる私的な医療サービスの両方があると、うまくバランスをとれるように思います。どちらか片方だけでは不安です。幸い、日本の医療制度は様々な問題点を抱えながらも、これまで深刻な事態にはなっていませんが、少子高齢化に伴う財政難から大きな岐路に差し掛かっています。

コラム5

1　英国の課税論争

英国では日本の消費税に当たる付加価値税が課されますが、商品によっては税率が軽減される仕組みになっています。その仕組みはやや複雑で、日常の食糧品にあたるパンやケーキなどは非課税ですが、シリアル・バーやビスケットを含むスナック類は課税対象でした。チョコレートなどで一部もしくは全体がコーティングされているものは課税されていました。

英国小売店チェーンのマークス・アンド・スペンサー（M&S）が販売していたチョコレートを使ったティーケーキは課税対象でしたが、M&Sは非課税の「ケーキ」であることを主張し、一九七三年から一九九四年までの課税額三五〇〇万ポンド（約四億五〇〇〇万円）の返還を求めて裁判をしていました。一三年にわたる裁判の結果、二〇〇九年二月に非課税のケーキと認められ、全額返還されることになりました。

このケーキは、日本で販売されているロッテのチョコパイや森永製菓のエンゼルパイに似た外観で、日本人の感覚としては、毎日の主食であるパンの方に分類するよりは、課税対象の菓子類に近いように思います。ケーキは非課税で、ビスケットは課税というのは、英国のこれまでの歴史や生活風習を反映しているのでしょうが、わかりにくいようにも思えます。

ただ、この事件は分類の難しさだけでは片づけられない問題がありました。非課税のケーキとして分類され、余分に徴収した税金は返還されるとしても、もともとは英国民が支払ったものです。全額をM＆Sに返還すると同社を過度に儲けさせてしまうのです。そのため、課税当局は当初、課税額の一〇％しか還付しないことを主張していました。最終的には全額返還になりましたが、果たしてそれがよかったのかはわかりません。やはり税制は可能な限り簡素な方がよいのです。

2　震災復興とトラック

東日本大震災は東北地方を中心に莫大な損害をもたらしました。その復興目的のために、東北地方に発着する車の高速道路料金を無料化する政策が二〇一一年六月に導入されました。罹災証明のある車以外にも、被災地の物流支援の一環から、中型車以上は罹災証明書がなくても、東北地方のＩＣ（インターチェンジ）で乗り降りすれば（首都高速道路などを除く）高速道路料金が無料になるものでした。例えば、大阪から仙台へ、または仙台から大阪へ、のように発着のどちらかが東北地方であれば（有料区間を通らない限り）無料になりました。

その結果、西日本から関東地方へ物資を運ぶトラックの一部が、一番東京に近い水戸ＩＣでいったん高速を降り、またすぐに高速に入って目的地へ向かう便乗トラックが目立ちました。七月に常磐道の水戸ICで実施した調査では、水戸ICを乗り降りする中型車以上のトラックの約一四%が高速を降りて一時間以内に再び水戸ICに入ったといいます[(2)]。水戸IC周辺では、再度高速道路に乗り入れるために、大型トラックが狭い道を行きかい、近隣住民は危険な思いをしたと言われています。

こうした便乗トラックが問題視され、罹災証明のない中型車以上の無料化措置は同年八月いっぱいで取りやめとなりました。その結果、水戸ICで乗り入れする無料の大型車は八月期の三六〇〇台から一〇月期には二〇〇〇台に大きく減少しました[(3)]。

西日本方面から関東方面への大型車の高速道路料金は二万円から三万円ぐらいです。水戸にわざわざ寄るのですから、距離にして数百キロ、時間にして数時間のロスになります。トラックの運転手と運送会社にとって、この時間とガソリン代のロスよりも高速料金の節約の方が上回ったことになります。しかし、余分にかかった時間とガソリンの消費は社会にとって損失です。価格の変化をもたらす政策は経済活動を大きく変化させるのです。

註

（1）読売新聞ネット配信記事（二〇一一年一二月三一日付）。
（2）MSN産経ネットニュース（二〇一一年八月五日付）。
（3）東日本高速道路（株）「東北地方無料措置後（四カ月後）の状況について（速報）」（二〇一一年一〇月二七日）。

第六章　困っている人を救うには——市場経済と格差

本章のテーマ

・戦国時代は下剋上の時代で、出身階層に関わらず能力のある者がのし上がることができました。江戸時代は武家も民衆も家柄の格式や身分で、階層が固定された社会でした。この違いは何によってもたらされたのでしょうか。
・市場メカニズムが格差を縮めるのは、どういう場合でしょうか。
・格差の水準を示すジニ係数とはどのようなものでしょうか。また、最近の推移はどうなっているでしょうか。

Key words

要素価格均等化、パレート効率性、社会階層、所得の再分配、ジニ係数、等価所得

1　市場原理主義が格差社会を作る？

技術革新がもたらす変化

格差社会ということが言われます。グローバル化によって、市場競争が途上国を巻き込んで行われるようになり、富めるものとそうでない者との格差が広がったと言われています。市場システムは競争原理が作用しますから、ある種の勝者と敗者が出てきます。技術革新によって新しい商品やサービスが生まれれば古いものは顧みられなくなりますから、古いものを生産している企業は苦境に立たされるでしょう。そこに勤めている従業員の所得は下がり、職を失うことになります。生身の人間ですから、いきなり所得ゼロというのは望ましくありませんが、だからと言って競争原理を否定できるわけではありません。

私たちの身の回りでも、新しい商品開発の結果、ほとんどの人が使わなくなったものがどれだけ多いか気付くのではないでしょうか。今、コンピューターで作成したファイルを保管して持ち運ぶには、多くの人がUSBメモリやSDカードを用いることと思います。小さくても一ギガ以上の容量があり大変便利です。なかには数十ギガに及ぶ大容量のあるものも生産されています。これらが普及する前は、三・五インチのフロッピー・ディスクが使われていました。ほんの十数年前までは、容量およそ一・四メガ（ギガの一〇〇〇分の一）のフロッピー・ディスクをみんな使っていたのですが、今は誰も使っていません。

街角で音楽を楽しむのに、ほとんどの人がiPodやウォークマンに直接音楽をダウンロードしますが、少し前まではわが国ではMD（ミニディスクの略）が広く使われていました。フロッピー・ディスクより小さなメディアで、たくさんの曲を入れることができましたが、現在のiPodやウォークマンには容量でとても敵いません。それ以前は、カセット・テープを使用していました。筆者が学生の頃には、音楽をCDからカセット・テープに録音し、カセット・テープ対応のウォークマンで外出するというのが一般的でした。二〇〇〇年まではNHKラジオの英語講座もカセット・テープで売られていたのです。現代の若者はカセット・テープを見たこともないのではないでしょうか。今やカセット・テープもMDもほとんど使われなくなりました。大容量で小さい便利な機器にとって換わられたのです。

また、家庭にパソコンが入るようになって、年賀状や写真も自分で印刷することが当たり前になりました。十数年前までは業者に印刷してもらうか、プリントゴッコと呼ばれる機器を使ってデザインしていました。プリントゴッコは家庭で好きなように葉書を色鮮やかに印刷できる道具としてお茶の間に広く浸透していましたが、デジタル化の流れを受けて売行きは低迷し、二〇〇八年に生産が中止になりました。そもそも写真はすべてデジタルで撮ることになり、フィルムを使ったカメラはほとんど使われなくなってしまいました。富士フィルムの開発した使い捨て型のカメラ「写るんです」は大ヒットし、十数年前ぐらいまでは広く使われていましたが、今や携帯電話で撮る時代になりました。日本で初めて写真館が開業した横浜市では、一九八二年にはカメラ店や写真館が一七一件あり、その後のバブル期でピークを迎えますが、二〇〇八年には四一件にまで減ってしまいました(1)。ある店舗ではフィルム時代の客単価がおよそ二〇〇〇円でしたが、デジカメでは数百円にまで落ち込んだそうです。また、かつて世界をリードしてきたフィルム・メーカーのコダックは二〇一二年に倒産し、中高年世代には時の移ろいを感じた人も多かったと思われます。

新しいものができることで、経済は成長し、私たちのくらしは豊かになっていきます。この流れを止めるわけにはいきません。新旧の交代は、当然、人々が得られる所得水準に変化をもたらします。ヒット商品を開発した会社の従業員の報酬は上昇し、それに代わられた会社の従業員の報酬は下がるでしょう。市場による自由競争によって所得の配分に変化がもたらされる以上、格差が広がる方向に変化することは当然あり得ることです。

能力が同じ人同士の格差は小さくなる

また、グローバル化が格差をもたらしたと言われることもあります。企業の中で今まで総務や経理担当の従業員がしていた書類の作成やデータ入力などの事務関係の仕事が、インドや中国の企業にアウト・ソーシングされるようになってきています。情報技術の発達によって、今まで自社内でしかできなかった仕事が、海外の労働者に委託できるようになってきたのです。事務処理上必要な書類の定型化、電子化を進めて海外へとばして外国の労働者に業務をさせることができるようになり、そうした業務を請け負う業者が増えています。日本語のできる外国人はそんなにいないように思えるかもしれませんが、書類や電子ファイルを定型化すれば十分対応できます。当然、こうしたホワイトカラーの仕事は減り、このような事務部門の仕事に就いていた人は、他の部署の仕事ができなければ整理合理化の対象になりますし、報酬も減少していきます。こうして、企業に残れた人と整理された人との間の所得の格差は広がってしまうでしょう。

しかし、これをもって、グローバル競争が格差を広げたと結論付けるのは早計です。情報技術の発展が国内の労働者の仕事を奪い、海外の企業へのアウト・ソーシングを増やしていますが、その理由は簡単です。日本国内の労働者の賃金よりも、インドや中国の労働者の賃金の方が安いからです。このアウト・ソーシングがインドや中国といった外国の労働需要を増加させますから、彼らの賃金は上っていきます。一方、国内では労働需要が減り、賃金は下がっていきます。グローバル化の結果、国際間の格差を減らす方向に作用しているのです。

第三章で説明したように、安いところで買って、高いところで売るのがビジネスの基本ですが、この裁定行動の結果、格差が解消していきます。市場システムは同じ能力を持つ人の格差を小さくする方向に作用します。能力が異なる人の格差は技術革新や経済環境の変化の方向によって大きくなる場合も小さくなる場合もあります。

2　グローバル化と市場競争

海を越える裁定行動

第一章の図1－2で挙げたように、二〇一二年の一人当たりの平均的な国民所得は、日本は四万六六五三七ドルですが、中国は六〇七〇ドル、インドは一五一六ドルに過ぎません。一ドル＝一〇〇円で換算すると、日本人はおよそ四六〇万円稼ぎだすのに対して、中国とインドはそれぞれ約六〇万円と約一五万円になります。国民所得の水準はお金持ちから普通の人、貧しい人すべてを含んだものですから、平均的な労働者の賃金水準よりも高くなりますが、それでもこれだけの差があると、賃金の格差もとても大きくなります。ここまで賃金の格差が大きいと、日本の労働者がいくら優秀でも競争に勝つのは難しいでしょう。中国やインドの人たちが一日かけて生み出す作業を一時間以内でこなさなければ勝てないのです。

企業としては同じ労働力なら賃金が安い方がよいわけですから、賃金が安い中国やインドの労働者を雇用しようとし、賃金が高い日本の労働者を敬遠することになります。今、繊維製品のほとんどは中国産です。国産の価格の高いタオルを買うのをやめて、安い中国産のタオルを買うようになっています。この結果、安いタオルを生産している中国の企業の売上は伸び、そこの従業員の雇用と賃金は上昇していくことになりますが、一方で、国際競争力を失った国内メーカーの従業員の雇用が失われ、賃金も下落していくことになります。近所のスーパーでの買い物のような私たちの日常の経済行動が賃金の国際間の格差を縮小するように作用しているのです。

繊維や機械などのような産業では、工場が海外移転していくことは珍しくありません。生産コストが高ければ、価格も高くせざるを得ません。価格が高ければ、消費者にとっては魅力が薄くなります。市場競争の結果、私たち消費者は同じものなら少しでも安いものを好みますから、企業としては価格を下げても損失が出ないように、生産コストを下げる必要があります。その結果、工場の海外移転という手段がとられることがあります。

こうした工場移転が行われるものの多くは、貿易財と呼ばれるものを作っています。貿易財とはあちこちに運搬して売ることのできるものです。タオル、自動車などは貿易財です。時間の経過とともに劣化しにくいものは、長時間の輸送が可能ですから貿易財です。逆に、鮮度が勝負となる生鮮食料品は貿易財になりにくいものです。貯蔵技術の向上により、牛肉のような食糧品も貿易財になりえますが、野菜のようなものは都市近郊で収穫したものをすぐに市場に輸送することが大切ですから、今のところ国際競争には触れにくくなります。外国で安く野菜が収穫できたとしても、鮮度を保つ貯蔵コストが高かったりすると、国内の野菜農家にとっては直接的な脅威とはなりにくいのです。

このほかに簡単に外国から輸入できないものとしてサービスをあげることができます。医療や教育といったサービスは、外国の方が安くてもそれを商品のように輸入することはできません。美容院でヘア・スタイルを整えてもらうのも同じです。外国まで行って、ヘア・スタイルを整えることはほとんどの人にとって非現実的です。こうしたものを非貿易財といいます。

それでは、こうしたサービスなどは国際競争から無縁かというとそうではありません。サービスを「輸入」することはできなくても、人は移動できるからです。この人の移動は国内間の移動と国際間の移動の両方があります。

まず、国内間の移動ですが、外国産の安い繊維製品に押された国内産業の労働者は職を失うか、賃金が下がるかします。当然、こうした労働者は新しい職やより高い賃金を求めることになります。そして国際競争力のある産業や、国際競争に直面していない産業に流れていきます。当然、そうした産業での労働供給が増えるのですから、国際競争で劣勢ではない産業や国際競争に直面していない産業でも賃金は下がる傾向になってきます。結局、労働者の能力が同じであれば、勤務先が国際競争に直面しているかどうかにかかわらず、報酬は次第に下がってくるのです。

次に国際間の人の移動です。最近、インドネシアやフィリピンから看護士を受け入れはじめています。高齢化が進む中、医療サービスの需要は増大する傾向にありますが、医療従事者が不足しています。そこで、外国から日本に来てもらうことが検討されていました。こうした医療のような専門的技能が必要な職種に限らず、職を求めて来日する外国人はどんどん増えています。日本の厳しい移民制限の網をくぐって不法入国する外国人も後を絶ちません。これは日本の賃金が高いため、日本に職を求めて労働者が移動するケースです。このように、国際競争に直面していなくても、経済はつながっている以上、グローバル化の影響を必ず受けることになります。

国際間の人の移動はスポーツの世界でも見られます。サッカーではW杯出場のために国籍を変える選手は少なくありません。FIFAのブラッダー会長は二〇〇七年の記者会見で、W杯出場国のチームの多くがブラジル人ばかりになってしまうかもしれないことに危機感を表明していましたが、本来、人間は自由であるべきですから生まれた国に縛るのは難しいところです。

時間のかかる労働者の移動

高い報酬を求めて労働者が国境を超えていきますが、そこは生身の人間なので時間がかかります。ミリ秒を争う金融取引はもちろん、貿易の裁定取引と比べると遅々として進まないぐらいと言ってもいいでしょう。

プエルトリコは米国の自治連邦区であり、米国への移住は自由ですから、多くの住民が米国へ渡っています。プエルトリコは一八九八年の米西戦争の結果米国領になり、一九一七年には自由に米国に移住できるようになりました。米国への移住者の割合（プエルトリコで生まれ、かつ米国に住んでいる人のプエルトリコで生まれた人に対する割合）は、一九四〇年の三・一%から一九六〇年の二一・一%と大きく増えましたが、その後は漸増傾向で、二〇〇〇年には二五%を超えるぐらいでした。米国移住の最大の理由は経済格差です。[(2)] 世界銀行のデータによると、二〇一二年のプエルトリコと米国の一人あたり国民所得はそれぞれ一万八〇八〇ドルと五万二三五〇ドルです。その差は三万四二七〇ドルで、一ドル＝一〇〇円とするとおよそ三四〇万円にもなります。二〇代で米国に渡って四〇年間働いたとすると、単純計算で一億三六〇〇万円もの差になります。もちろん、家族と離れるなど生活環境ががらりと変わるわけですから、単純にお金だけで判断できることではありませんが、これだけ差があれば人口の二五％が移住するのは不思議なことではありません。しかし、裏返せば、これだけ差があるのに七五％の人はプエルトリコにとどまっていると見ることもできます。人の移動は商品とはわけが違うのです。

わが国でも地方と都心との経済格差が何かと指摘されます。二〇一一年の一人あたり県民雇用者報酬において秋田県は東日本で最も低く約三五〇万円でした[3]。これは東京都の約六三九万円の五四・八％で、二八九万円も低いことになります。やや単純な言い方にはなりますが、普通に働くだけで秋田と東京とでは三〇〇万円近い差が一年間でついてしまうわけです。単純に四〇年間の違いを計算すれば、一億円を超えてしまいます。実際、二〇〇二年から二〇一一年までの一〇年間に、秋田県から他の四六都道府県への流出者は延べで約一八万七〇〇〇人になります。二〇一一年の秋田県の労働力人口が約五二万一〇〇〇人ですから、多数の人は秋田県内にとどまっているとみることができます。もちろん、県外への転出のすべてが経済的な理由ではありませんし、反対に秋田県へ転入する人々もいます。秋田県への転入者が同じ一〇年間で約一四万一〇〇〇人であることを考慮すると、差し引き約四万六〇〇〇人が県外へ転出したことになります。この転出者数の大小についての判断は簡単にはできませんが、県内の労働力人口と比べると人の移動は簡単ではないことがわかります。

報酬の格差が地方から都市へ人口移動をもたらすことは、経済学的には自然なことで驚くことではありません。しかし、報酬の大きな差に比べると、人の移動はとても遅いことがわかります。どこに住み、働くかを考える際に、報酬の多寡は極めて重要ですが、遠くへの転居はこれまで所属していた社会のコミュニティから切り離されてしまいます。報酬以外の要因も重要なのです。

3　格差の固定化という問題

階層の再生産

　市場の自由な競争が社会を豊かにしますが、競争がフェアでなければなりません。最初から大きなハンディを背負ったのでは競争に勝てないからです。しかし、当然のことながら市場競争ではお金持ちが有利です。お金のある家庭に生まれた子どもは十分な教育を与えられるでしょうが、どんなに優秀でも、お金がなければ高校や大学に進学できません。入学試験自体は公平に行われているかもしれませんが、十分な教育環境を与えられて育った人とそうでない人との差は歴然と存在しています。厚生労働省の「平成二五年国民生活基礎調査の概況」によると、日本の世帯所得の分布は図6-1のように表されます。同図の所得金額はいわゆる税引前の金額です。世帯全体の平均値と中央値がそれぞれ約五三七万円と四三二万円になります。同図はすべての世帯についてですが、児童のいる世帯についてみると、その平均所得は二〇一一年で六九七万円になります。[4] 一方、東京大学の学部学生の主たる家計支持者の年収は、東京大学「二〇一二年（第六二回）学生生活実態調査」によると、九五〇万円以上が全体の五七％も占めています。特に一五五〇万円以上は一七・一％、およそ六人に一人になります。東大生の多くは平均的な世帯よりも豊かな家庭の出身者が多いのです。

　お金持ちが自分の子どもに豊かな教育を与えれば、その子どもは当然高い所得を得る機会に恵まれます。社会階層が再生産され固定化されてしまうのです。お金のない家庭に生まれれば、その人の才能や能力を活かすことが難しくなってしまうのであれば、当人にとってはもちろん、社会にとっても大きな

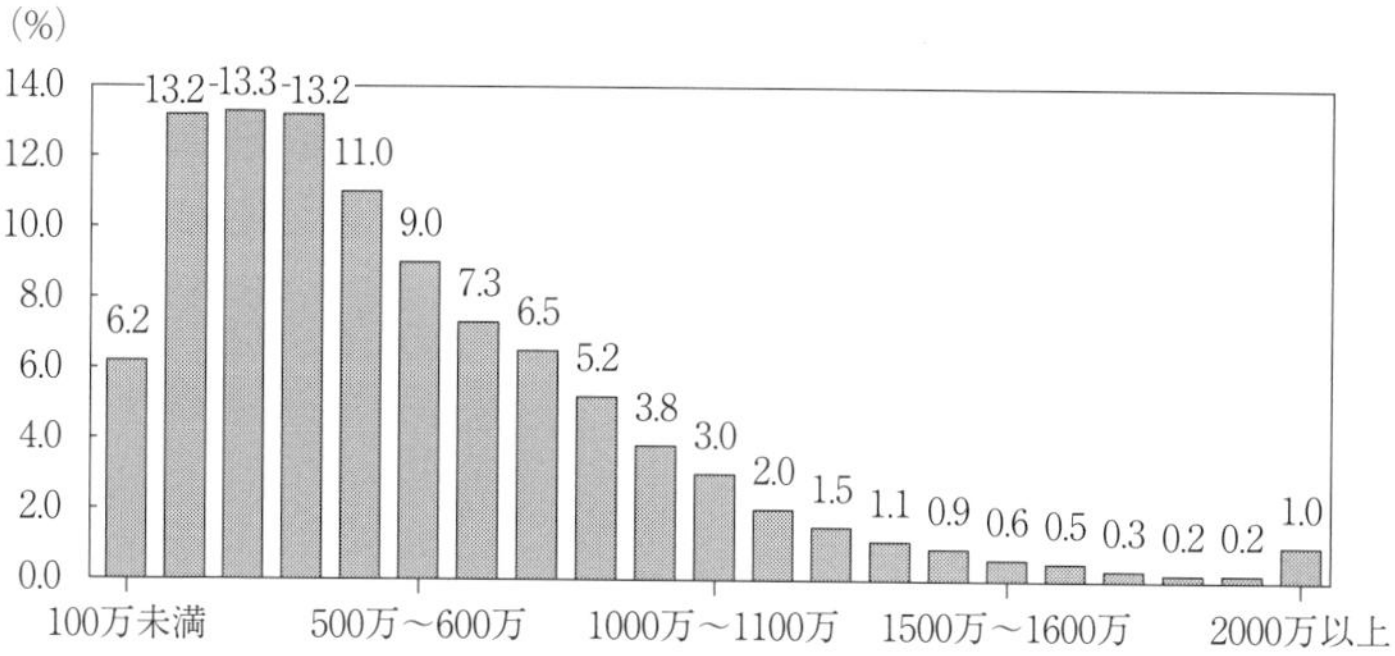

図6－1　世帯の所得分布

（出所）厚生労働省『平成25年国民生活基礎調査の概況』(13頁、図13) より。

損失です。

最近のカナダのケースですが、父親が解雇された場合、その父親の息子の年収に与える影響を分析した研究成果があります。[5] 解雇されるとふつう所得水準が下がり、経済的に大変ですが、その親の子どもが大人になったときにどれだけ悪影響を受けているか推計したのです。具体的には、一九七八年に三〇歳から五〇歳の男性で、一九八〇年時点で一〇歳から一四歳の息子がいる労働者に注目しました。そこで、一九八〇年から八二年の間に勤め先から経営悪化を理由に整理解雇された者とされなかった者とを比較すると、父親が解雇された場合ではその息子の年収が九％低かったことを報告しています。解雇された父親は解雇後八年たっても報酬が一七％減ったままでした。報酬が減少したために、子どもに十分な教育機会を与えられなかった可能性が考えられます。その結果、子どもの所得を下げる効果をもたらしているのでしょう。解雇などによって親の所得が下がると、子どもへの悪影響が現れやすいのです。

こうしたことから、市場競争がお金持ちをより有利にし、格差を固定化させるという批判があります。確かにその通りですが、市場競争がなければ格差や階層はもっと固定化されてしまうことが意外と認識されていないように思えます。市場経済が社会に広がる以前は、身分と呼ばれる確固とした階級が多くの社会で存在していました。農民の子は農民に、商人の子は商人になるのが当たり前だったのです。どんなに優れていても身分の壁を破ることは困難でした。市場経済が浸透するにつれて、こうした前近代的な社会は崩壊していきました。

市場経済を否定した（旧）社会主義国でも同様です。社会主義国で権力を握り、富を占めたのは共産党や軍関係者でした。共産党や軍の関係者の子息というだけで、高等教育の門戸が開かれ、国の中枢に携わる仕事に就いたのです。競争がない社会は階層が固定化してしまい、その階層が打破されることはほとんどありません。

わが国では江戸時代は士農工商という身分制度が確立しました。しかし、戦国時代は能力のある者が登用された下剋上の時代でした。旧来の身分や慣習に囚われていては、戦国という究極の競争社会を生き抜けません。武田信玄、織田信長、豊臣秀吉など、有力な戦国大名が身分にこだわらず、有能な者を登用したのは彼らに才覚があったこともありますが、戦国という究極の競争社会であったことが背景にあります。競争によって、能力のある者、努力する者がより正当に評価されやすくなるのです。戦国という生存競争の時代が終わったため、江戸時代の身分制度が定着しました。徳川家の体制を維持するためには競争原理よりも固定的な身分制度が望ましかったのです。

階層の固定化を防ぐために

もちろん、競争社会は人間のある一面だけを過度に評価することになりがちです。産業化がすすんだ先進国では強い肉体をもつことよりも容姿の淡麗さや頭脳の明晰さが強く評価される傾向にあります。

誰にでもわけ隔てなく愛情を注げる人が増えれば、差別も犯罪もテロも格段に減少していくでしょうが、残念ながら人柄だけでは競争社会を渡っていくのは難しい現実があります。こうした人間性が十分評価されない以上、過度の競争社会は望ましくありません。戦国時代のような競争社会は身分に関わらず能力のある者が登用されるかもしれませんが、乱世に生まれたいと思う人は少数でしょう。しかし、競争そのものを否定すると悲劇的なことになります。身分、出身、家柄といった本人の努力ではどうしようもないことで人生が決まってしまいます。階層が固定化してしまうのです。

貧困の再生産や格差の固定化がどの程度なのかについては、これまでも研究がされてきました。親世代の所得の格差が、息子世代にどの程度残るのかを整理した論文があります(6)。分析の方法によってばらつきがありますが、そこで紹介されている研究論文では、米国では一三%から五四%までの範囲で分布しており、大体が三〇%から四〇%を超えるぐらいのところに収まっていました。米国以外では、欧州諸国と、カナダやマレーシアを分析した研究が紹介されており、これも一一%から五七%の範囲で分布していました。

四〇%というのは、親世代の所得の差が四〇〇万円あったとすると、次世代では平均して四割の一六〇万円の差が残るということになります。次の孫の世代では、さらに四割の六四万円の差となります。世代を超えて格差が四〇%残る場合は、大きな差が長期間にわたって残ることがわかります。

一方、半分の二〇%しか世代を超えて格差が引き継がれないとすると、親世代の四〇〇万円の差は、子ども世代で八〇万円、孫世代で一六万円と大きく差が減っていくことがわかります。貧困の再生産を防ぐうえで、階層の流動性が重要なことがわかります。

現状の階層の固定化がどの程度許容できるかは意見の分かれる難しい問題ですが、世代を超えて格差がもっとも残る場合でも五〇%を超えるぐらいでした。これは大きな数値ですが、それでも十分長い時間を取れば差は小さくなっていきます。競争原理に基づく市場経済システムは、十分早いとは言えませんが、それでも長い目で見れば格差を縮小する方向に作用していきます。身分制度とは大きな違いがあります。

それでも、競争社会ではお金持ちが有利ですから、階層の固定化をすみやかに防ぐためには所得の再分配が必要です。とりわけ、健康の維持と能力開発のために医療と教育がきちんと受けられることが大切です。教育や医療等の費用を補助または無料にしたり、経済的に苦しい家庭の子どもには授業料を免除し、奨学金を給付することが重要になります。

4　市場の不完全性と所得分配

市場で解決できる可能性

十分な再分配制度がなければ、所得が下がってしまえば、医療や教育を満足に受けられないことになってしまいます。これは何とかしなければならないことですが、これも市場が完全に機能すれば市場で解決できる可能性があります。市場原理が格差を広げると思っている人にはにわかに信じられないかもしれませんが、教育と医療とを例にとり考えてみましょう。

子育てには費用がかかります。一人の子どもが成人するまでの育児、教育などの費用は数千万円になります。結構な金額になり、親としては大変です。しかし、市場が完全に機能すれば、この数千万円は金融機関から借り受けることができると考えられます。平均的な生涯所得はおよそ二億円から三億円と言われますから、育児は数千万円のコストで数億円を稼ぎ出す投資という側面があります。金融機関としては十分ペイする投資先のはずです。

医療も同じです。多額の手術費用のかかる疾病に直面したとしても、回復して新たに所得を稼ぐことができるのであれば、金融機関としては投資するインセンティブが出てくるはずです。数百万円の医療費が一時的にかかっても、回復して返済できるのであれば、社会保障制度がなくとも金融機関からお金を借りて医療を受けることができるはずです。

実際には、数千万円はもちろん、数百万円のお金でも、教育や医療を理由に簡単に金融機関から借りることはできません。これは、お金を借りても返済しようとしない人が十分いると、金融機関としては融資が焦げ付いてしまうからです。真面目に返済する人には貸したいと思っても、誰が真面目に返済してくれるのかわかりません。第四章でお話した情報の非対称性の問題が起きてしまうので、十分な融資を受けることができません。金融市場が完全には機能しないので、将来有望であっても、現在お金を持っていなければ医療と教育を受けられなくなってしまいます。このように自由にお金を借りることができないことを経済学では流動性の制約といいます。そのため、所得水準が低くても医療と教育が受けられるような制度が必要になります。市場が完全に機能すれば、（市場で評価される）能力があれば所得水準が低くても教育と医療が受けられるというのは、裏返せば、現実には市場原理がむしろ不完全だから、十分な能力があっても満足な教育と医療が受けられなくなるということです。市場経済がお金のない人から医療と教育を奪うというわけでは必ずしもないのです。

それでは、お金ももっていないし将来性もないという人の場合はどうでしょうか。重い疾病を患い、費用のかかる手術を受けなければ延命できない人がいます。治療にかかる費用の方が、その人が回復して稼ぐ所得よりも大きい場合、市場システムが完全に機能しても医療を受けることができません。大部分の高齢者は所得を稼ぐことはありませんから、医療費の方が高くなるのが普通です。このような場合でも、医療を受けられるようにするには、その費用は働く世代が負担しなければなりません。どこで線引きするかは非常に難しい問題ですが、市場システムは答えを与えません。市場が答えを与えない問題を社会保障制度がカバーするのであれば、どこで区切りをつけるかは政治的なプロセスに依存することになります。

社会的に望ましい分配

ところで、社会全体で利益が最大になり、いわゆるパイが大きくなることは望ましいことですが、問題はそれをどう分配するかです。市場システムは分配の一つの結果をもたらしますが、それが社会的に望ましいかどうかはわかりません。

所得水準の低い人への再分配はあまり手厚くないほうがよいと思う人もいるでしょう。多くの人がそのような配分の仕方を支持すれば、それが政治的プロセスを経て選ばれます。多くの人が支持するというのは、私たちの民主的な社会では有力な根拠になります。しかし、多くの人が支持したからと言って、その基準が必ずしも正しいわけではありません。ある特定の民族や個人が、多数の人が支持したという理由だけで最低限の生活すら送れない差別的な状態を認めるわけにはいかないからです。人間の歴史を振り返れば、差別や迫害が繰り返されてきましたが、これらは一部のならず者がしたというよりも、社会の中で多数派によって正当化されて行われてきました。そのため、政治的プロセスで得られた「多数の支持」は重要ですが、それ以外の何らかの基準や根拠が必要になります。

しかし、残念ながら理論的には見つけることが難しいことがわかっています。

経済学では、意見の分かれるこの難しい問題に、多くの人が共鳴できるであろう最低限の基準としてパレート効率性の概念があります。パレート効率性とは、「誰かの犠牲なくしては、誰一人としてその利益を増加させることができない状態」を指します。一〇〇万円を配分する例では、ある人に全額配分されて、他の人はみんなゼロという極端に不平等な配分もパレート効率的です。少しでもみんなにお金を配分しようとすると、全額もらっていた人の配分を減らさなければなりませんから、この人が犠牲を払うことになるからです。

人によっては多少の無駄があっても平等な配分のほうが望ましいと考えるかもしれません。たとえば、一〇〇万円のうち八〇万円だけをみんなに平等に配分して、二〇万円を残してしまうような場合です。先の不平等な状態よりもこちらのほうが望ましいということは十分あり得ますが、パレート効率的ではありません。この二〇万円をどう配分するのかはともかく、そのまま放置しておくのはもったいないわけです。誰かに配分すれば、誰も犠牲になることなく、その人の利益を上昇させることができるからです。

つまり、パレート効率性とは、資源を無駄なく配分できているかどうかを測る基準であり、無駄なく配分されていれば、その配分の仕方が不平等であろうと問わないことになります。

社会的に望ましい分配が実現されているとしたら、それは無駄がない状態ですから、そしてそのことに異論はないでしょうから、パレート効率的な状態でなければなりません。パレート効率性とは社会的に望ましい分配が実現するために、必ず満たされなければならない基準なのです。しかし、私たちが求めている社会的に望ましい分配を考える上で、パレート効率性はとても貧弱な基準です。どの程度の再分配が必要なのか、大きな政府と小さな政府のどちらが望ましいのか、そうした私たちが解決を求める重要な問題に何も応えてくれません。経済学者の多くは議論の厳密さを大事にするためにパレート効率性に注目しがちですが、裏返せば、社会的に望ましい分配を決める共有された基準がないということでもあります。その結果、分配をめぐる議論はときとして百家争鳴の状態になるのでしょう。

5　日本の生活保護制度

最後のセーフティ・ネット

市場競争によって、勝ち組、負け組が出る以上、何らかのセイフティ・ネットが必要です。このことに異議をはさむ人は少ないと思われますが、問題はどの程度手厚くするかということにあります。例えば、失業した人の所得は下がりますが、どの程度失業保険として給付すべきなのかという問題は意見の分かれるところです。失業給付がまったく得られないのでは生活ができませんから困りますが、長期にわたり手厚い失業給付を行えば、再就職するインセンティブを阻害してしまうでしょう。このあたりのバランスをどうするかはなかなか難しいところです。ここでは最後のセイフティ・ネットとよばれる生活保護制度をみてみましょう。

生存権を定めた日本国憲法第二五条は、「すべて国民は、健康で文化的な最低限度の生活を営む権利を有する。国は、すべての生活部面について、社会福祉、社会保障及び公衆衛生の向上及び増進に努めなければならない」とあります。文化的で最低限度の生活がどの程度かについては意見が分かれるでしょうが、基本的なところとして、風雨をしのげる住居で生活し、健康を維持できる食事がとれ、標準的な教育と基本的な医療サービスを受けることに関して異論は少ないと思われます。これらは国民の基本的人権であり、そのために生活保護制度があります。

わが国の生活保護は、日常の生活にかかる費用を支給する生活扶助のほかに、教育、医療、住宅、介護などの扶助があります。厚生労働省のホームページでは生活扶助のモデル・ケースが紹介されています。[7]これを見ると、標準三人世帯と三人の母子世帯とで一ヶ月あたり東京都内でそれぞれおよそ一七万円と一九万円ほどです。これに家賃や医療の実費相当額が支給されますから、満額が支払われるなら月二五万円前後、年収にすると三〇〇万円ぐらいになります。これだけ見ると多額に思われるかもしれませんが、三人が生活する金額であり、高齢者の単身世帯では生活扶助で一ヶ月あたり八万円ほどです。

母子世帯の困窮は以前から指摘されていますが、二〇一一年度の全国母子世帯等調査では、二〇一〇年の母子家庭一世帯当たりで母親が稼ぎ出す収入は平均二二三万円です。子どもを含む世帯全体で稼ぎ出す収入でも平均二九一万円にしかなりません。世帯人員一人当たりでは平均八五万円になります。児童のいる世帯の平均所得六五八万一〇〇〇円と比較すると、三分の一程度とかなり低く母子世帯が困窮していることがわかります。

しかし、母子世帯が生活保護で生計の大部分を得ているわけではありません。先の全国母子世帯等調査によると、母子世帯の働いて得る就労所得の平均は一八一万円ですから、母子世帯の所得のほとんどが勤労によるものになっています。[8]

働くことは自立する上でとても大切なことですが、保護されるべき人たちに生活保護が給付されない事態が起きているのかもしれません。実際、市役所などの窓口で、できる限り生活保護を給付しないように指導しているという報道がされることがあります。生活保護を受けるには当然満たすべき条件がありますが、それを証明する手続きが煩雑だったり、また、保護されるべき人たちが複雑な制度のしくみをよく理解していないところに付け込むようなことがあったり、なかなか保護されるべき人たちにお金が行き渡らないという現実があります。そのために、自殺を図ったり、犯罪に手を染めてしまう人が出るという悲惨な事態が起きることもあります。弁護士が付き添って窓口に行かないと、需給が認められない場合もあるようです。

不正受給問題

一方で、第五章でもお話しましたが、生活保護の不正受給も問題になっています。資産や勤労所得を隠して申告したり、なかには暴力団関係者が市役所職員などを脅迫して不正受給していることが問題になっています。二〇一〇年の生活保護の不正受給は、全国で総額およそ一七三億円、三万五五六八件と過去最高でした(9)。生活保護の支給金額は、その人の所得や扶養人数によって変動しますから、経済環境が変われば申告しなければなりません。不正受給は、本来得ていた所得や世帯人数を過少申告したり、経済状況が変化したことを申告しなかったりして、過大な金額を受給することです。例えば、生活保護を受けていたある世帯で、就労して収入を得るようになったものの未申告だったり、夫が行方不明と申請しておきながら実際は働いていてたまに帰宅していたり、世帯から転出者がいたのに以前の人数に相当する生活保護費を受け取っていたり、などというケースが報告されています。

不正受給は認められるべきではありませんから、役所も厳しく対応せざるを得ませんが、今度は給付が過度に抑えられてしまい、本来支給されるべき人が受給できない事態になってしまいます。こうした生活保護をめぐる問題から明らかなことは、本当に困っている人をきちんと把握することはとても難しいということです。政府が国民の私生活を常に監視することを望む人は少ないでしょうが、その結果、本当に困っている人にお金が行き渡らないことになります。生活保護の適正水準がいくらかという議論と同時に、本当に保護されるべき人にお金が行き渡る制度をどのように構築していくのかも重要な問題になっています（コラム6－1参照）。

日本の生活保護は受給が認められるのには面倒な手続きが必要とされますが、一度認められると医療扶助をはじめ比較的手厚い保護が受けられる仕組みになっています。また、生活保護の受給中に就労し収入を得ると、その分だけ支給金額が減らされてしまいます。これは一見公正のように見えますが、生活保護受給者の自立を阻害しているという意見もあります。これまで理由があって働けず、保護を受けていた人がいきなり自立してフルタイムでばりばり働くことはふつうできません。少しずつ働きながら仕事を覚えていく、ステップアップする仕組みを認めて自立を促す制度の方が望ましいのですが、働いて稼いだ分を生活保護支給額から減らすのであれば、少しずつ働こうとするインセンティブを弱めてしまいます。結果としてなかなか自立できず、社会が負担しなければならない費用も大きくなってしまいます。

こうした問題を緩和するために負の所得税という考え方があります。ある所得水準以下である場合に、賃金に政府から手当てをプラスして給付するというものです。例えば、年収二〇〇万円までは所得の二〇％分の手当てを支給することにすれば、実質賃金は二〇％増しになるので働くインセンティブを与えながら、生活も保障することができます。

ところで、生活保護を受けている世帯は高齢者世帯を中心に近年上昇傾向にあります。国民年金の保険料を支払っていないために、年金を受給できなかったり、年金額が少ない高齢者が生活保護を受けているケースが増えています。年金の保険料を若いときに支払ってきた人よりも、支払っていない人がもらう生活保護給付金の方が高くなるという逆転現象も起きています。最低限度の生活を保障する生活保護は社会福祉の中核となるものですから、年々削減されている給付額をこれ以上減らすことは難しい一方で、これでは何のための年金制度か分からないという意見もあります。

6　不平等を測る尺度

ローレンツ曲線とジニ係数

ここまで格差という言葉を漠然と使ってきましたが、私たちが普段使う格差という言葉はやや曖昧です。ここでは不平等の尺度の一つであるジニ係数を説明しましょう。格差が問題となるにつれてジニ係数という言葉をマスコミ報道で見かけることが多くなりました。

例として、五人のグループがあり、一人ひとりがみんな年収一〇〇〇万円をもらっているとしましょう。これはみんな平等な場合です。さて、これを図6－2で示したように、一人ひとりを所得の低い順から並べます。ここではみんな等しかったので、順番はあまり関係ありません。次にグループ全体の総所得額五〇〇〇万円のうち、その人が占める割合を考えます。まず、最初の一人目は全体の所得の二〇％を占めますから、一人目は二〇％のところに点を打ちます。次に二人目ですが、二人目の所得が全体に占める割合も同じく二〇％ですから、これを一人目の二〇％と加えた四〇％のところに点をうちます。同様に三人目の所得の割合二〇％も、一人目と二人目を合わせた四〇％に加えたところ、すなわち六〇％のところに点をうちます。以下同様に、すべての人についてこの作業を繰り返します。最後の人

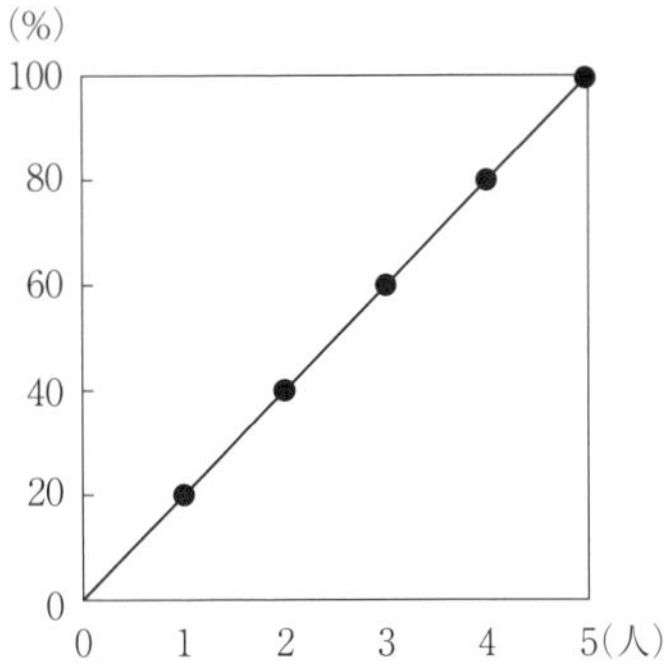

図6－2　完全に平等な場合

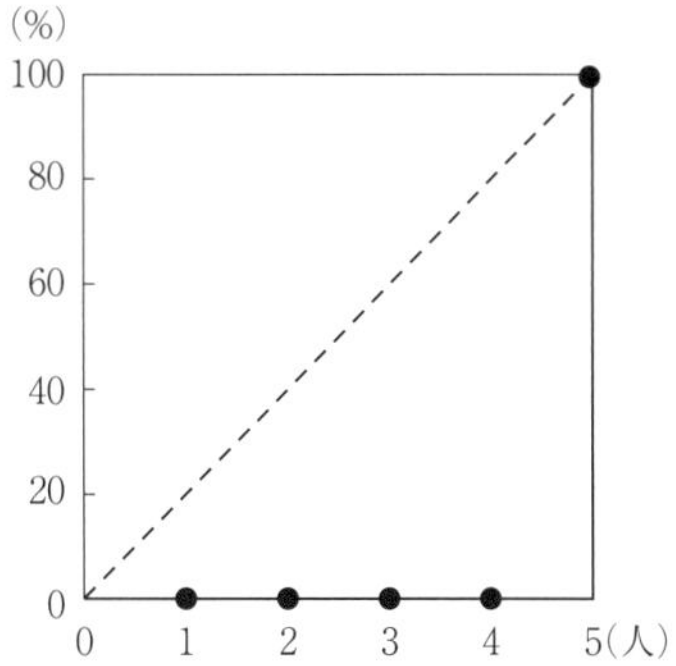

図6－3　もっとも不平等な場合

の所得の割合を加えれば、グループ全体の所得に等しくなるわけですから一〇〇％になります。このように位置づけた点を結んだ線がローレンツ曲線とよばれます。完全に平等な場合は四五度線と一致します。

次に、一人だけ五〇〇〇万円すべてをもらい、残りの四人はゼロというケースを考えてみましょう。これは図6－3で表わされています。一人目から四人目まではゼロですから〇％です。最後の五人目で一〇〇％になります。一人の人間がすべてとるもっとも不平等な場合は、ローレンツ曲線は正方形の二辺に張り付くことになります。

ジニ係数は、ローレンツ曲線と四五度線で囲まれる図形の面積を二倍にしたものです。正方形の長さを一に基準化すれば、図6－2で描かれた完全平等な場合はジニ係数は〇、図6－3で描かれたもっとも不平等な場合はジニ係数が一になります。

通常の社会ではこの中間にあり、わが国のローレンツ曲線は図6－4のように描くことができます。当初所得よりも再分配後の所得の方が、ローレンツ曲線が内側にあることがわかります。所得の再分配によって所得の格差が緩和されていることになります。

ところで、世帯所得で比較する場合、世帯の構成人数も考慮に

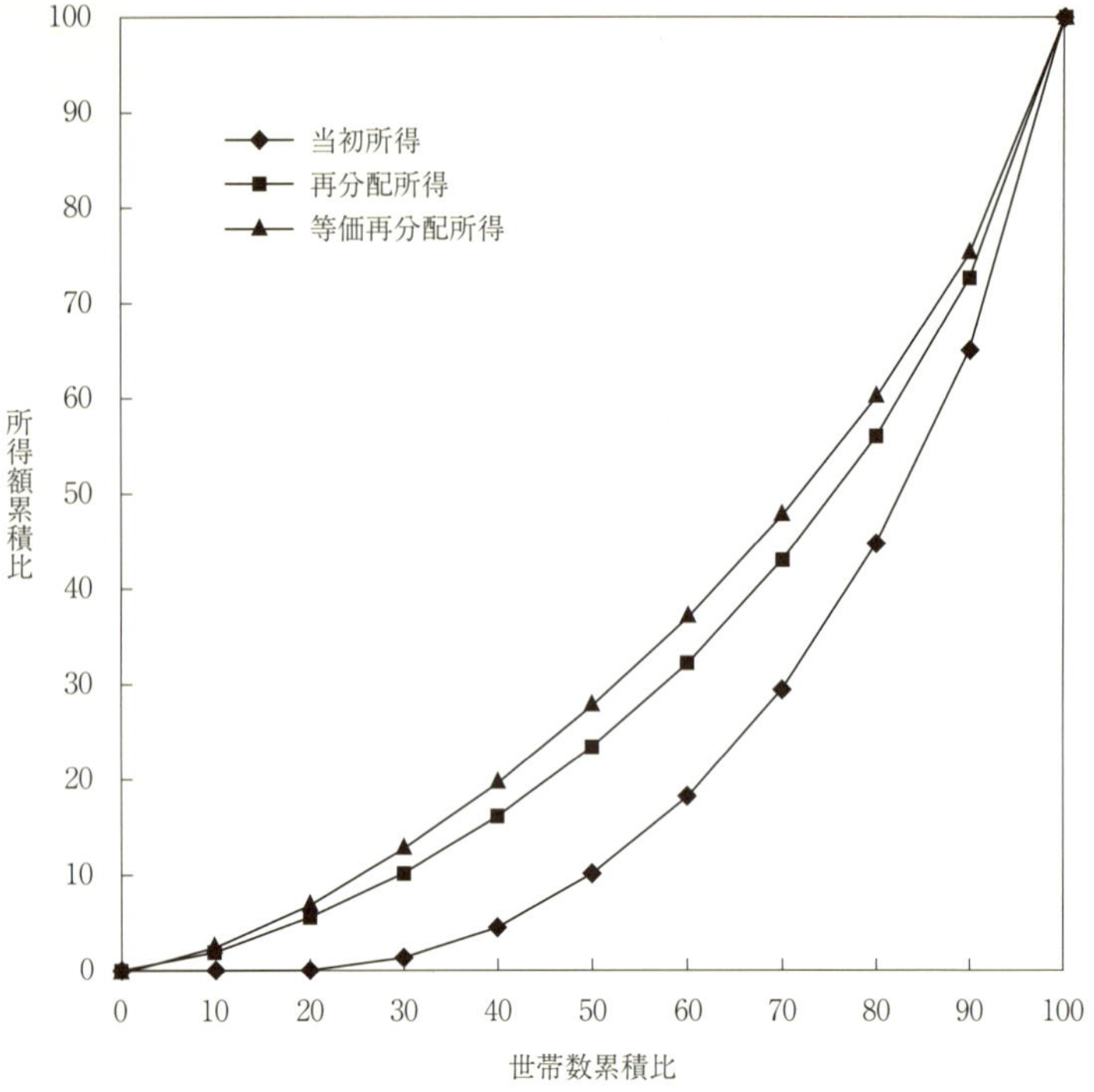

図6－4　日本のローレンツ曲線

（出所）厚生労働省『平成二三年所得再分配調査報告書』（4頁の表1と15頁の表7）より筆者作成

入れる必要があります。単身世帯では住居費、光熱費などのすべてを一人で負担しますが、一緒に住む家族がいると、一人当たりの費用は小さくなると考えられるからです。単身者の二世帯と、二人が同居する一世帯とでは、一人当たりの住居費用に違いが出てきますから、この違いを考慮に入れる必要があります。よく使われるのが等価所得という概念で、(等価所得)＝(所得)／(√世帯人数)で与えられます。わが国の等価再分配所得のローレンツ曲線も図6－4に示されています。世帯の人数を考

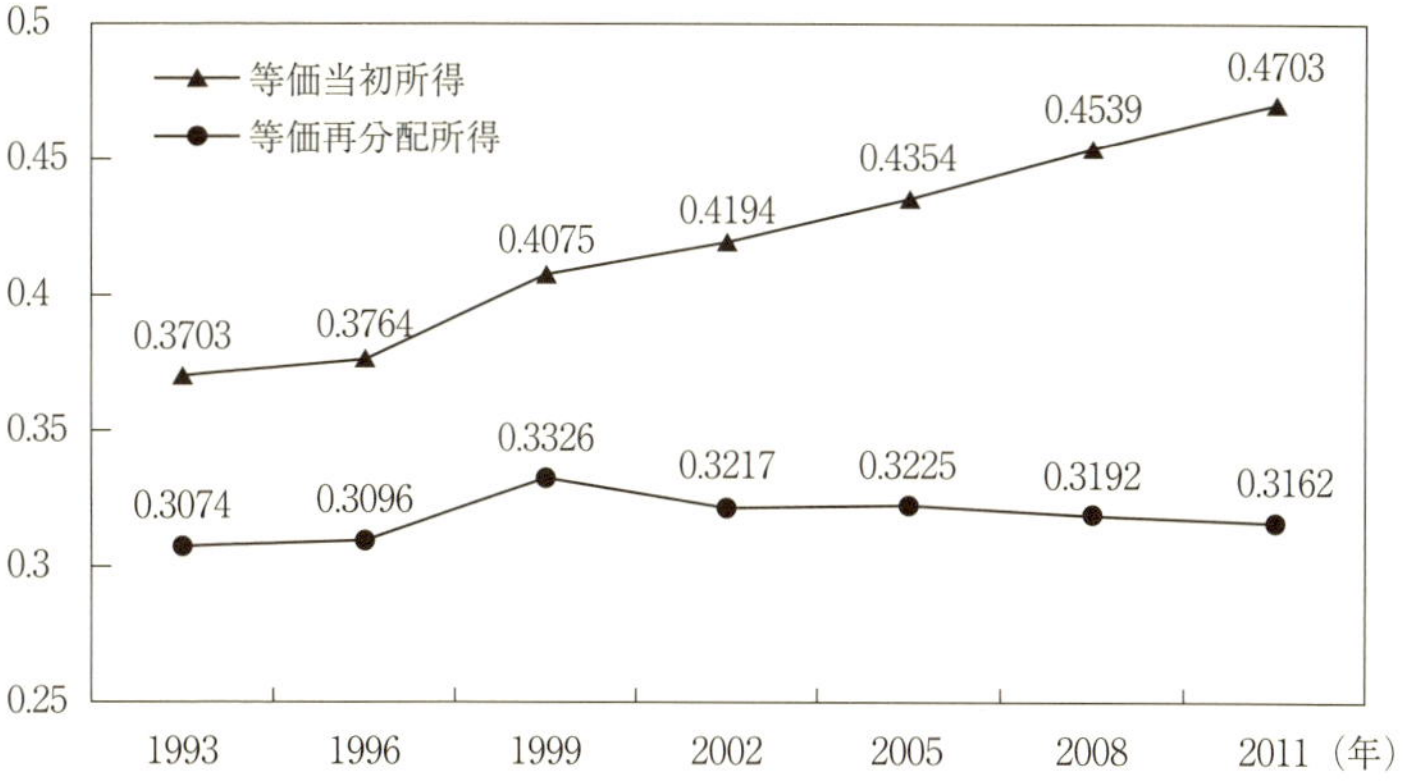

図6－5　ジニ係数の推移

（出所）厚生労働省『平成十七年所得再分配調査の概要』（4頁、表3）、『平成二三年所得再分配調査報告書』（16頁、表8）より筆者作成。

慮に入れると、ローレンツ曲線が内側に位置するようになることがわかります。

わが国のジニ係数の変遷は図6－5で示されています。世帯の影響を考慮した等価当初所得では年々急激に上昇していることが観察されます。ジニ係数はふつうそれほど大きく変化しない指標と言われていました。ジニ係数で〇・一の増減というのは、とても大きな変化です。このグラフで示されているように、等価当初所得でこの十数年でこれだけ上昇するのは、日本での世帯所得の差が急激に大きくなってきたことを現しています。一方、社会保障による再分配後の所得でみると、極めて安定的に推移しているように見えます。わが国の社会保障制度が格差を低める方向にきちんと機能していることがうかがえます。

格差の原因

ジニ係数の上昇についてはいろいろな議論があります。ここでのデータは世帯単位ですから、世帯の在り方の変化がジニ係数の上昇に反映している可能性があります。日本は高齢化が急速に進んでいるため、高齢化世帯の増加が原因であるとも言われます。また、グローバル化とIT化の結果、海外の廉価な労働力と競争を強いられる人は、その報酬は下落圧力がかかります。一方、海外の廉価な労働力を利用できる人は利益獲得の機会が増えたわけですから報酬は上昇圧力がかかります。こうした経済環境の変化がジニ係数の上昇をもたらしている可能性もあります。この他にも、異なる統計をみると大きく上昇していないこともあります。ジニ係数は一つの指標としてわかりやすいものですが、それだけで格差をとらえようとするのは難しいのです。

格差を考える上で、学歴による報酬の差を見ることもできます。米国では一九八〇年以降、大卒と高卒の報酬の格差が広がってきています[10]。一九八〇年ごろには男性の大卒者の一週間あたりの報酬は高卒者の約一・五倍だったのが、二〇〇五年には一・九倍を超え二倍近くになっています。また、学歴間の報酬の格差も広がっていますが、同年代の同学歴の間でも報酬の差は広がってきています。

報酬の格差が何によってもたらされたのか、ずっと議論がされてきました。一つは、高学歴者に有利な技術革新が起きたというものです。IT技術の発展とグローバル化は、外国の安い労働力をこれまで以上に利用できるようになりました。外国の安い労働力と競合する労働者の報酬は下がり、これらの労働力を利用できる人の報酬は高くなりますから、これが格差の一因であると考えられています。ただ、IT化の影響は九〇年代以降に顕著になったと言われますが、データでは八〇年代から格差が広がってきていますから、これ以外の要因も存在します。組合組織率の低下などの労使関係の変化、税制や教育制度の変化、階層の固定化、など様々なことが考えられ、今後も議論が続いていくように思います。

わが国では、同年代の同学歴間の報酬格差は広がっている一方で、大卒者と高卒者との報酬の格差は一九八〇年代からの推移を見ても一・四倍前後で広がっていないという最近の研究があります[11]。その原因の一つとして、日本の場合は米国に比べて大卒者の増加のスピードが大きく、大卒者の供給が増え、それが報酬の下落効果をもたらしている可能性があるようです。

話題の書『二十一世紀の資本』の執筆者でもあるパリ・スクール・オブ・エコノミクス（Paris School of Economics：PSE）のトマ・ピケティ教授のグループは、所得水準で上位一％の人々がその国の所得全体のどれぐらいの割合を占めているかを調べています。(12) 二〇世期前半の二つの世界大戦と大恐慌という大きな社会変動が、世界各国の所得分配に非常に大きな影響を与えたことを示しました。どの国でも第二次世界大戦の前後で、所得上位層が得ている割合が低下しています。戦争によって、資本が破壊されたり、徴兵によって労働力が不足したり、そして、戦争を戦うために国民間の同朋意識が高まったり、と平等化が進んだと言われています。こうした世界大戦の影響は大きく、戦後三〇年間は例外的に平等化が進んだ時代だったというのが、ピケティ教授の主張です。八〇年代に入ると、英語圏の国々（米国、英国、カナダ、オーストラリア、ニュージーランド、アイルランド）に、インド、中国で、上位層の獲得所得の割合が上昇し、第二次世界大戦の前の水準にまで戻っています。これに対して、フランス、ドイツ、スイス、オランダ、日本はそのような傾向は見られません。第二次世界大戦後、上位層の得ている所得の割合が下がったのは、米国などと同じですが、八〇年代以降に不平等化が上昇した形跡はないようです。税制や労働組合活動などの違いが、この差をもたらしていると考えられていますが、今後も議論が続くでしょう。

格差問題はイメージ先行で議論される傾向にありますが、データに基づくきちんとした分析が求められます（コラム6－2参照）。

最低賃金の効果

格差が問題となる中、今まで以上に最低賃金に関して熱い議論がかわされるようになったように思います。最低賃金とは文字通り最低の賃金で、どんな企業も最低賃金の水準は支払わなければならないという規制のことです。

最低賃金とは本来市場の需給関係で決まる賃金の下限について規制をかけるものですから、経済理論的にはあまり筋のいい規制ではありません。少なくとも多くの経済学者はそう思っています。その理由は簡単です。もし、労働需要が大きく、賃金が最低賃金より高めに決まっていれば最低賃金規制は事実上ないのと同じです。問題は労働需要が小さく、市場の需給関係で決まる賃金の水準が最低賃金よりも低くなってしまう場合です。この場合は法規制がある以上、市場均衡よりも高い水準の最低賃金を企業は支払わなければなりません。

最低賃金が高いとき、一見すると労働者の取り分が大きくなるように見えますが、実はそういうわけではありません。確かに働いている労働者の賃金は最低賃金規制によって市場で決まる賃金より高くなります。しかし、賃金が高くなるということは企業としては雇用する労働者の人数を減らそうとするでしょう。人件費が高くなるのですから雇用量を減らすのは自然なことです。一方、賃金が最低賃金規制によって高くなるのですから、働こうと思う人はふつう増えると考えられます。その結果、働きたいと思う人がみんな働けないことになってしまいますし、運よく雇用される人も少なくなってしまいます。これが経済学の市場理論が予測する最低賃金の効果です。ほとんどのミクロ経済学の教科書に紹介されている例です。価格を人為的に歪めるというのは第五章でもお話しましたが、あまりセンスのいい規制ではないというのが経済学者の第一感なのです。

ところが実際に調べてみるとそんな単純な話ではないということがわかり、教科書に書いてあることと反対のことが起きているので一時期大論争になりました。もっとも有名なのはプリンストン大学のデービッド・カード教授とアラン・クルーガー教授の論文です[13]。彼らはアメリカのニュージャージー州と隣接するペンシルヴァニア州東部とを比較しました。州ごとに最低賃金の水準や引上げ時期が異なることを利用して最低賃金の効果を調べたのです。

一九九二年四月にニュージャージー州が最低賃金を時給四・二五ドルから五・〇五ドルに引き上げたのに対して、ペンシルヴァニア州は四・二五ドルとそのままでした。この前後のファーストフード・レストランで雇用される労働者数を、労働時間や店舗の規模を調整して調べると、ニュージャージー州では二〇・四人から二一・〇人と〇・六人増えたのに対し、ペンシルヴァニア州東部では二三・三人から二一・二人と二・一人減少していました。

労働者の雇用者数はその時の景気などに影響されますが、地理的に隣同士の二つを比べているので、景気の影響などはほぼ同様に反映されていると考えられます。最低賃金に変化がなかったペンシルヴァニア州東部では雇用が減りましたが、その理由は景気などが影響したのでしょう。一方、最低賃金を上げたニュージャージー州は理論の通りなら、雇用が減っていなければなりません。しかも、景気などの影響から雇用を減らしたペンシルヴァニア州東部よりも減っていなければなりませんが、調べてみると逆に増えていたのです。

彼らの推定方法は差の差（difference-in-differences）推定と呼ばれるもので、今ではよく使われる手法になりましたが、その結果、最低賃金の雇用への効果は二・七人（＝0.6－（－2.1））プラスだったということになります。

もちろん、これだけであれば偶々ということもありますが、米国の他の州や英国でも同様の研究成果が報告されたこともあり、最低賃金の雇用への効果は必ずしもマイナスではなさそうです。しかし、当然ながら最低賃金を高く上げすぎれば雇用には明らかにマイナスですし、実際、最低賃金は雇用を減らすという研究成果もあります。ですから、何も気にしないで最低賃金を上げるべきだというのは正しい考えではありません。まとめると、最低賃金を高くしすぎると雇用を減らすが、ほどほどであれば（それがどれぐらいかはわかりませんが）必ずしも雇用を減らすとは限らないということのようです。

実は、企業が買い手独占と呼ばれる企業城下町のような環境では最低賃金は雇用を増やすことが理論的には知られていましたが、そのようなケースはあまり現実的ではないと考えられていました。第八章でもお話しますが、組織の経済学の観点からは、労働者が企業に雇用されるのは市場が不完全にしか機能しないからです。最低賃金の実証研究はミクロ経済学の教科書が想定するほど、労働市場は競争的で完全ではないということを示唆していたのかもしれません。

ただ、最低賃金が雇用を大きく減らさないとしても、貧困対策としてどこまで有効かというとあまりはっきりしません。最低賃金の水準で働いているのは、ファストフードやファミリーレストランの店員など、いわゆる非正規の仕事です。そこで働いている人は貧困層も含まれていますが、学生や主婦のアルバイトの方が多数を占めていることも多いのです。彼らは必ずしも貧困対策として救済されるべき対象とは限りません。貧困対策としては最低賃金よりももっと重要な手段があるというのは一理ある考え方です。

最低賃金は賃金という価格を人為的に操作するので、経済学的には筋悪な方法に感じます。それでも国内外を問わず激しい論争を巻き起こすテーマになっているのは、最低賃金の議論は貧困対策など再分配をどうするか、大きな政府と小さな政府のどちらがいいのか、そうした社会の在り方をめぐる価値観が衝突するテーマだからなのでしょう。今後も最低賃金に関する議論は続いていくように思います。

コラム6

1　消えた高齢者

二〇一〇年夏、東京都内の民家で死後三〇年近く経過したと見られる白骨遺体が発見された事件を契機に顕在化したのは行方不明高齢者問題でした。市役所や警察がお宅を訪問して面会を求めても、家族は本人は元気で他人との接触は拒んでいると話して会わせませんでした。この間家族は年金を受給しており詐欺の疑いが持たれましたが、こうしたケースが全国各地であることがわかったのです。

厚生労働省は八五歳以上の高齢者を無作為抽出したサンプル調査を急遽実施したところ、七七〇名中、亡くなっていることが判明したのが一人、行方不明の可能性があるのは二七人（うち年金が支給されていたのは一人）、四八人（うち年金が支給されているのは二二人）でした[14]。急なサンプル調査であるため、この結果をそのまま年金受給者に当てはめることは慎重でなければなりませんが、およそ三％が年金の不正受給の疑いがあることになります。

二〇一〇年の敬老の日にあわせて発表された、同年に一〇〇歳になる人は住民基本台帳上は四万四四四九人でしたが、何らかの形で本人確認できたのは二万三二六九人と半数ほどでした[15]。社会保障制度の適正な運営は、国民の現況をきちんと把握できなければなりませんが、各家庭のプライバシーもあり、また、公共部門の人員、予算の削減もあって、役所の担当者がどこまで把握できるかは難しいものがあります。

2 日本のお金持ちはお年寄り

メリル・リンチが毎年発行している World wealth report によって世界の富裕層の概要を知ることができます。二〇一三年のレポートでは、住居や耐久消費財を除いた一〇〇万ドル以上を所有している個人は、二〇一二年の日本におよそ一九二万人います。日本の人口に占める割合はおよそ一・五%になります。これはアメリカの約三四四万人に次いで二位で、三位ドイツの約一〇二万人を大きく引き離していますが、それぞれの人口数を考慮すると、富裕層の占める割合は似通っていると言えます。日米独のトップ三で世界の富裕層の五三%を占めています。

興味深いのは各国、各地域の富裕層の年齢層です。二〇一一年のレポートによると、日本では富裕層の八〇%は五六歳以上の年齢層ですが、アメリカの六八%、欧州の五四%に比べても大きくなっています。年齢とともに所得が増えるのは、仕事上のネットワークが広がることを考えると、それほど不思議ではありませんが、少子高齢化がどの国よりも一段と進んでいることを示唆しているのかもしれません。

一方、日本を除くアジア諸国では、若い年齢層でお金持ちが生まれていることが見てとれます。この地域では五六歳以上が富裕層に占める割合はわずか三一%でしかありません。

なお、男女比率でみると、日本は女性の比率がアメリカの三七%に次いで三一%と二番目で、欧州の一八%よりも大きくなっています。女性の社会進出が遅れている日本ですが、お金持ちに関してはそうではないのかもしれません。

註

（1）毎日新聞ネット配信記事（二〇一〇年五月一一日付）。

（2）Borjas, George（2008）"Labor Outflows and Labor Inflows in Puerto Rico," *Journal of Human Capital*, vol.2, pp.32–68.

（3）一人当たり県民雇用者報酬は内閣府「県民経済計算」（http://www.esri.cao.go.jp/jp/sna/data/data_list/kenmin/files/contents/main_h21.html）、転出者および転入者については、総務省統計局「住民基本台帳人口移動報告」（長期時系列表：昭和二九年～平成二三年、http://www.e-stat.go.jp/SG1/estat/List.do?bid=000001039741&cycode=0）、労働力人口については、総務省統計局「〈参考〉労働力調査（基本集計）：都道府県別結果時系列データ（一九九七年～）」二〇一四年五月三〇日公表（http://www.stat.go.jp/data/roudou/pref/index.htm）。

（4）厚生労働省「平成二四年国民生活実態調査」。

（5）Oreopoulos, Philip; Page, Marianne; and Stevens, Ann H.（2008）"The Intergenerational Effects of Worker Displacement," *Journal of Labor Economics*, vol.26（3）, pp.455–483.

（6）Solon, Gary（1999）"Intergenerational Mobility in the Labor Market," in Ashenfelter, Orley C. and Card, David eds., "Handbook of Labor Economics, Vol.3A," North-Holland, ch.29, pp.1761-1800.

（7）厚生労働省「『生活保護制度』に関するQ＆A」（http://www.mhlw.go.jp/file/06-Seisakujouhou-12000000-Shakaiengokyoku-Shakai/QandA.pdf）。

（8）厚生労働省雇用均等・児童家庭局家庭福祉課「ひとり親家庭の支援について」（二〇一三年）。

（9）厚生労働省社会・援護局保護課「生活保護制度の概要等について」（二〇一三年）。

（10）Figure 2-A in Autor, David; Katz, Lawrence; and Kearney, Melissa（2008）"Trends in U.S. Wage Inequality: Revising the Revisionists," *Review of Economic and Statistics*, vol. 90, pp.300-323

（11）Kambayashi, Ryo; Kawaguchi, Daiji; and Yokoyama, Izumi（2008）"Wage Distribution in Japan, 1989–2003," *Canadian Journal of Economics*, vol. 41（4）, pp. 1329–1350.

Kawaguchi, Daiji and Mori, Yuko（2014）"Winning the Race against Technology," *Bank of Japan Working Paper Series*, No.14-E-5.

（12）Atkinson, Anthony B.; Piketty, Thomas; and Saez, Emmanuel（2011）"Top Incomes in the Long Run of History," *Journal of Economic Literature*, vol.49, pp.3–71.

（13）Card, David, and Krueger, Alan（1994）"Minimum Wages and Employment : A Case Study of the Fast-Food Industry in New Jersey and Pennsylvania," *American Economic Review*, vol. 84, pp. 772–793. この他にも彼らの最低賃金の研究をまとめた下記の文献がある。Card, David, and Krueger, Alan（1995）"Myth and Measurement : The New Economics of the Minimum Wage," Princeton UP.

（14）厚生労働省「八五歳以上の現況届を出して年金を受給している方に係るサンプル調査について」（二〇一〇年八月二七日付）。

（15）厚生労働省記者発表（二〇一〇年九月一四日付）。

第七章　市場がない！——環境問題と外部性

本章のテーマ

・環境汚染が深刻だと言われていますが、どうして環境汚染が起きてしまうのでしょうか。
・CO_2の排出を減らすためには、大きく分けて炭素税と排出量規制の二つがありますが、どのような違いがあるでしょうか。
・テレビを購入すれば、見ても見なくてもＮＨＫの受信料を払わなければならないという放送法の規定はどうして必要なのでしょうか。
・近場の海で勝手に釣りをすることが認められていないのはなぜでしょうか。

Key words

所有権、外部性、ピグー税、公共財、フリーライダー問題、共有地の悲劇

1　経済学の視点から環境保全を考える

自然環境が浪費される理由

環境問題は焦眉の課題となっており、３R（reduce, reuse, recycle）として知られるスローガンをはじめとして、小中学校の教育でも力を入れて取り組んでいます。筆者の子どもたちの話を聞くと、とにかく無駄な消費はしないことを教わっているようですが、どうして環境問題が起きるのかとなると、とかく人間が自分の欲望のために地球の環境資源を浪費しているから、といった答えになるようです。人間にここまでの欲望がなければ経済発展することもなく大自然に囲まれた生活が続いていたでしょうから、地球環境も破壊されることはなかったでしょう。地球温暖化の原因といわれるCO_2の排出量は年々上昇しています。これから中国、インド、ブラジルなど途上国の経済成長が進むにつれ、排出量はますます増えていくでしょう。温暖化以外にも、酸性雨、砂漠化、オゾン層の破壊といった環境破壊が問題になっていますし、身近でも大気や水が汚染されて健康を害する人がいます。市場経済によって私たちの生活が豊かになったのは事実ですが、こうした環境汚染のような負の側面をもたらしてしまうのなら、市場経済の発展は必ずしも望ましくないことにもなります。

しかし、人間の欲望があくなきものだとしたら、どうして自然環境を浪費するのでしょうか。多くの人はふだん自分の限りあるお金を有効利用しようとします。旅行に行きたい、美味しいものを食べたい、きれいな洋服を着たい……、そうした様々な欲望を少しでも実現するために、お金を大事に使おうとします。少しでも節約しようと、旅行するにも買い物をするにも、お得なものを求めて情報収集します。

浪費なんかしません。同じことは自然環境についてもあてはまるはずです。山林を所有している人が、後先考えずに自分の森林を伐採するでしょうか。

結局、お金でも山林資源でも、自分のものであれば大切に使います。自分のものではないから我先にと争い、結果的に浪費することになります。途上国で森林が伐採されるのも、そこが誰のものか明確に規定されないため、早い者勝ちになっていることが大きく影響しています。

環境資源にも所有権を

何かを捨てる場合でも同じことが言えます。誰しも自分の家の中で所かまわずゴミを捨てたりはしません。レストラン、ショッピング・モール、病院、学校などの公共施設でも、所かまわず捨てたら罰せられますから所定の場所に捨てます。一方、街路や公園でたばこのポイ捨てや唾を吐く人が散見されますが、これは自分の場所ではないところで、しかも公共施設とはちがって持ち主や管理する人の目が光ってないからです。CO_2の排出もたばこのポイ捨てと似ています。場所が定まっているわけではありませんし、目に見えませんから勝手に排出してもペナルティーを受けることはありません。温暖化以外の環境破壊で問題となっているオゾン層の破壊や酸性雨も、フロンガスや硫化酸化物などの排出が原因とされていますが、CO_2と同じように、どうしても後先を考えずに好き放題してしまうことになります。

市場では売り手と買い手との間で取引が行われるのは、何が自分のもので、自分のものではないかはっきりしているからです。これは所有権がきちんと定められていると言い換えることができます。所有権がきちんと定められていなければ、誰も対価を払わずに好き放題取ったり捨てたりできてしまいます。自然環境のように誰のものかはっきりしないものは市場取引の外にあり、どうしても好き放題になってしまいます。市場取引に含まれない経済活動が社会に与える影響のことを、経済学では外部性といいます。自分のものではないからやりすぎてしまうというのは少々公共心がないようにも思いますが、現実を的確に表していると言えるでしょう。自分の本やパソコンは大切に使う一方、図書館の本や端末機器を粗雑に扱う人は多いのではないでしょうか。大学の端末室ような場所では、スナック菓子を食べながら油の付いた手でキーボードを触る人が見受けられますが、自分で買った新品のパソコンにはそんなことしないでしょう。手が汚れていても頓着せずに使用されてしまうので、どうしても傷みやすくなります。自分のものでなければどうしても粗雑に扱ってしまうことになります。裏返せば、環境資源もなんらかの形で「自分のもの」にすることができれば、問題の解決の糸口が見えるかもしれません。人間の経済活動がもたらした環境破壊を市場システムを通して制御できるのか、CO_2の排出権取引の問題から考えてみましょう。

2　環境汚染の費用と利益

環境破壊を防ぐ環境税

筆者のような嫌煙家からすれば全く理解できませんが、愛煙家の立場に立てば、お天気のいい昼下がりに公園でちょっと一服というのは大変気持ちのいいものなのでしょう。ですが、一服した後で吸い殻が残ってしまいます。吸い殻入れが近くにあればいいですが、なければ面倒なのでその辺に捨ててしまうというのは、モラルが欠如していますが、わからなくはありません。一部の心ない人たちが捨ててしまうのは、捨てた吸い殻は自分たちにとって全く関係ないところで処理されるからです。自分の家や敷地で捨てると、結局自分で拾って捨てなければなりませんし、家や敷地が汚れてしまい余分な清掃が必要になります。自分で処理しなければならないのであれば、きちんとゴミ箱に捨てることになります。

モラルのない人たちが公共の場でポイ捨てするのは、自分が清掃しなくてもよいからです。他の誰かが清掃することになりますが、この清掃の手間をただどりしているわけです。もし、ポイ捨てするたびに一〇〇〇円の料金が必ず課徴されるなら、ポイ捨ては激減するはずです。

人間の経済活動が自然環境を破壊してきたのも、自然環境の破壊によって被る社会の損失を、一人ひとりが経済活動をする際に負担してこなかったからです。その結果、過度なまでに環境が破壊されてしまったわけです。ですから、ポイ捨て一回一〇〇〇円のように、自然環境を消費する経済活動に対して料金を必ず支払わなければならない仕組みを作れば、環境破壊は防げるか、少なくともそのスピードを遅らせることができます。こうした考えから提案されたのが環境税、なかでも炭素税が有名です。

炭素税のメリットと課題

CO_2を実際にどれだけ排出しているか、直接量るのは大変ですから、それぞれの経済活動からCO_2の排出量を推計し、その排出量から炭素税の負担額を決めることになります。この炭素税にはいくつかのメリットがあります。一つは個人を含めた広い範囲でCO_2排出の費用を負担させることができます。ガソリンなど化石燃料の使用によって排出されたCO_2に対して、炭素税をかけて燃料価格に反映させます。その結果、炭素税の支払いを通して、化石燃料を使用するすべての企業や個人に負担を求めることができます。CO_2を排出する商品やサービスの価格に税金がかけられるのですから、こっそり排出して知らん顔することはできません。

こうした市場システムを利用した炭素税は、直接規制と呼ばれる企業に排出量を直接制限する方法よりも優れています。直接規制はどうしても（大きな）企業しか対象になりにくいからです。もし、廃棄物を違法に処理をしていることが明るみになれば、その企業は大きな非難の対象になりますし、なんらかのペナルティを受けますから、そうしたことのないように取り組むでしょう。実際、今はどこの企業でも、環境には十分な配慮をし、規制で求められる以上の水準で環境保全活動をしている所は珍しくありません。しかし、個人の行動に関してはどうしても規制をかけることは難しいところです。冷蔵庫やテレビのように、所定の手続きをとって廃棄することが求められるものを、こっそりと夜間に不法投棄している人がいますが、そのような人の行動を制限することは難しいのです。これが大企業であれば、マスコミの報道で信用が失墜するということがありますが、一介の個人をテレビを捨てただけで名指しするのはやりすぎでしょう。また、逐一人々の経済活動を監視することは不可能です。このように、直接規制を広く適用するのは困難ですが、炭素税であれば消費者価格に反映されるので個人まで幅広く適用することが可能です。

また、CO_2をたくさん排出しているものは炭素税がそれだけ大きくかけられるので、価格が高くなりますから、買い控えが起きます。むしろ、CO_2をあまり排出しない商品やサービスはエコな分だけ、炭素税も低く価格も安くなりますから、エコなものに消費を誘導することができます。企業としてもエコに力を入れた方が安く製品やサービスを提供でき、顧客を獲得することができます。エコがビジネス・チャンスにつながるのです。このように炭素税の導入は環境を考慮に入れた消費生産活動を促すことになります。

しかし、炭素税を一体いくらにしたらいいのでしょうか。これは難しい問題です。人間の経済活動は自然環境を変化させましたが、環境を変化させることがいけないわけではありません。人間が文明の果実を享受し、文化的な生活を送るためには、自然環境は多少とも変化させる必要があります。もし、自動車の使用を事実上禁止になるぐらい高い税率を課せば自然環境の破壊はストップするでしょうが、その結果、私たちは昔ながらの自給自足の生活を余儀なくされるでしょう。一方で、環境面への考慮が足りなかったために、現在の環境問題があるわけですから、私達の文化的な生活と地球環境のキャパシティとがちょうどバランスする水準がどこかにあるはずですが、これを探すのは、もしくは社会的な合意に至るのは難しいところです。環境保護団体は高めの炭素税を主張するでしょうが、鉄鋼やエネルギーのような排出量の多い産業は直撃を受けるため、低めの税率もしくは導入反対を主張するでしょう。そもそも地球温暖化の原因が本当にCO_2の排出に原因があるのかについても科学的に共有された結論が得られているわけではありませんから、議論はますます困難をきたすことになります。

また、炭素税を日本だけ導入してもあまり効果はありません。地球環境は世界中の国々が直面する問題ですから、日本だけCO_2の排出を減らしても、中国や米国が大量の排出をしていれば効果がないばかりか、炭素税の分だけ消費者価格に反映され、日本製品の国際競争力を損なってしまいます。さらに、企業が生産拠点を炭素税の低い国や地域に移してしまうことも考えられます。この場合、地球全体では排出量は変わらないばかりか、国内の雇用まで減らしてしまうことになります。これを炭素リーケージといいます。環境規制が緩いのはこれから経済成長していく途上国ですから、環境汚染が先進国から途上国へ輸出されるという側面もあります。

諸外国を見てみると、炭素税をはじめ何らかの環境税を導入してる国は欧州を中心に少しずつ増えてきています。最初に導入したのは、一九九〇年のフィンランドで、それ以降、スウェーデン、ノル

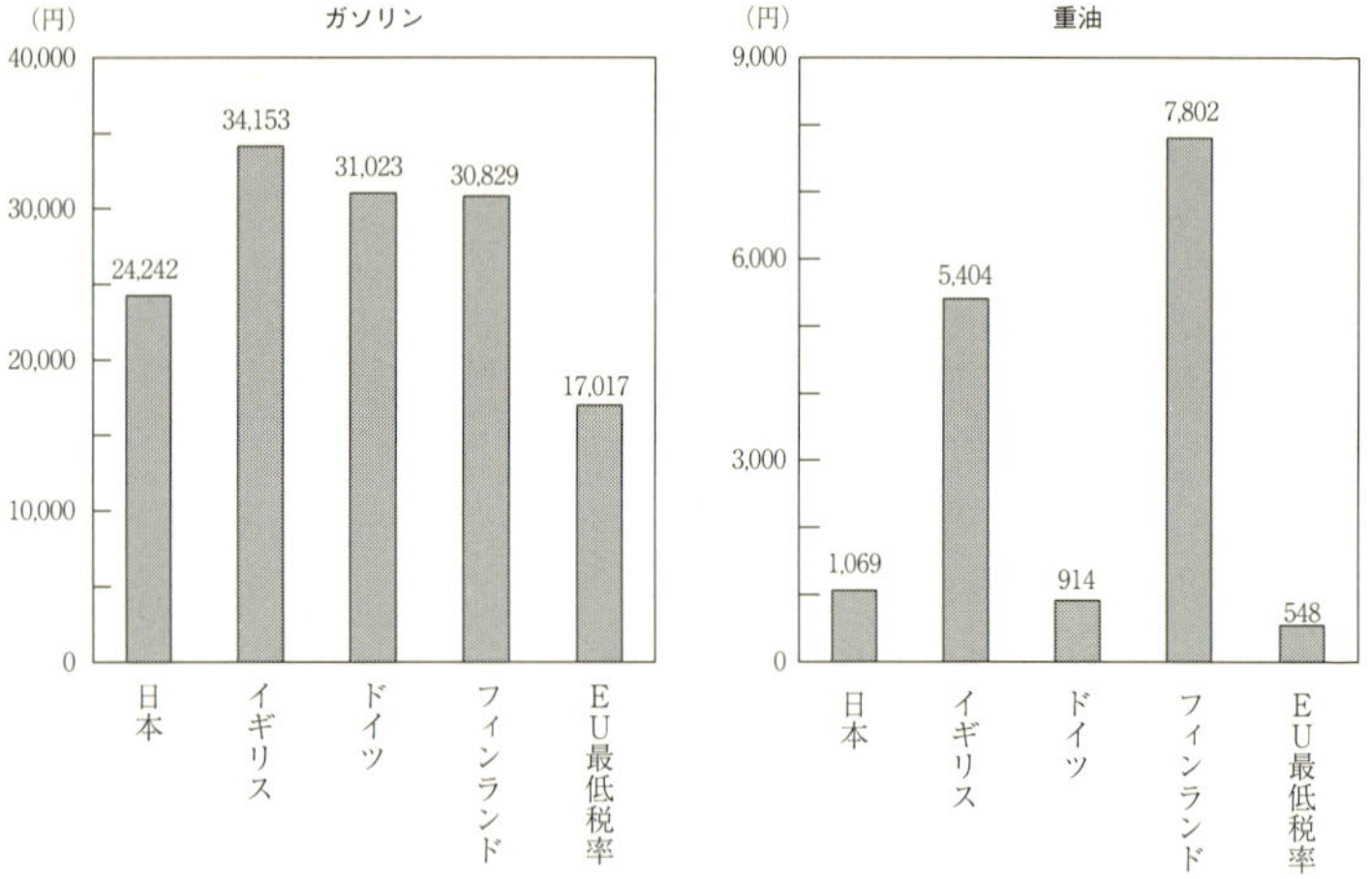

図7－1　CO_2排出量1トン当たりの課税率

（出所）環境省『諸外国における税制全体のグリーン化の状況等』(2014年8月22日：http://www.env.go.jp/policy/tax/conf/conf01-08/mat04.pdf）より筆者作成。

（注）税率は2013年4月現在（日本の税率は2016年4月以降)。日本の課税額のうち「地球温暖化対策のための税」はCO_2排出量1トンあたり289円。1ポンド＝130.05円、1ユーロ＝110.05円、1デンマーク・クローネ＝14.17で換算。

ウェー、デンマークといった北欧諸国を中心に広がりました。現在では、オランダ、イギリス、ドイツ、フランスにも温暖化対策として環境税が少しずつ導入されています。日本でも二〇一二年一〇月より「地球温暖化対策のための税」と呼ばれる環境税が導入されました。

図7－1は日本とEU諸国とのCO_2排出量一トンあたりのエネルギー課税額を比較したものです。こうした比較は為替レートの値に大きく影響されるので注意が必要ですが、二〇一三年四月のデータでは、欧州の先進国は日本よりも概ね高い税率になっています。日本の「地球温暖化対策のための税」はCO_2排出量一トン当たり二八九円ですが、ガソリン一リットル当たりでは〇・七六円と一円未満の水準です。

なお、概ねフィンランドやデンマークのような北欧諸国はとても高い税率を課していますが、これらの国は人口が五〇〇〇万人ぐらいで日本の二〇分の一の規模であることと、産業構造が異なるため、比較は慎重に行う必要があります。実際、さまざまな事情を抱える国が集まったＥＵの最低課税水準は日本に比べても低く、それぞれの国の事情が反映されていることがわかります。

3　排出権取引をめぐって

排出枠規制と市場取引

炭素税は炭素排出量に関して税を課し、経済活動を適切にセーブしようとするねらいがありますが、もう一つ重要な規制としてCO_2排出量の上限を規制する制度があります。一九九七年に合意された京都議定書では、日本は二〇〇八年から二〇一二年の間に一九九〇年の排出量に比べて六％削減することに同意しました。そこでは京都メカニズムと呼ばれる柔軟な制度の構築が意図されましたが、その一つが排出権取引でした。

キャップ・アンド・トレードとよばれる排出枠規制は、国や企業それぞれにCO_2排出枠を割り振り、その範囲内でのCO_2排出を認めますが、その排出枠を排出権として市場で自由に売買できるものです。排出の上限を決め（キャップ）、その後は柔軟に対処できるように自由な取引（トレード）を認めるものです。例えば、一万トンのCO_2排出枠を割り振られた企業が、排出削減に成功し実際の排出は九〇〇〇トンだった場合には、一〇〇〇トンの余裕ができます。この一〇〇〇トン分の排出枠を排出権として他の企業に売ることができるわけです。その結果、CO_2を削減すればするほど売買できる排出権の量が増えますから、削減するインセンティブを持つことになります。余った排出枠の売買を禁止してしまうと、自社の排出枠に最終的に収まればいいわけですから、努力して削減しようとするインセンティブが小さくなります。余った排出枠を売ることができれば、さらに削減することが期待できるのです。

CO_2の排出量削減には経済活動を抑制するという社会的費用がかかります。この費用に見合った削減かどうかが重要なわけですが、費用に見合うかどうかについては市場システムで判断しようというのが排出権取引の大切なところです。CO_2の排出は地球全体で適性規模に調整できれば良く、地球全体の排出量が同じであれば、どの国や企業が排出するかは地球環境にとっては大きな問題ではありません。とすると、一つの排出枠はできるだけ高い付加価値を生み出す所で使ってもらった方が良いことになります。業績の芳しくない企業や経済が停滞している国よりも、業績著しい企業や成長が目覚ましい国で排出枠を使ってもらった方が世界全体では望ましいのです。

経済活動が好調で活発な国や企業ほどCO_2排出量は大きくなりますが、与えられた排出枠を超えるとすれば、外部から排出枠を購入する必要が出てきます。追加して購入する排出枠の費用と、このまま経済活動をすることによって得られる利益と天秤にかけることになります。利益のほうが大きければ排出枠を購入しますし、小さければ排出枠を購入せず、経済活動を抑えようとするでしょう。一方、あまり経済が好調ではない国や企業では、経済活動が停滞しがちですから排出枠が余りやすくなります。余った排出枠をそのままにするより欲しい国や企業に売ったほうがよいでしょう。経済が好調でない国や企業では排出枠を使って経済活動を行って得られる利益と、排出枠を売った場合の利益が天秤にかけられます。

排出枠をめぐる市場取引の結果、最も利益の上げられる国や企業に排出枠が流れていくと考えられます。これは排出枠がもっとも効率的に使用されるだけではありません。排出枠を売買することで、好調な企業や国の利益が、そうでもない企業や国に流れていきます。世界全体で利益の平準化をもたらす作用もあるのです。

こうした排出権の取引は、不調で排出枠が余っている企業や国から、好調で排出枠が不足している企業や国へというだけでなく、将来を見越した貸し借りもできるようなシステムも考えられます。企業業績や景気の良しあしといった経済環境の変動は避けられませんから、不調なときは好調のときのためにためておくこともできるようにした方が良いでしょう。地球全体で排出量が一定であればいいように、ある一定期間内で排出量が一定であればいいからです。こうした調整はそれぞれの企業や国の事情に則して行わなければなりませんが、中央集権的にコントロールすることは不可能ですから、それぞれの意思決定にゆだねた市場システムをうまく使うことで効率的な排出枠の使用が期待できるのです。

排出権取引が抱える問題点

もちろん、排出権取引についても困難な問題があります。炭素税と同じように、排出枠をどのように設定するのかという問題です。全体で排出量をいくらにするのかも大問題ですが、個々の企業や国に割り振られる排出枠をどのように決めるのかがもっとも悩ましい問題です。排出枠は市場で取引されるため、お金に変わるものですから、どの企業も国も自分のところだけはたくさん割り当ててほしいと思うからです。様々な方法が検討されていますが、概ね過去の生産活動から導いた排出量をもとに排出枠を割り振ることになるようです。

排出枠規制は排出枠規制のない国に企業が活動拠点を移してしまうことがありえるという点で、炭素税と同じ問題をかかえていますが、この他にも炭素税にはない課題があります。一つは制度導入のタイミングです。どの企業にも一定の排出量削減を期待して排出枠を割り振るわけですが、過去の排出量実績に応じて排出枠を配分すると、これまで排出削減に努力してきた企業ほど、排出枠の割り当てが小さくなってしまいます。排出枠が市場で取引される以上、お金に変わるものですから、たくさん割り振られるほど有利です。過去の排出量の実績に応じて排出枠の配分を決めるというのは、たくさん排出してきた企業にはそれだけ排出せざるを得ない事情があるという点で公正なように見えますが、これまで排出量削減に努力してこなかった企業や国ほどたくさん排出枠が配分されてしまうという問題があります。さらに、これまで排出量の削減に取り組んできた企業ほど、これからもっと削減をするのはふつう難しいものです。このような制度導入のタイミングを考えると、これまでエコに努力してきた企業や国ほど損してしまうという問題が出てしまいます。頑張ってきた企業や国の梯子を外すような仕組みは望ましいものではありませんから、このあたりの調整をどうするかは難しい問題です。

実際、京都議定書では日本は一九九〇年の基準量から六％減らすことを約束しました。ＥＵ諸国の八％削減に比べると小さいですが、石炭による古い火力発電所がかなり残っていたＥＵ諸国にとって、削減目標は数値に表れているほど大変ではないという意見もありました。これに対して、オイルショック後にエネルギー効率を高めてきた日本にとっては目標の実現はかなりの痛みをもたらしますが、議長国という立場上受け入れざるを得なかったという主張もありました。この見方にはいろいろと反論があるでしょうが、排出枠規制という制度が導入される以上はどうしてもタイミングが問題となってしまうのです。

それに対して、炭素税では課税による負担増が起きますが、これまでに削減努力をしてきた企業や国が一方的に損をするということはありません。削減努力をしてきた企業は、CO_2の排出量が少ないので付加される税が小さくなります。炭素税による価格の上昇が小さいので、削減努力をしてこなかった企業に比べて市場競争上有利となりますから、このような問題は起きにくいのです。

排出枠規制のもう一つの問題は、社会の経済活動のうち生産過程にだけ規制がかけられてしまい、消費過程には規制が及びにくいことがあります。例えば、生産にあたり多くの CO_2 を排出するものの、製品の使用の際には従来品に比べて排出量が少ないものがあります。仮にエコカーの生産では余分に CO_2 が排出されたとしても、エコカーはガソリンの消費を抑える効果があります。全体ではエコカーの方が排出を抑えられるでしょう。しかし、排出枠制限は生産活動を行う企業にだけ課され、使用する個人に課すことは事実上できませんから、こうしたエコ関連製品の生産を却って抑制する可能性があります。生産活動において多くの CO_2 を排出してしまうと、その分だけ排出枠が必要になりますから、消費される段階ではエコでも販売価格は高めになってしまうからです。

これに対して炭素税の場合は、そのようなことは起こりにくいのです。なぜなら、炭素税は生産過程だけでなく消費活動にも影響を与えるからです。エコ製品の生産過程で発生した CO_2 の分だけ炭素税が上乗せされてエコ製品の価格が高くなったとしても、化石燃料の使用が抑えられ、エコ製品の使用に伴って負担する炭素税の支払いが低くなるからです。一方、エコでない製品は、使用に伴う炭素税の負担が大きくなりますから、購入の際には価格が低くても結果的に高くつくことになります。エコカーが割高でも炭素税によって高くなったガソリンをもっと節約できるなら消費者は購入するでしょう。これに対して排出枠規制では、エコカーの価格だけが高くなり、割安な非エコカーに消費を向けてしまう可能性が生まれてしまうのです。

このように排出枠の設定は炭素税に比べると複雑な制度デザインをしなければならず、解決すべき問題は山積しているように見えますが、欧州を中心に制度の構築が進んでいます。これは炭素税のように一方的に税負担が課される訳ではないことが理由の一つになっています。実際、経団連も炭素税の導入には反対しても、京都議定書の目標達成には協力を表明していました。社会の問題がなかなか解決しないのは利害が対立するからです。産業界にとっては課税されるよりも負担が少ない（と思われる）排出枠制度の整備が進む理由はそういうところにあるのでしょう。

進む排出権取引市場の整備

このように排出枠規制は制度デザインという点で難しい問題がありますが、京都議定書の発効を受けて排出権取引が行われるようになりました。排出権が日々取引され、排出権価格が変動しています。日本では一九九〇年度比でCO_2の六％削減を約束していますが、なかなか削減が進まず、排出権を外国から購入しなければなりませんでした。ハンガリーやウクライナなどの東欧諸国の余った排出権のほとんどは日本が購入していると言われています。一時は排出権が高騰していたため、日本の排出権購入の負担は一年あたり数千億円にもなろうかという勢いでしたが、最近は排出枠が供給超過の状況で低価格になっています。排出権価格が下がり、日本の負担額が減るという点ではよかったかもしれませんが、それでも費用を負担しなければならないことに疑問の声もあります。世界の二大排出国であるアメリカと中国が参加していないという点で京都システム自体はそれほど有効な制度ではないからです。

京都議定書で各国に割り当てられた排出枠を国内で配分する仕組みとして、排出権取引市場の整備が各国で進んでいます。それぞれの国で、試験的に実施、検討がなされており、日本でもやや遅れながらも国内の取引市場の整備を進めようとしています。もっとも進んでいるのが、二〇〇五年より実施されいている欧州域内排出権取引制度（EU-ETS：EU-Emissions Trading Scheme）です。世界で広く読まれている経済誌『The Economist』では、各国の様々な株価指標とともに、EU-ETSの排出権価格が掲載されています。排出権取引はすでにビジネス・パーソンの関心事なっています。近い将来、わが国でも株価や為替レートと同様に、毎日のニュースで排出権価格の変動が報道される日が来るかもしれません。

4　市場がない……

市場を形成しにくいもの

排出権取引が今後どうなるかはまだまだ不透明ですが、環境汚染は地球環境という誰のものか所有権が曖昧なために起こります。そこで排出枠という排出権を定めて配分し、権利関係を明確にすることによって、市場を通して問題を解決しようということでした。売り手と買い手の所有権がしっかり定められているからこそ、市場取引が行われます。CO_2の排出はなにもしなければ、取引する市場ができずやりたい放題ですが、排出枠を定めることによって、市場を作ろうとしています。市場での経済活動が環境破壊を進めたと言われますが、むしろ市場がないからこそ過剰に破壊が進んだとも言えるのです。

それでは、CO_2の排出のように市場での取引が成立しにくいものの特徴を考えてみましょう。経済学では公共財と呼ばれますが、CO_2の排出は公共財である大気を「消費」すると考えてみると、車やりんごのようなもの（私的財と呼びます）との違いが見えてきます。一つは一度にたくさんの人が消費できるという特徴です。車は誰かが乗ってしまえば、他の人は使うことができませんが、他人がCO_2を排出しようとしまいと、排出することができます。車の使用は個人が独占できますが、大気の使用は独占できません。もう一つの特徴は、費用負担しないでただ乗り（フリーライド）できてしまうことです。車を使うには、車を購入するかレンタルしなければなりませんから、対価を支払わなければなりませんが、大気の使用ではお金を払う必要はありません。このような二つの特徴を、消費の非競合性と排除不可能性とそれぞれ呼びますが、このような場合、市場では取引されません。お金を払わなくても、誰でも好きなときに消費できるのですから、売買が成立しないのです。

先にお話しした排出権取引は、公共財のこの二つの特徴をなくそうとする試みと見ることができます。排出枠を定めることによって、その排出枠の行使はみんなが一度にすることはできません。所有している人だけが行使できます。また、この排出枠はそれぞれ登録されたものですから、所有者の承諾なく使うことはできません。お金を払って買わなければならないのです。こうした条件を満たすからこそ、市場での取引が可能となるのです。

公共財の例

それでは、大気のような環境資源以外の公共財の例を考えてみましょう。経済学の教科書で挙げられている代表例は、外交や国防です。国防！と思うかもしれませんが、日本の安全保障、治安を維持するという意味では立派なサービスの提供です。セコムや総合警備保障のような保安サービスが珍しくなくなりましたが、国防とは国全体の保安サービスと見ることができます。自衛隊がなくなったとしても、外国からすぐに日本全土が侵略されるという事態にはさすがにならないでしょうが、日本の周囲の国々との領土問題をめぐるあつれきを考えれば、徐々に領土が奪われていくと考えるのはそれほど非現実的ではありません。海洋の経済資源へのアクセスも制限されるかもしれません。残念ながら、これが冷徹な国際政治の現実です。こうした周囲の国々からの軍事的圧力のなかで、主権と国益を守るためには自衛隊による安全保障は立派なサービスです。

ところで、この自衛隊のサービスは公共財の二つの特徴を備えています。自衛隊機がスクランブル発進して領土の保全を担いますが、そこに住んでいる人が何人であろうと防衛サービスを享受できます。一度に多数の人がサービスを受けることができるのです。また、そこで住んでいる一部の人が防衛サービスにかかる費用を負担しなくても、要するに税金を支払っていなくてもスクランブル発進のサービスを受けることができます。このように二つの特徴を備えているので、防衛サービスを市場で取引することは難しくなります。

車であれば、その車の価値が価格に見合うかどうか、個人がそれぞれに考えればよいのですが、国防サービスになるとそうはいきません。国防サービスを維持するには費用がかかりますが、その費用をだれがどれぐらい負担するかを決めなければならないのです。これは難しい問題です。難しさの原因の一つは、国防サービスに対する価値が人によって異なっていることにあります。一回のスクランブル発進に対する評価、または自衛隊の存在意義についての評価は意見の分かれる問題です。高く評価している人もいれば、低く評価している人、もしくは全く評価しない人もおり、国論を二分する問題です。これを調整しなければなりません。車であればこの問題はでてきません。高く評価する人が車を買い、あまり評価しない人は買わなければいいわけです。しかし、自衛隊になるとそういうわけにはいきません。自衛隊をあまり評価しない人は、自分が価値がないと思っているものにはお金を払おうとしないでしょう。なくなっても構わないからお金は払いたくはないというわけです。一方、高く評価している人も自分一人が費用負担しなくても、他の大勢の人々がこれまでと変わらずに費用を負担していれば、国防サービスの全体に影響を与えませんから、低く評価していると嘘をつくかもしれません。高く評価している多くの人がこのような費用負担を逃れるようとすると、十分な予算が集められず、国防サービスを提供できなくなってしまいます。市場を通した自主的な取引ではうまくいかないのです。そのため、税金として強制的に徴収することが、国防費をいくらにするかという問題は残りますが、理にかなっているのです。

国防サービスと似たようなものにNHKによるテレビ放送サービスがあります。隣でNHKを見ている人がいるからといって自分のテレビ画像が見えにくくなるわけではありませんし、お金を払わなくてもテレビは映ります。そのため、民法のようにCM料金を集めないのであれば、受信料を強制的に徴収することが必要になります。こうしてNHKの受信料を定めた放送法では罰則規定はないものの、テレビがあれば受信料の支払いが義務付けられています。もっとも、ラジオでは受信料を徴収しないのはなぜか、ワンセグ等で見ている人からきちんと徴収するにはどうするのか、といったルールの細かいところの整備が必要ですが、同様のルールは英国BBC放送でもとられています。

このように、公共財のような市場を形成しにくいものは、政府などの公的機関による供給が必要となる傾向にあります。

不法投棄とインセンティブ設計

最初にたばこのポイ捨てを例に出しましたが、ゴミや廃棄物の処理も市場取引ではなかなかうまくいかないものの一つです。車やテレビを買う場合は、価値あるものを手に入れるためにお金を払わなければなりませんし、売り手も価値あるものをそのまま手放したりはしません。しかし、廃棄物の場合は、

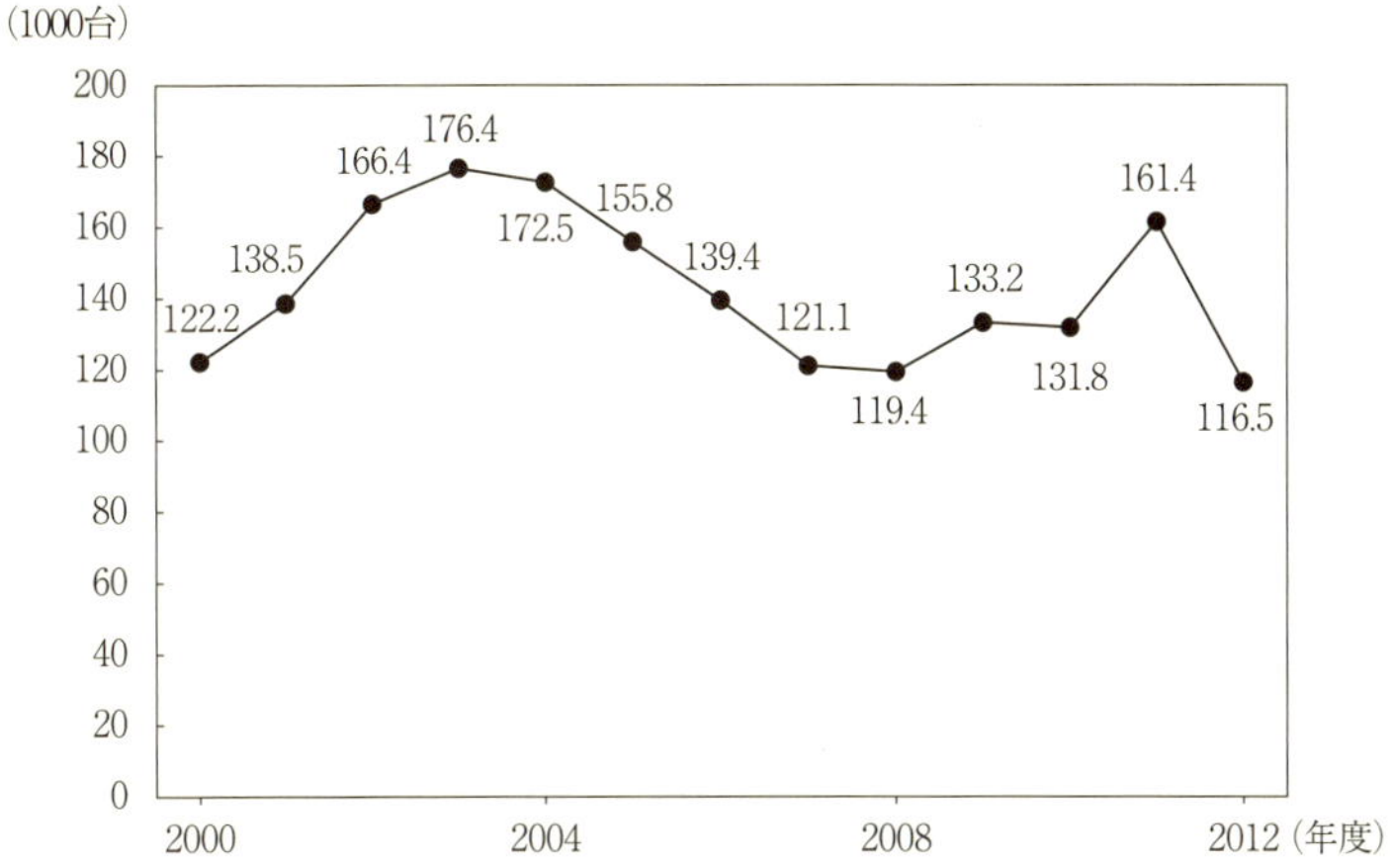

図７－２　家電４品目の不法投棄台数推計値

（出所）環境省『平成二四年度廃家電の不法投棄等の状況について』（２頁、図１）。
（注）なお、ここの数値は、不法投棄台数のデータを保有していた自治体が限られるため、データを保有していた自治体の人口数を全人口の比率で割戻して推計したもの。

だれもお金を支払ってまで欲しいとは思いませんし、廃棄物の所有者もそのまま持っていたくはないので簡単に捨ててしまうことになってしまいます。そのため、ゴミの回収は税金でまかなって無料にする方がよいことになります。もし有料にしたらあちこちに生ごみが不法遺棄されることになるでしょう。もちろん、私たちはモラルを持っていますから、有料にしても不法に捨てる人は少ないかもしれませんが、有料にした結果不法に遺棄される量はかなり増えるでしょう。

二〇〇一年の家電リサイクル法の施行以来、エアコン、テレビ、冷蔵庫、洗濯機の四つは捨てる際に料金を払わなければなりませんが、廃棄する際に料金を支払うため、不法投棄のインセンティブが残されています。図７－２はこの四種類の家電の不法投棄の推移を表したものです。これを見ると、施行前の二〇〇〇年度では一二万二〇〇〇台でしたが、二〇〇三年度では一七万六〇〇〇台と五〇％近く増えているのがわかります。それから減少傾向にありましたが、二〇一一年度は東日本大震災の影響もあったのでしょうか、増加し施行前を上回っています。このように、廃棄するときに料金を支払う方法ではどうしてもモラルに欠けた行動がでてきてしまいます。本来であれば、テレビや洗濯機などを購入する際に、廃棄費用を上乗せさせて販売するのが望ましいと言えます。購入する際に廃棄費用を支払っておけば、後日不要になったときにも無料で廃棄できますから、不法投棄するインセンティブはかなり低くなるからです。残念ながら、購入時に廃棄費用を負担する仕組みは、消費者価格に上乗せされて消費が冷え込むことを嫌った業界の意向もあり見送られました。

現在の制度では、家電の廃棄に費用がかかることもあり、無料で回収を請け負う不用品回収業者にいらなくなった家電を引き渡してしまう家庭も多いようです。きちんとリサイクルされたり、転売されている場合もありますが、何をしているのか不透明なこともあり、環境省としてはすすめていません（コラム7-[1]参照）。

5　共有地の悲劇

壊滅したスケトウダラ

地球環境が過度に破壊されるのは、誰のものかはっきりしていないからでした。誰のものかはっきりしている場合、その所有者は自分の財産を無駄にしたりしませんし、大切に使おうとします。自分のものなら大切に使うが、他人のものならそこまで注意を向けずに使います。資源を大切にするという点で私有財産制度は優れています。ですが、環境資源の場合はどこまでを個人の権利かを定めることは困難ですから、図らずもみんなで共有しているわけです。誰のものかはっきりしないことになり、どうしても有効利用は難しくなります。環境問題というと地球温暖化がすぐ浮かびますが、森林の伐採、漁場の濫獲なども同じことです。みんなで共有しているために起こるので、共有地（コモンズ）の悲劇と呼ばれます。みんなで共有している資源を、自分だけ少し余分に利用しても全体では大きな影響を与えませんから、ついつい好き放題やってしまいます。自分一人だけであればあまり問題は大きくなりませんが、同じことをみんながすると、全体で使いすぎてしまうので深刻な問題になってしまうのです。

そのため、共有地を利用する人たちが、個々人で勝手なことをしない仕組みが必要となります。一つは政府による上からの介入です。貴重な資源の浪費が問題であるなら、直接規制をかけてしまう方が、個々人の勝手な振る舞いよりも望ましいこともあります。公共財と呼ばれるものが政府によって供給される場合が多いのは一定の合理性があったことと同様の議論です。

しかし、国際的に共有された公海になると一国の政府だけではどうにもなりません。実際、ロシアと米国アラスカ双方の沖合のベーリング海には、どの国の排他的経済水域にも属さない公海部分がありますが、そこでのスケトウダラは図7－3のように取り尽くされてしまいました。一九八九年の一四四万八〇〇〇トンの漁獲量をピークに、三年後の一九九二年には一万トンにまで激減しました。その後、この地域での漁業活動は自主的に停止されました。調査は繰り返されていますが、現在も回復していないため、スケトウダラ漁はこの海域では行われていません。誰のものでも、どの国のものでもなかったために、乱獲を止める仕組みがなかったのです。スケトウダラは明太子の原材料であり、日本の食に欠かせないものですが、枯渇してしまっては元も子もありません。

人類は古くから領土をめぐって戦争を繰り返してきました。陸地はおろか海まで要求するようになり、

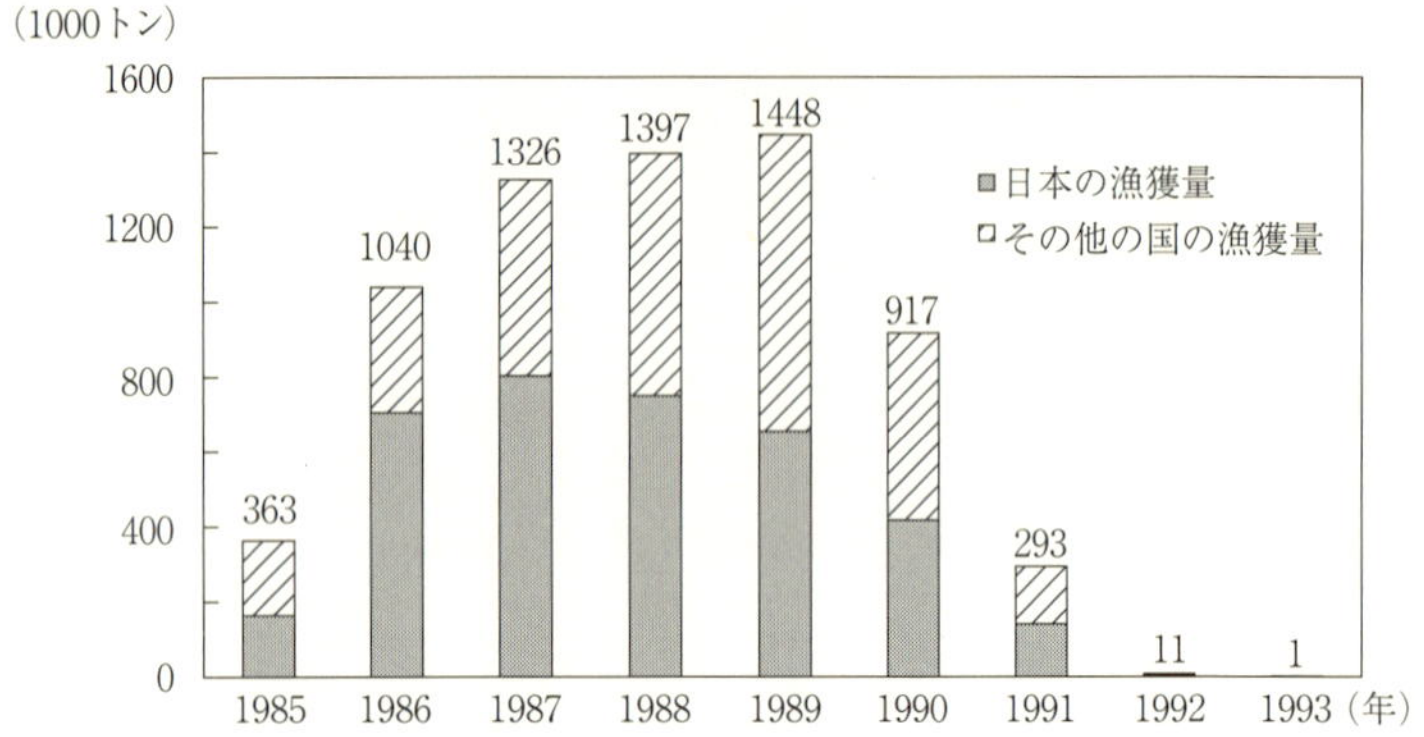

図7－3　ベーリング公海でのスケトウダラ漁獲量

（出所）水産総合研究センター『平成二五年度国際漁業資源の現況』（60－1頁、表1）より筆者作成。

排他的経済水域が設定され出したのは一九七六年頃でした。領土から二〇〇カイリ（約三七〇キロ）までを鉱物資源や漁業資源の占有権を各国が主張したのです。領土的野心を臆面もなく主張する国家はいやなものですが、「みんなのもの」ではうまくいかないこともあります。

漁業権の効果

共有地では自由な競争原理に委ねてしまうと資源が枯渇してしまいますから、それよりは政府による上からの規制が望ましくなりますが、これは政府直轄の管理が効率的であるということを必ずしも意味しません。実際、ある地域の漁場や森林のような環境資源の場合、政府による介入が必ずしも適切ではないことがあります。それは、政府の担当者がその環境資源の重要性をきちんと把握することが難しかったり、把握したとしてもきちんと管理するインセンティブに欠けてしまうからです。ある漁場や森林の適切な管理をするうえで、中央の役所はあまりインセンティブがありません。漁業や林業を営んでいる人たちが個別に自由に活動すれば、どうしても濫獲になってしまいますが、諸事情に詳しくない中央政府が上から一方的に決める方が望ましいとは限りません。市場も失敗しますが、政府も失敗します。後者が前者よりもましかどうかは必ずしもいえないからです。

共有している環境資源などの管理に関して、市場と政府以外の有効な方法がありえます。それは、管理組合などの自治組織による管理です。漁場の例では、その漁場を利用する人たちが結成した漁業協同組合（漁協）による漁場の管理がこれにあたります。ほとんどの場合、その地域の漁場で漁業を営む権利である漁業権が漁協に与えられています。漁業を営む期間、方法、漁獲量の上限を漁協が決めています。

漁協のような自治組織は漁業資源の長期的な有効利用を考えるという点で、個々の漁師が自由に漁をするよりも優れています。個々の漁師が自由に漁獲量を決める場合は、自分だけ少し余分に獲ってもいいだろうと思ってしまいます。他の漁師が濫獲していないのであれば、自分だけたくさん獲っても漁業資源は枯渇する心配はありませんし、反対に、他の漁師がみんなたくさん獲っているのなら、自分だけ獲らないのは損です。他人に獲られてなくなる前に自分も獲った方が良いということになります。結局、他人はともかく、自分はたくさん漁獲量をあげた方がよくなります。同じことをみんなが考えますから、ベーリング海のスケトウダラのように漁場は荒れてしまいます。その点で漁協による組織的管理の方が全体のことを考えますから、濫獲を抑えやすいわけです。

また、政府による規制、管理よりも自治組織の方が優れていることがあります。なぜなら、漁協の方が中央の役人よりもその漁場の状況について一番詳しいでしょうし、また、当事者である分、漁場の有効活用という点でより注意を払うからです。役所に勤める担当者は当事者ではないので、冷静に判断できる可能性もありますが、数年で担当部署が変わりますし、多くの地域を担当することになりますから、どうしても当事者意識に欠けてしまうからです。裏返せば、自治組織に関わる人たちが、その共有された環境資源に長期的に関わっていく当事者であることが重要です。漁業を営む人たちがあちこちに移動して漁を行うのであれば、近視眼的に行動してしまうでしょう。第四章でもお話ししましたが、長期的な関係が形成されるからこそ、長い目で見て有効活用しようとするのです。このように、漁場や森林の管理という点では、その資源にもっとも密接に関わる人たちによる下からの自治が望ましいことがあります。

森林、漁場、河川などで自治組織による適切な管理には重要な前提条件があります。それは、自治組織に加入していない人たちが自由に資源にアクセスできないということです。もし自由にアクセスできるのであれば、その人たちは好き放題やってしまうでしょう。共有地の適切な管理が自治組織で行われるのは、その共有地がある地域に限定され、外部の人を排除できる場合ということになります。

実際、漁業権が認められている海域では、レジャーで釣りを楽しむことすら認められていないことが多いのです。一般に漁業権とはその海域での海産物の所有権ではなく、あくまで漁業を営む権利のことですから、レジャーで釣りを楽しむことは漁業権の侵害にはなりません。少し魚介類を取ったぐらいでその海での漁業資源に影響を与えるとは考えられず、漁業の操業に悪影響を与えないと考えられるからです。ですが、レジャーの釣り客が大量にやってくるとなると話が変わってきます。今度は漁業資源にダメージを与えることになり、これは漁業権の侵害になります。都市部近郊の海では、多くの釣り人がやってくることになりやすいため、ほとんどの海で個人的に釣りを楽しむことは認められていないことが多いのですが、こうした理由があるのです（コラム7－2参照）。

どんな漁場でも密漁者が入ってくることがあります。地域の沿岸で船を浮かべていれば見つかりやすいかもしれませんが、沖合にまで出ると見つかる可能性は小さくなります。漁場を管理するのも大変な仕事です。広い漁場のように、環境資源の規模が大きくなれば、外部の人を排除しにくくなりますから、国家規模、もしくは地球規模で起きる環境問題は自治組織ではうまくいきません。そこに、現代の環境問題の難しさがあるのです。

コラム7

① ペットの遺棄

生き物の投棄も問題になっています。ペットは生き物ですから責任をもって飼うことが求められますが、まだまだ遺棄してしまうケースが多いようです。湖沼に外来種の魚などを放流して生態系を乱してしまったニュースはよく耳にします。

犬と猫については環境省の統計「犬・猫の引取り及び負傷動物の収容状況」からうかがい知ることができます。犬と猫の殺処分の推移は一九七四年度一二二万匹から、一九九四年度の七六万匹、二〇一一年度の一七万匹と減ってきていますが、まだまだ多いようです。二〇一一年度に殺処分された犬と猫の半数は子どもの犬と猫でした。飼い主に返すことができたもの一万六六一三匹、譲渡されたもの三万三四九匹と比べると、ほとんどが命を落としていることになります。こうした残念なことが起きるのも、ペットの飼い主を特定できないことが原因の一つです。分らないから遺棄してしまうのでしょう。そのため、飼い主を特定するためにマイクロチップの装着がすすめられています。二〇〇五年度では約一万件でしたが、二〇一〇年度では四五万件を超えるようになり、意識の向上がうかがえます。

2 漁業権

漁業資源のような共有地の悲劇が起きやすいところでは、漁業権を地元の漁協に認めることは合理性がありますが、それが現在の漁業権の設定の仕方や運用のされ方が望ましいことを必ずしも意味しません。

たとえば、漁業権の売買は認められていないことがあります。経済学的には、最も効果的な漁業を営むことができる個人や企業に操業を任せた方がよいことになりますが、売買が認められていなければ、そうした効果的な操業をできる個人や組織に漁業権がいきません。漁業では後継者不足が常に問題とされてきましたが、新しく漁業に関心を持った個人や企業がビジネスを行うことができないのです。

漁業権を認めるにしても、操業期間を限定したり、一年当たりの総漁獲量を決めただけでは効果がありません。操業期間を決めたとしても、その期間の間に我先に捕ろうとするでしょうし、全体の総漁獲量を規制しても、他人に捕られる前に捕ろうとしますから、短期間に激しい競争となってしまいます。海が荒れていようと無理して操業すれば事故も増えてしまいます。そして、短期間に我先に捕るのですから、一時期だけにその魚の供給量が増えてしまうので価格は暴落してしまいます。魚は保存が難しいからです。

そのため、個別の漁師ごとに漁獲量を割り当て、その認められた漁獲量の権利を売買できる制度（ITQ：Individual transferable quotas）が望ましいのです。漁師一人ひとりに漁獲量を割り当てれば、他人に捕られることはないのですから、荒天の中を捕りに行く必要性がなくなります。市場の価格を見て、高いときに操業し、安いときにはやめておくことができます。タラバガニやカレイ科のオヒョウの捕れるアラスカでは、ＩＴＱの導入後レスキュー部隊の出動が七〇％減り、死者も一五％減ったと言われています。[1]

　また、カリフォルニア大学のクリストファー・コステロ教授らは、ＩＴＱの導入が漁業資源を守ると主張しています。[2]漁獲量が過去最大漁獲量の一〇％未満になった漁場を資源が枯渇したと定義し、一九五〇年から二〇〇三年までのデータを使って推計しました。ＩＴＱを導入していない漁場の二七％が二〇〇三年には資源が枯渇していましたが、ＩＴＱを導入したところでは、資源の枯渇のスピードが遅く、半分程度にとどまっています。その結果から推計すると、一九七〇年ごろからすべての漁場でＩＴＱを導入していれば、枯渇する漁場は九％にとどまっただろうと述べています。

　ＩＴＱですべてが解決できるわけではありませんが、地球環境を守るにも、経済学の考え方を利用する必要があるのです。

註

（1）The Economist, "A Rising Tide," September 18, 2008 (Internet article).

（2）Costello, Christopher; Gaines, Steven A.; and Lynham, John（2008）"Can Catch Shares Prevent Fisheries Collapse?" *Science*, vol.321, pp.1678–1681.

第Ⅲ部　企業とビジネス

第八章　会社は誰のものか——不完備性と労働者

本章のテーマ

・自動車のようなたくさん部品があるものを考えます。どういう場合に自社内で生産され、どういう場合に外部の企業に生産委託されるのでしょうか。
・野球選手のインセンティブとして、本塁打数や打率のような個人成績よりも出場試合数で評価するのはどうしてでしょうか。
・労働者とは、どういう人を言うのでしょうか。
・株式会社の乗っ取りが非難されることがありますが、なにが問題なのでしょうか。

Key words

取引費用、企業、組織内取引、取引の不完備性、労働者性、企業買収、長期的関係

1　市場経済ＶＳ計画経済——再論

分権的な市場システムで働く中央集権的な企業組織

第一章で社会主義のような計画経済体制では効率よく資源の配分ができず、食糧品すら事欠くありさまであったことをお話しました。そして、市場経済の優位性を説明し、市場経済が円滑に機能するために必要な制度の重要性を指摘しました。市場システムを取り入れずに豊かになった国はありませんし、市場経済を否定した社会主義国のありさまがその事実を如実に示したと言えるでしょう。こうした歴史を振り返れば、市場経済と計画経済のどちらが優越するかは明らかです。

しかし、市場経済の中で計画経済の要素がないわけではありません。自由な経済活動が認められている国々でも政府が経済に関する指針を定めて、それに基づいてインフラや社会福祉制度を整備したり、研究開発事業に資金を投入したりしますから、市場経済の国でも計画的な要素は重要です。自由放任だけではうまくいきません。

実は、もっと存在感のある計画経済的なものがあります。それぞれが自由に活動する分権的な市場経済の中で、指示・命令に基づく中央集権的な資源配分を行う存在、それは企業です。私たちの身の回りの大企業のほとんどは、グローバルな活動を展開しています。コカ・コーラは軍政から解放へ向かうビルマでの企業活動を再開すれば、キューバと北朝鮮を除くすべての国で経済活動を展開することになるそうです。最後まで残った二つの社会主義国を除く世界中でコカ・コーラが飲まれています。また、どの国の政府でもパソコンを使っているでしょうから、マイクロソフトのウィンドウズやインテルの半導体などは世界すべての国でおそらく使われているでしょう。

中央集権的な企業組織が分権的な市場システムの中で活動しているのですから、市場と企業との関係を明らかにすることは、市場経済の在り方を考える上で大切です。社会主義が未だ説得力を持っていた時代には、市場経済VS計画経済という議論がそれぞれのイデオロギー的な立場からされましたが、ある種の中央集権的な計画経済のしくみをもっている企業が、市場経済で大きな影響力を持っていることを考えれば、単純な二項対立ではことの本質は理解できないでしょう。

市場取引と組織的取引

一九七八年にノーベル経済学賞を受賞したハーバート・サイモンは組織論をはじめ様々な分野で大きな功績を残した研究者ですが、火星からの訪問者が地球に来て、経済活動における取引関係が見える特殊な双眼鏡を持っていたらどうなるだろうか、と論文の中で書いています(1)。その双眼鏡では、企業などの組織内取引に関連している人や場所は緑で見えます。組織内では、指示・命令を出す人と、それに従う人とがいますが、その関係は青線で、製品やサービスの売買のような相互に独立した市場取引は赤線で見えます。火星人がアメリカや欧州を眺めると、「緑の小さな点」を結ぶ無数の赤線のネットワークというよりも、「広い緑色の領域」が無数にあり、その緑の領域を互いに結ぶ赤線が見えるだろう、とサイモンは言います。これらの地域のほとんどの人は企業や公共機関の従業員として、上司の指示・命令を受けて働いていますから、緑の領域の住人となります。緑の領域の外には独立して事業を営んでいる人がいますが、そのような人は全体のごく一部でしかありません。

もちろん、途上国では経済が発展していないため、緑の領域である企業や公共機関で働いている人は

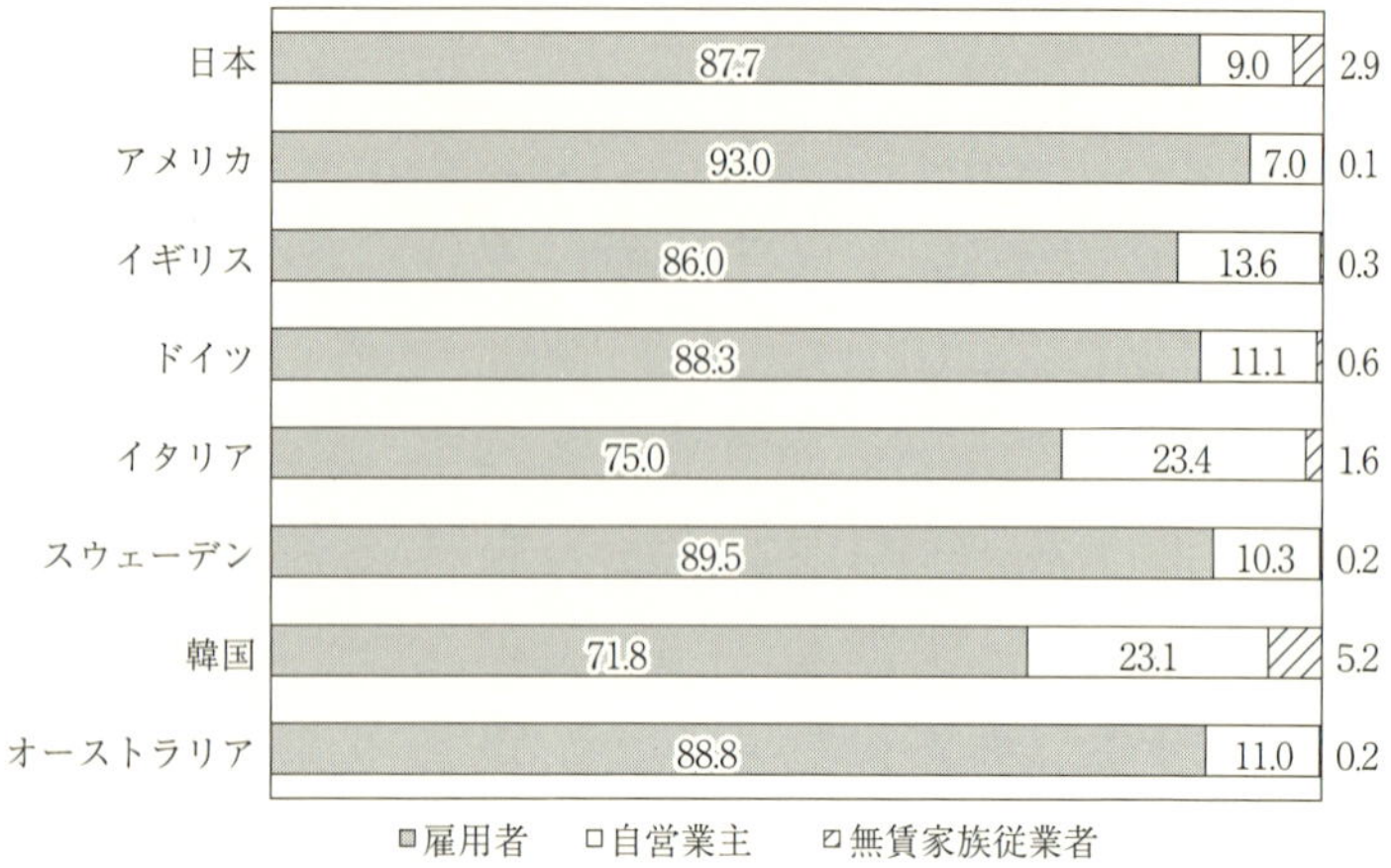

図8－1　働く人の地位

（出所）JILPT『データブック国際労働比較2013』（112頁、第3－6表）より筆者作成。

少なくなりますが、彼らは自分の住む小さな村で家族とともに自給自足に近い生活を送っており、外部との市場取引はごく薄い赤線でしか結びついていないでしょう。緑の領域もない代わりに、赤線もはっきり見えるほど太くありません。こうした地球を眺めた火星人は、地球人はこの経済システムを市場経済（market economy）と呼ぶが、組織経済（organizational economy）と呼ぶ方が適切だと思うだろうと、サイモンは述べています。

図8－1は各国の働く人に占める雇用者と自営業者の割合を示していますが、経済の発展した国では、ほとんどの人が雇用されている、緑の領域の住人であることが分かります。日本やアメリカでは、その割合はおよそ九〇％にもなっています。それだけ組織内取引がカバーする範囲は大きいといえます。

一九八〇年代以降の経済学では、市場の分析だけでなく、組織やインセンティブの分析でも大きな発展がみられました。本章では、組織の経済学の視点から企業や働き方の問題を考えます。

2　企業の存在理由

R・コースの天才的アイディア

では、どうして企業は存在するのでしょうか？　この問題を最初に提起したのが一九九一年にノーベル経済学賞を受賞したロナルド・コースです。筆者が学生だったころ、まだ経済学を学び始めたかどうかというときに、何かの本を読んでいてコースのことを知りましたが、この問題提起に大変驚いたのを覚えています。「なぜ、企業は存在するのか？」、企業が経済活動するのはあまりにも当たり前で、「会社がなくなったら、どうやってお給料をもらうんだろう？」と思っていたぐらいですから、そんなこと考えたこともありませんでした。「どうすれば貧困がなくなるのか」という問題は、解決するのはとても難しいものですが、世の中で多くの人がその問題の重要性に気付いています。ですが、企業の存在理由を問うというのは、あまりにも当たり前の存在を疑問に思えるというのですから、そこに気付いたところに、コースの天才が現れたということができます。

企業は経済活動を行って利益を得ますが、そのさまざまな活動をその企業がする必要があるのか、という疑問をコースは考えます。自動車を例にすると、自動車のボディを作る鋼板は鉄鋼メーカーから買い付け、その鋼板をプレスして自動車の型を作り、溶接、塗装してボディを作ります。鋼板は外部の企業から買っていますが、溶接や塗装の工程は自社内で行います。タイヤやガラスは他社から調達しますが、自動車の組み立ては自社内で行っています。自動車を作る様々な工程がありますが、ある部分は外部の企業から調達し、ある部分は自社内で行います。

何を外部から調達し、何を自社内で行うかという意思決定は、企業の重要な経営戦略ですが、コースが考えたのは、どうして全てを外部から買わないのだろうかという疑問でした。鋼板、タイヤ、ガラスを作ることは外部の企業に任せているように、溶接や塗装もすべて外部の企業に依頼してもいいはずです。組立やその後の品質検査もその作業を請け負う外部の企業に任せることは理屈の上では可能です。実際、アップルは製造工程を自社で持っていません。iPad や iPhone を構成する部品と、それを組み立てる製造工程まで外部の企業に委託していますから、すべてを外部委託することはあり得る話です。

取引費用とは何か

それでは、外部の業者に委託するか、自社内で行うか、その差は何がもたらすのでしょうか。コースは経済活動を行う上で発生する諸々の費用の存在に注目し、それを取引費用と呼びました。自社内で生産するときにかかる取引費用と、外部の業者に委託するときの取引費用を比較し、取引費用の小さい方が選択されると考えたのです。

取引費用とはやや曖昧な言葉なので、自動車の鋼板を例に考えてみましょう。自動車に適した鋼板を自社生産するには、鋼板の原材料の調達に加えて、溶鉱炉のような巨大な生産設備が必要です。また、そこで働く労働者の人件費もかかりますし、品質の高い鋼板を作る技術上のノウハウも必要です。自動車メーカーにとっては、これらを自社で開発するのも、それらの企業を買収するのも、巨額の費用がかかりますから、外部から調達した方がふつう安上がりです。ですが、コースのいう取引費用とは、このような鋼板の生産に必ずかかる費用以外のことに注目したことが重要です。生産設備、人件費、技術上のノウハウは、鋼板の生産工程をどこの企業が所有しているかにかかわらず必要となるものです。取引費用とは、こうした費用とはちがって、鋼板の生産に付随するその他の費用のことです。

もし、鋼板の生産システムをすべて一括して獲得するために、鉄鋼メーカーを買収したとしましょう。これまでの通りの生産を継続するなら、設備やノウハウの維持費や人件費は買収にかかわらず同じだけかかります。工場一式とそこで働く労働者はそのままで工場の看板が変わっただけで、本質は何も変わらないように見えます。しかし、今度は自動車メーカーが鋼板の生産工程の管理やそこで働く人の人事管理をすることになります。独立した鉄鋼メーカーとしての経営方針と、自動車メーカー内の一事業部としての方針は同じではありません。鋼板の生産に関わっている従業員には本社の自動車メーカーの方針に従ってもらいたいわけですが、買収された側にとっては従うことが必ずしも得策ではないということがあります。人事評価の仕方や昇進の順番など、これまでのやり方が大きく変更されてしまうと、現場で働いている人は多少とも戸惑ってしまいます。「買収された側は一生冷や飯を食わされる」という話は、どこまで本当かはともかくよく耳にします。買収された働き盛りの人たちがそのように思い込んでしまったら、誰も情熱をもって仕事をする気はなくなるでしょう。そうなると困りますから、買収した自動車メーカーとしては、そうした冷や飯を食わせるようなことはしないことを納得させる必要がでてきます。これは大変です。言葉でいうだけではだれも信用しませんから、目に見える形で人事評価をしなければなりません。これまでの鉄鋼メーカーでの人事管理の方法を踏襲してやる気を失わせないようしながら、しかし、本社の人事管理の方針には従ってもらわなければならないのです。人事制度や運用の見直しを徹底しなければなりませんが、これは鉄鋼メーカーを買収したことによって新たに発生した費用です。買収しなければ発生しなかった費用であり、これが鋼板を自社生産する場合に発生する取引費用の一つということになります。

このような新たに余分な費用がかかるなら、鋼板の自社生産をあきらめた方がいいように見えますが、自社生産しない場合にかかる取引費用も存在します。外部の鉄鋼メーカーから調達する場合、必ずしも思うような価格で欲しい量を常に手に入れることはできないかもしれません。需要の急な増加があっても、それに必要な鋼板は必ずしも買い付けることができない可能性があります。よその会社なので「無理です」と断られるリスクはあるでしょう。反対に急に需要が落ち込んでも既に発注済みの鋼板は買い取らなければなりませんし、キャンセルする場合は違約金を払わなければなりません。どちらにしろ、自社生産していれば得られた利益の機会を失ったり、防げた損失を被ることもあります。これは外部企業から調達する場合の取引費用の一つと考えることができます。

自社生産する場合も、しない場合も、それぞれの取引費用が発生しますが、取引費用の小さい方法が選択されると考えるのがコースのアイディアです。自動車メーカーは鋼板は鉄鋼メーカーから調達していますから、自社生産の取引費用よりも外部調達の取引費用のほうが小さいという判断がされていると考えることができます。

一方、鋼板を型どりするプレス工程は自動車メーカー内部で行われています。工場で生産される車種のそれぞれのパーツごとに鋼板をプレスしなければなりません。五車種でそれぞれ一〇パーツと少なめに見積もっても五〇種類になります。外部発注する場合、それぞれの種類の金型の規格を正確に伝えるだけでなく、発注量、価格、納期についてそれぞれ打ち合わせなければなりません。安定した生産のためには前もって多くの量を発注しておきたいところですが、種類が多いため在庫がかさんでしまいます。各パーツごとの在庫を積むことを考えると、自社生産した方が柔軟に対処できます。また、プレス工程だけを社外にアウト・ソーシングした場合、プレスされたボディの一部分を発注先から自動車メーカーに輸送し、生産ラインにセットしなければなりません。大きなパーツのため、その手間は当然大きくなってしまいます。プレス工程は自社生産する方が外部調達するよりも取引費用が小さいのです。

コース自身は取引費用という概念を数学的に明確に定義したわけではありませんが、取引費用には様々なものが考えられます。外部の企業から原材料や部品を調達する場合納期を定めますが、何らかの理由で予定通り納品されない場合もあります。当然、その場合は損害が発生しますが、その損害額がどの程度弁済されるのかという問題があります。損害が発生しても被害金額が即座に弁済されるなら、損害のリスクは小さいですが、被害総額が速やかに弁済されない可能性が高いならリスクは大きくなります。これも取引費用に含まれます。

外部の企業から調達する場合に気をつけなければいけないことに機密の保持があります。重要な企業機密が漏れると、その損失をカバーすることはふつうできませんから、漏れないように注意をしなければなりません。機密が漏れた場合、その損害がどれぐらいかはその機密の重要性に依存しますが、自社内で生産活動をする場合と外部に委託した場合とでは、機密の漏れやすさも異なります。機密漏洩による損害の可能性も取引費用に含まれます。コアな技術であれば、漏えいした場合の損害はとても大きくなりますから、自社内で生産した方が良いでしょう。一方、漏えいしても、そこに重要なノウハウがないのであれば、外部に委託しても構わないでしょう。

一般に、企業の信頼性の根幹にかかわるものは自社内で扱われる傾向にあります。自動車は三万点にも及ぶ部品を組み立てます。その部品が少しでもきちんと取り付けられていなければ乗り心地を損なうだけでなく、安全性も失われるかもしれません。組み立てに問題がありブレーキが効かない事態になったら、そのメーカーの信頼性は瞬く間に崩壊してしまいます。安全性は車の命ですから、こうしたリスクを考えれば組立工程が外部の企業に委託されることはないと思われます。一方、電化製品はＩＴ技術の普及もあり、組立そのものに重要な要素は少なくなってきました。アップルが生産工程をすべて外部委託しているのは、そこにはアップルの競争力の源泉となる機密は何もないからなのです。

アウト・ソーシングか、自社内生産か

外部の企業に発注するというのはアウト・ソーシングしているということです。アウト・ソーシングと自社内生産の違いについて、新聞の印刷を例にもう少し詳しく考えてみましょう。日本では新聞の宅配制度がふつうなので、読売新聞のおよそ一〇〇〇万部を筆頭に多数の発行部数を有しています。最近はネットで情報をとることが増え、新聞社も販路の維持、拡大に苦労していますが、それでも大手の新聞社では何百万部もの新聞が毎日印刷されています。また、大手の新聞社は新聞だけでなく、雑誌や書籍の発行もしています。新聞も雑誌もどちらも記事を印刷しているものですが、日々の新聞は新聞社の印刷所で印刷され、雑誌は外部の印刷所で印刷されています。例えば、朝日新聞社の『ＡＥＲＡ』や『アサヒグラフ』を見ると、凸版印刷で印刷されたとあります。朝刊は自社関連の印刷所で印刷しますが、雑誌類の印刷は外部の印刷所にアウト・ソーシングしているわけです。

印刷という一つの工程でも新聞と雑誌とで違いが表れる理由として考えられることは、日々の新聞の印刷は毎日のことであるという頻度に加えて、雑誌に比べて不確実な要因が避けられないことが考えられます。地域によって異なりますが、朝刊の宅配時間は早朝四時から五時ぐらいと決まっています。一方、できるだけ新しい記事を載せようとしますから、ぎりぎりまで記事を集めて限られた時間内で印刷を終え、販売店に搬送しなければなりません。また、事態は刻一刻と変化するため、記事の修正が直前

まで入ることがあります。新聞を見ていると、ごくたまに記事の文章中で数文字分空欄になっていることがあります。これは印刷の直前に何らかの判断で記事のその部分の報道が見送られたことを示しています。時間があれば空欄を埋めてきちんと修正できるのですが、その時間すらなく印刷寸前で削除したものです。このように直前まで修正を入れる必要があれば、自社関連の印刷所の従業員がいなければ無理が効きません。

また、新聞は巨大なトイレット・ペーパーのようなロール紙を使って印刷されますが、印刷中に紙が切れてしまうことがあります。紙が切れてしまうと、印刷を再開するのに三〇分ほどかかりますが、宅配の時間は決まっているので、このロスをどこまで短くするかが大変なのだそうです。こうしたトラブルが起きた際に、迅速に対応するには自社の印刷所である必要があります。一方、雑誌の場合は比較的時間があります。当初の計画から変更があっても、時間の余裕がありますから、外部の印刷所を使った方が良いという経営上の判断なのでしょう。

自社の印刷所を使うもう一つのメリットは秘密の漏えいを防ぐことです。マスコミ関係者はスクープをものにしたいという気持ちを持っている人が多いです。やはり新聞や雑誌を開いたときに、読者に「おおー!」と思わせたいところでしょう。現物の新聞や雑誌が読者に届けられる前に、スクープが漏れてしまうことは避けたいところです。早く漏れてしまうと、他社も追跡取材して記事を掲載してしまうかもしれませんが、そうすればスクープの価値はなくなってしまいます。自社の印刷所を持っていれば、自社の関係者しか出入りしないわけですから情報の漏えいは防ぎやすいですが、外部の印刷所ではどうしても漏れやすくなります。実際、新聞社の印刷所では、何時までは新聞の外部への持ち出し禁止という指示が出ることがあります。一方、週刊誌の場合は発売の前日までに、記事内容が漏れることが珍しくありません。政治家やタレントのスキャンダルに関する記事が、数日後に発売される雑誌に掲載されるというニュースを目にすることがありますし、もっと早い段階で情報が漏れていては、掲載させないように圧力をかけられるかもしれません。

このように、直前に重要な変更が頻繁に行われ、機密保持が重要であれば、自社内で扱った方がよいのです。逆に、これらがそれほど重要でなければ、外部にアウト・ソーシングする方が便利です。

3　取引の不完備性

取引費用が発生する理由

取引費用という視点で、アウト・ソーシングか、自社内生産かを説明してきましたが、ここではもう少し深く考えてみましょう。どうして取引費用が発生するかというと、契約などできちんと前もって約束できない重要事項があるからです。前もって約束できないという点で、取引にある種の不備が避けられないという意味で、経済学では取引が不完備であると言います。裏返せば、前もってきちんと約束でき、それをきちんと守らせ、そして、守られないときにはどうするかまで明確にして、それをその通り実行できるなら、アウト・ソーシングか自社内生産かはあまり問題になりません。このことを機密の保持という点で確かめてみましょう。

外部の企業に生産工程の一部をアウト・ソーシングした場合、経営上重要な機密やノウハウが外部に漏れ、将来の嫁得利益が失われたり、損害が発生する可能性が高まるとしましょう。しかし、機密の範囲を明確に定義することが可能で、その将来利益も客観的に明確であれば、機密の漏えいによる損害を補償させる契約を結ぶことが理屈の上では可能です。もしこうした契約が間違いなく実行されるなら、機密が漏れたら直ちに、それに伴う損害が補償されますから、機密が漏れても大きな問題にはなりません。すぐに損害が全額補償されるのですから、アウト・ソーシングによるリスクはなくなり、安心して外部に委託できます。

新聞の印刷のように直前まで不確実な状況にある場合でも、もし事細かに予定を決めておけるなら、その通りのことを実行すればよいだけです。どの場合の変更まで印刷所が責任をとるのか、変更できずに不正確な記事を掲載して新聞社の信頼性に傷がついた場合でも、その損害額が明確で、どちらがどの程度負担するのか、こうしたことを詳細に決められるなら問題はおきません。将来起こるべきことをすべて考慮して事前に決めておけるのですから、後は粛々としてその通りに進めるだけです。あらゆることを前もって決めておき、そしてそれが完全に履行されるなら、ある経済活動が自社内で行われようと外部にアウト・ソーシングされようとその差は全くなくなります。一度決めたことがそのまま実行されるだけだからです。

さて、すべての事態を想定して取りきめておくには、かなりの知性がなければならないことは容易に想像がつきます。しかし、実際にはそういうわけにはいきません。不確実な状態では、直前まで何が起きるか分らず、すべての事態について想定するのは不可能です。また、事態に応じて速やかに対応策をとらなければなりませんが、それをすべて前もって決めておかなければならないわけです。残念ながら私たちはすべてを予測するほど賢くはありませんし、それができたとしても、誰が見てもわかるようにマニュアルや契約書を作成しなければなりませんが、そんなことをしたら一体どれぐらいの分厚さになるか想像もできませんし、読んで理解するのにも時間がかかります。どうしても無理なので、取りきめておく契約内容は不備なものにならざるをえないのです。

機密保持という取引費用

機密の漏えいについても、特許をめぐる争いが絶えないように、ノウハウの範囲が明確に定まらず紛争になることは珍しくありませんし、さらに将来利益を正確に測定することは不可能です。漏えいされた方は損害を過大に見積もりがちですし、漏えいした側は過小に見積もるでしょうから、損害額について同意を得るのは難しいでしょう。係争金額や損害額が両者の間で同意が得られないのがふつうです。このように前もってすべてを決めておくのは不可能です。確定できないのですから、ノウハウが漏れたら被害額の全額が速やかに補償されることはありません。また、確定できたとしても相手が支払える保障はありません。重要な機密であるほど、損害額が大きくなりますから、相手が払えるだけの資産を持っているとは限りません。ふつう全額補償は難しいでしょう。

そもそも機密が漏えいしたことを立証するのも困難です。自社と同じノウハウが他社にも共有されてしまったことはわかっても、それを誰が漏らしたかを特定するのは困難です。二〇一二年に新日鉄住金は方向性電磁鋼板の製造技術を不正取得されたとして、韓国のポスコを相手取り一〇〇〇億円近い巨額の損害賠償を求める裁判を起こしました。方向性電磁鋼板は新日鉄が長い時間と巨額の費用をかけて開発した技術です。近年、短期間にポスコが同様の技術を獲得したことに常々疑問をもっていましたが、不正取得の証拠はありませんでしたからあくまで疑念どまりでした。ポスコの独自開発という主張を突き崩す具体的な証拠がなかったのです。そんな最中、その技術をポスコから中国メーカーに漏えいさせたポスコ元社員が逮捕される事件が韓国内で起きました。この元社員が裁判で、その技術はポスコのものではなく、新日鉄のものだと主張し、不正取得の経緯を証言したのです。元従業員の言い分は漏えいしたのはポスコの技術ではなく、新日鉄の技術だからポスコから損害賠償請求される謂われはない、というものでした。その結果、誰が関与したか詳細がわかり、新日鉄住金はポスコの不正取得は明瞭として、巨額の裁判を起こしたわけです。この裁判の行方はどうなるかわかりませんが、貴重な技術が漏れたとしても、それを立証するのは困難なことを物語る例です。

ふつうノウハウは漏れてしまえば損害は回復しませんから、漏れてしまっては手遅れな場合が多いと言えます。情報とは第七章でお話した公共財の性質を持っています。一度知られてしまったら完全に消去させることとは困難です。このように、契約で事前に約束できないことによる損失が大きいと考えられる場合は、外部の企業に発注するのではなく、自社内生産を行うことによって漏えいの可能性を極力減らす方がよいでしょう。実際、高度な技術を要する製品の製造方法は容易に外部に知られないように努められ、アウト・ソーシングされることは稀です。

事前に決めておくことができないという取引の不完備性があるから、自社内で生産することになり、企業が存在することになるのです。逆にいえば、取引の不完備性による弊害が小さいのであれば、アウト・ソーシングするメリットが大きくなってきます。先ほど、例に挙げた朝日新聞の印刷では、自社内の印刷所を分社化して組織上は別会社にすることを進めていましたが、近年では凸版印刷に印刷を委託するようになってきています。長年の取引を積み重ねてきた結果、深い信頼関係が築けたことと、ＩＴ化が進み以前よりも人手に頼る部分が少なくなってきたことが、アウト・ソーシングを可能にしてきたと言えるでしょう。

4　人を雇うということ

なぜ企業は従業員を直接雇用するのか

前もって詳細に決めておけるものは外部の企業に委託し、決められないものは自社内で行うことになることを、取引の不完備性という観点からお話しましたが、人を雇うことについても同じことがあてはまります。企業が労働者を雇うのは、働いてほしい仕事があるからで、その労働力を当て込んでいるからです。しかし、その仕事を遂行するのに、直接、従業員として雇用しなければならない理由はありません。企業が一部の工程をアウト・ソーシングできるように、従業員を雇うか雇わないかも同様の視点で考えることができます。事前にしてもらいたい業務が明確で、その成果が正確に把握できるならば、実は従業員を直接雇用する必要は小さくなります。その業務を外部の企業や個人に委託してしまえばよいことになります。

先ほどお話ししたように、アウト・ソーシングせずに自社内生産を行うのは、取引の不完備性が深刻で、事前に詳細に決めておけない場合でした。当然、従業員に振り向けられる仕事も事前に決めにくく、その結果も見えにくいものになります。従業員をわざわざ雇用し企業内で労働サービスを提供させるのは、企業にとって適切な労働サービスがアウト・ソーシングでは実現できないからです。

確かに、直接雇った従業員には少々無理なことを求めることができます。一度、GOサインを出した仕事を、一方的に中止したり、または計画を変更したりと融通が利きます。その都度指示を出すことができるので柔軟に事態に対処できます。外部の業者に一度発注したら、なかなかそういうわけにはいきません。計画の中止や変更で生じた損金はもちろん別途違約金を求められることもあるでしょうから、一度進めたものは簡単に引き戻せないものです。あとで融通を利かせようと思えば、アウト・ソーシングよりも直接雇用した方がよいでしょう。

理論的には、してもらいたい業務内容がすべて事前にはっきりしていて、明確に指示可能で、その業務の達成度について第三者にも明らかに立証できるのであれば、労働者を直接雇用する必要はなく、その労働サービスが生み出す成果や生産物を直接外注することができるはずです。例えば、荷物を搬送する場合でも、いつまでにどこへ運ぶかがはっきりしていれば、従業員を雇わなくても、クロネコヤマトや郵便局のサービスを使って運んでもらうことが可能です。きちんと届けられたかどうかもわかるので安心してお願いすることができます。労働者を雇用、指示、監督、査定するといった手間のかかることを省くことができ、生産プロセスにわざわざ関わらなくてもよくなります。生身の人間を雇用することを考えれば、比較にならないほど楽です。

不完備だからこそ雇用の価値がある

人を雇うためにはメディアに求人広告を出したり、ハローワークや民間の紹介所に求人を出さなければなりません。応募者があれば面接し採用します。採用内定を出しても他社に逃げられるかもしれません。その場合はまたやり直しです。採用後は必要であれば研修を実施します。仕事ができるようになれば、仕事ぶりをきちんと監督、評価、査定します。査定内容に不満を言ってくればきちんと説明しなければなりません。生身の人間を雇う以上、社会保険の手続き、通勤費用の算出、給与の計算、出勤簿の管理など様々な労務管理費用がかかります。不十分な働きぶりを理由に叱責すれば、パワハラと訴えられたり、メンタル面にダメージが残って出社できなくなるかもしれません。もし、辞められたら求人活動からやり直しです。

これに対して、アウト・ソーシングして外部のサービスを利用する場合は、こちらは原則としてサービスを購入している顧客です。不十分なサービスに対しては電話やメールでクレームを伝えれば、「お客様は神様です」から相手はふつう平謝りしてくれます。

そんな手間のかかることを承知でわざわざ労働者を雇うのは、必要なモノやサービスが市場では調達できないからです。先ほどの例で、急遽荷物を運ぶ必要がでてきたり、搬送中で予定が変更になったりすることが予定されているなら、従業員を雇い、その都度指示を出す方が便利です。また、大事なお得意様に届ける際に失礼があってはならないというのであれば、やはり責任をもてる社員が相手のところまでうかがった方がよいでしょう。そこで先方の潜在的なニーズをつかんでくれれば次のビジネスにつながります。外部の業者を利用したのでは、荷物が届いたことは確認できますが、丁寧に荷物を扱ったか、丁重な態度で接したかどうかは確認しにくいですし、先方のニーズをつかむのは不可能です。事前に明確に指示を出すのが困難で、仕事の成果も確認しにくいのであれば、アウト・ソーシングは難しくなります。

日本では、仕事の領域が曖昧だということがよく言われます。日本の働き方を考える際に、以前から職務を重視した雇用関係にすべきだという主張が繰り返されてきました。仕事の領域の曖昧さを排除できれば、自分の仕事とそうでないものとを区別できますから、上司の目を気にすることなく働けるでしょう。自分の仕事だけしっかりやれば定時で帰宅しても構いませんから、ワークライフ・バランスの上でも望ましいでしょう。しかし、人を雇うメリットは仕事の領域を曖昧にしておくところにあります。

前もって、細かく決めておけないものをしてもらうために雇っているのです。ですから、仕事の範囲を明確にすれば問題が解決するという単純な話ではありません。

労働経済学者のロンドン大学のデービッド・マースデン教授は著書の冒頭で、市場経済の中で企業の存在感がとても大きくなったのは、二つの制度上の革新があったからだと述べています。[(2)] 一つは経営における有限責任制です。所有と経営の分離が可能となり、経済活動を行う上で多額の資金を集めやすくなりました。そして、もう一つが雇用契約です。雇用されてから経営者の指示に従って柔軟に仕事を行うという点で、前もって何をするかということを決めるという難題を棚上げすることができ、経済効率性を高めたのです。

近年、ＩＴ技術の発展によって、これまでは熟練を要した仕事がどんどんコンピュータが行うようになってきました。前もって決めておける仕事はコンピュータの得意分野です。何が起きるかわからない、前もって決めておけない、そうした変化に対応できるところに人間のアドバンテージがありますが、ＩＴ技術の発展が人間の得意領域にどんどん侵食してきています。それでも変化に対応できるところに人を雇うメリットがある以上、雇用関係において仕事の曖昧さは残るでしょう。

雇用契約とはまさしく不完備です。不完備だからこそ雇用契約を結ぶ価値があるのです。

労働法と労働者性

雇用契約が不完備で、雇われてからいろいろな仕事をしてもらうことにそのメリットがあるとすると、雇う側はいいですが、雇われる側は怖いところです。無茶なことを命令される可能性があります。労働者が無茶な長時間労働をさせられて過労死するなど、危険な場所で過酷な働き方をさせて問題になっているケースがあります。人間の優位性は前もって決めておけないような仕事に順応できるところです。そこに雇用契約のメリットがあるわけですが、当然のことながら、こうした危険性と裏表の関係にあります。そのため、そうしたことが起きないように、経営者がしてはならないことを各種の労働法で定めています。とりわけ、労働者の安全保護は経営者の重要な義務です。

経済学では労働者＝働く人ですが、法律上は違います。労働基準法では、使用者の指揮・命令に従い、仕事をする上で裁量の範囲が小さく、また、その仕事を自由に拒否できない場合に労働者とみなされます。このような環境で働いている場合、労働者性があると言います。逆に、裁量労働制や在宅勤務に見られるように、仕事をするうえで使用者の指揮をあまり受けず、自由な裁量が与えられている場合は、たとえ形式上は雇われていても労働基準法上の労働者とは扱われずに、個人事業者とみなされることもあります。個人事業者の場合は、仕事の依頼があっても断ることもできますし、好きな時間に働くことができます。疲れたら自分の意思で休憩することもできますし、自分の判断でビジネスを選ぶことができます。しかし、雇われていて、工場、店舗、オフィスなどで働く場合、体の調子が悪くても勤務時間中に持ち場を勝手に離れるわけにもいきませんし、上司の命令に従うことが求められる以上、どうしてもあれもこれもやらされることになります。個人事業者の場合は自分で選択できるので原則自己責任ですが、雇用された労働者の場合は指示・命令に従うためやりすぎになりやすいので、労働者を守るために法律で規制を定めるという原則になっています。

労働者性があるかどうかは、労働災害が起きたときに問題になります。何らかの労働災害が起きたときに、使用者の命令を受けていたなら使用者に責任がありますし、自分の判断で行っていたなら自己責任になるからです。遊園地でパレードをしているダンサーが腰痛などを労働災害として訴えた裁判がありました。契約上は個人事業者という扱いでしたが、勤務場所、日時が明確に決められ、演技も指示通りに行わなければならない点を重視して労働者性が認められたことがあります。契約の名目上よりも実質的な働き方の違いが重要になっています（コラム8－1参照）。

退職の自由の大切さ

法規制以外に労働者を守るもう一つ重要な要素があります。それはいつでも辞められるということです。雇われた後で、使用者の指示・命令に従うわけですが、どうも最初の話と違っているということがあります。多少のことなら我慢もしますが、何ごとにも限度があります。そうしたときに自由に辞めることができるのはとても大切です。無茶苦茶な命令は出されるは、辞められないは、というのでは奴隷と同じだからです。ですから、労働者を長期間企業に縛り付けることは労働法では認められていません。かつては原則一年であった最長の雇用期間は、現在では原則三年まで規制緩和されましたが、それでも就労期間が一年を超えれば自由に辞めることができます。

長期の雇用契約が認められないとすると、いわゆる終身雇用はどうなんだと思われるかもしれませんが、これを考えるためには、雇用契約には有期と無期の二種類があり、その区別を理解する必要があります。有期契約というのは、その契約期間は使用者も労働者も契約関係を原則として破棄できないものです。一年の有期契約であれば、半年で使用者が労働者を解雇しようとしても認められません。このような場合は、残り半年分の賃金を請求することができますし、裁判でもその主張が認められます。もちろん、労働者の方も途中で辞めることは原則として認められません。途中で勝手に辞めて、企業が十分な経済活動を行うのに支障をきたした場合は責任を負います。現実的には、一介の労働者が途中で辞めても、裁判に訴えるのは企業側としては費用がかさむだけで、新たに別の労働者を雇った方が早いため責任追及されることは稀ですが、有期契約というのは労使双方を契約期間中は拘束するという原則にあります。そのため、高度な専門性を持っており、報酬も高い労働者が有期の雇用契約期間にもかかわらず会社を辞めた結果、大きな損害を与えた場合は訴えられることもあります。

一方、無期の雇用契約は単に期限を定めていないものですから、原則として使用者と労働者のどちらもいつでも雇用関係を終了することができる契約形態です。つまり、無期の雇用契約とは、期限を定めていないかわりに、いつでも辞められる契約であり、有期の雇用契約は、契約期間中は双方とも勝手に辞められないという契約形態です。期限を定めていない無期の雇用契約を長期の契約と勘違いしている人がかなり見受けられますが、結果として関係が長期になっているだけで、契約の形態としてはいつでも終了できるものです。

正社員ではなくても無期雇用ということはあります。長く働いているパートの主婦やアルバイトの若者がいますが、彼らは期限を定めていないという点で無期雇用です。使用者と労働者のそれぞれの事情で、いつでも解雇したり、辞めたりすることができます。これは一年の有期雇用なら、その期間は雇用を保障しなければならないことと対照的です。

正規労働者の場合は、解雇する場合に簡単にできないような仕組みが導入されていることが多いですが、これも企業側に課されているだけで、労働者側は自己都合で辞めることができます。多くの企業では勤続年数が長くなるほど退職金が増えるようになっていますから、労働者としては簡単に辞めにくくなりますが、あくまで辞める選択肢は労働者の手元に残されています。残るか辞めるかを選ぶことができます。自由に辞められるというのは、労働者を守るもっとも重要な手段なのです。

5　見えにくい仕事

仕事の評価は難しい

企業が存在して、そこで労働者が雇用されるのは、前もって詳細を決められないような仕事があるからでした。その仕事とはどんなものかをここで考えてみましょう。私たちが仕事をする際に、前もって決められないものは、その働きぶりや成果が観察しにくいものでもあります。観察しやすければ、前もって決めておくことは比較的簡単になりますし、成果が観察しやすいのですから、その仕事を外部の企業や個人に委託しやすいでしょう。

一生懸命働いているのに評価されない、どうしてあいつが評価されるのか、人事評価の不満はよく耳にするところです。人はどうしても自分には甘くなりますから、不満は避けられそうにありません。こうした不満が出てくるのは、私たちの仕事の評価が難しいからです。もし、一〇〇メートルのタイムのように客観的な数値で表れるなら不満はでにくくなりますが、私たちの仕事の成果を測るものさしはありません。営業職、タクシーのドライバー、資産運用するファンド・マネージャーであれば、金額という客観的な単位がありますが、事務、研究開発、人材育成、企画、労務管理などの仕事ではメートルやグラムのような成果を測る単位がありませんから、成果を測る単位を作ること、すなわち人事評価制度を作らなければなりません。しかし、これがまた悩ましい難問なのです（コラム8－2参照）。

私たちが仕事をするうえで、成果が比較的見えやすいものと見えにくいものとがあります。製造業であれば、どれだけ生産したかという量は見えやすいものですが、品質は見えにくいものです。品質はお客さんに使ってもらって明らかになることが多いからです。サービスになるとモノ自体がないのですからもっと見えにくくなります。また、今年の売り上げのような短期的な指標はすぐに明らかになりますが、投資の長期的な効果はすぐには明らかになりません。将来のことを考えた人材育成も同じです。人材の育成には費用がかかりますから、短期的には企業の利益を下げてしまいますが、目先の利益を追求してばかりでは、長期的にはじり貧になってしまうでしょう。この他にも、学校の先生の国語や数学のような学科の成績向上は目に見えやすいですが、生徒の心のケアのようなものは見えにくいものです。深刻ないじめが起きて初めてわかるということも多いようですが、それでは取り返しのつかないことになります。

もし、見えやすい仕事だけで評価する「成果主義」を導入したら、誰も見えにくい仕事に注意を振り向けなくなります。ですから、見えやすい仕事だけを評価することは避けなければなりませんが、そもそも成果が見えにくい仕事なのですから、評価することは難しいところです。人事管理はどの時代にも問題とされてきたように、見えにくい仕事を評価するというのは永遠の課題です。

昔、米国のリンカーン・エレクトリック社は、クレーンの操作をする従業員はクレーンの操作回数に応じて賃金を支払う制度を採用していました(3)。クレーンの操作回数が多ければそれだけ頑張って働いたことを示すと考えたのでしょう。当然のことながら、従業員が全く無意味にクレーンを動かすようになり、仕事の能率は下がってしまいました。また、タイプライターで書類を作成する者はキーをたたいた回数で仕事の成果を測ることにしたら、こちらも無意味な操作をするようになりました。結局、紆余曲折を経て、会社の収益を反映したボーナス制度を導入して、この問題を解決しました。会社の収益を反映したボーナス制度は、会社の収益を大きくしようとするインセンティブを従業員に与えます。見えにくくても大事な仕事は長期的には会社の評判を高め、収益を向上させます。会社の収益が増えれば従業員の報酬が増えるのですから、見えにくい仕事にも注意を向けさせることができるのです。

見えにくい仕事を評価するために

同じような話はメジャー・リーグの選手の報酬制度でも観察されます。インセンティブとして、打率や本塁打などを評価の対象とすると、どうしても結果を残そうとしてしまい、個人プレーに走りがちになります。野球はチーム・プレーですから状況に応じて犠打を放つことも大事ですが、報酬に反映されないのであれば一発ねらいになってしまいます。そこで、出場試合数を評価の対象とするようになってきました。監督自身は勝つことで評価されますから、監督はチームの勝利に貢献すると思う選手を起用しようとします。ときどき、監督批判して二軍に落とされる選手がいるように、個人プレーに走りすぎる、むしろチームにマイナスな選手は使わなくなります。チームの勝利に本当に貢献している選手はそれだけ出場機会が増えますから、出場試合数で評価するというのは、見えにくい働きぶりを評価するという点で非常にうまい仕組みです。イチロー選手の契約内容も当初はタイトルの獲得や球宴の選出に応じた出来高給でしたが、次第に打席数だけにインセンティブがかけられるようになってきました(4)。

また、すぐには成果が見えにくい仕事に注意を振り向けるには、長期的に関係を維持することが有効になります。すぐには成果が見えなくても、いずれ結果が出るわけですから、長くそこで働こうとする従業員がいるほど、長期的な視点にたって、見えにくい仕事に注意を振り向けようとするでしょう。

大きな企業の組織は複雑です。経営者が企業のそれぞれの部署で何が起きているか把握するのは難しいところです。一人の担当者がどれぐらいの従業員を管理できるのかは、その管理の仕方にもよりますが、数百人といったところでしょうか。中学や高校の先生が授業を受け持つ生徒数も大体これぐらいです。ある人事担当者は自身の経験から従業員の顔を覚え、行動まで把握するのは三〇〇人が限度だとしています。(5) これとは別に、以前、大手スーパーの人事部に所属していた人の話を聞いたことがありますが、約四〇店舗のおよそ二五〇〇人の従業員を五人ぐらいで管理していたといいます。平均すると一人で五〇〇人ぐらいになりますから、把握するのは大変な作業だったでしょう。

二〇一三年度の有価証券報告書によると、連結ベースでみてトヨタの従業員数は約三四万人で、臨時雇用を加えると四〇万人を超える規模です。臨時雇用を含めない従業員数では、連結ベースで日立製作所は約三二万人、三菱ＵＦＪフィナンシャルグループは八万六〇〇〇人になります。日本の企業の取締役はおおよそ数人から二〇人ぐらいまでで、十数人のところが多いのですが、十数人で組織をしっかり把握するのは大変です。下から上がってくる報告や提案を逐一精査していては（ただですら日本は遅いと言われる）意思決定のスピードに欠けてしまいます。ある程度は信用して進めなければなりません。企業の従業員や関係者が企業の長期的な利益のために行動しているという信頼があるからこそ組織のかじ取りができるのです。成果の見えにくい重要な仕事をきちんとしてもらうためには、企業へのロイヤリティを高めることが大切になります。

企業と政府の違い

第一章では、経済の広い分野を政府が計画するシステムではうまくいかないことをお話しました。誰が多様な製品とサービスをどれだけの量を必要としているのか分らないため、必要なものが十分供給されずに、日用品ですら手に入りにくくなったり、反対にあまり必要とされないものが供給され続けてしまうという非効率な状態になりがちです。この点で市場システムは、それぞれが持っている財産の範囲内で、もっとも必要としている人のところにモノやサービスが配分されるという利点がありました。また、変化し続ける経済環境では組織の情報処理は大変な作業となりますが、市場では需要と供給がバランスするように価格が変動するため、この価格による調整が優れた情報処理機能を持っていました。ここに市場の組織に対する優位性があります。

しかし、情報の非対称性が存在すると市場取引がうまく行われないことを第四章でお話しました。市場から購入するものの品質の信頼性が欠けるなら、最終的には自分たちで作るしかありません。品質の詳細やトラブルがあったときの対処など、前もって詳細に決めておけるなら企業は存在する必要はありませんが、詳細に決めるという点で、私たちの理性の限界があり、大きな費用がかかってしまうため、企業という組織の優位性があります。複雑な世の中に対処するための一つの手段が組織的取引であり、その一つの形態が企業という存在なのです。組織的取引には企業だけでなく、政府や自治体、公営企業等も含まれます。こうした組織の存在価値も市場の取引では十分ではない場合に存在価値があります。

それでは、私企業と政府や公営企業との間にはどのような差があるのでしょうか。取引が不完備であるために、組織的取引のメリットが現れますが、これは言い換えれば、前もって決めておかなかった事態が起きたときには、最終的な責任をとるのが、その当該組織だということになります。事前に決めておいたケースが発生した場合は、そこでどうするかが決められています。損害が起きたときは、だれが賠償するかが決められているわけです。しかし、想定していない事態が起きたり、事前にきちんと決めていなかったことが起きた場合、その損害は最終的には誰かが負担しなければなりませんが、その最後の責任をとらされるものが当該組織ということになります。

最後の責任という点で、私企業と政府や公営企業とでは真剣度が異なってきます。小さな企業では経営者はその企業のオーナーであることが多いですが、その場合、経営の失敗は経営者にとってその財産の大半を失うことを意味します。担保になっていた工場や店舗が差し押さえられることは珍しくありません。一方で政府や公営企業では担当者の財産が奪われることはありません。私企業では自分の財産が対象ですが、政府や公営企業では他人の財産です。どちらが真剣に経営するか、考えるまでもありません。同じ組織的取引であってもこの差は埋めがたい違いなのです。そのため、公営企業の民営化がすすめられてきました。最近の若い人は、ＪＲ、ＮＴＴ、ＪＴといった企業が昔は国営であったことを知らないかもしれません。民間で提供できるサービスならば、できる限り民営化した方が効率的な経営ができます。いろいろな議論がありましたが、郵政の民営化も大筋では間違ってはいないのです。

しかしながら、私企業でも企業規模が大きくなるにつれて、様々な利害関係者が関わるようになってきます。大きな株式会社のオーナーは株主ですから、大企業の経営者は、先にお話しした政府や公営企業と同じように、失敗しても自分の財産を失うことにはなりません。株主が出資した資金、銀行からの融資、企業が所有している財産など、現代の大企業ではこれらを社長ら経営者が所有しているわけではありませんから、公営企業ほどではないにしても、どうしても規律付けを与えることが課題になってきます。

ストック・オプションの是非

経営者に規律を与えられなければ、企業の経営資源が有効に活かされないことになります。経営者の企業経営が失敗して損失が発生した場合は、そのことが露見されます。この場合は経営者の手腕に疑問譜が付き、自らの評判を落としてしまうでしょうし、あまりにもひどい場合は経営者の立場を追われてしまうかもしれません。そのため、そうならないようにしようとする規律付けが一定程度作用します。この作用は公営企業では現れにくいものです。

しかし、損失は発生していないが、本来もっと収益をあげられるのにできなかった場合は露見しにくいものです。今でもそれなりの収益をあげているのですから、注意深く企業行動を観察しなければ、経営陣のやり方が不十分だとはわかりにくいものです。株式会社であれば、株主にもっと還元できるはずなのに、それをしていないのというは帳簿の上では損失ではなくても、経済的には損失です。

一九八〇年代までは、アメリカの取締役報酬は企業価値のわずか〇・三％ほどであり、経営者は企業価値を最大化するインセンティブがないと言われていました[6]。企業価値をあげても自分の報酬につながらないので、旅行を兼ねた無駄な出張や必要以上に華美なオフィス家具にお金を使っているのではないかという見方がされていました。

そこで経営者の規律付けのためにインセンティブを与える報酬制度が広く導入されるようになりました。企業の業績が上昇すれば、業績に連動して経営者の報酬が高まる制度です。これによって、企業業績を高めるインセンティブを与えることが期待できます。もっとも広く知られているのはストック・オプションと呼ばれるもので、その企業の株を付与するものです。株価を高めれば経営者の報酬も増えるわけですから、株価を高め、株主の利益を守るインセンティブを与えることが期待できるわけです。

ストック・オプション自体は有効な規律付けをもたらします。ですが、報酬に占める割合が大きくなりすぎるのも問題があります。それは、株価を上げて企業価値を高めるために手段を選ばなくなってしまう危険性があるからです。見かけ上企業価値が高くなるように粉飾するのは犯罪ですが、そこまでいかなくても長期の利益よりも短期の利益を重視してしまう傾向になってしまいます。例えば、効果が現れるには時間のかかる将来に向けた投資や人材育成は、短期的に利益を計上するにはマイナスなので軽視されてしまうことにもなります。企業収益や価値は経営者がある程度操作できてしまうのです。実際、業績連動型の報酬制度が導入されるようになった九〇年代以降、経営者の裁量で行われる利益や損失の計上が目立つようになったと言われています[7]。ストック・オプションなどの業績連動型の報酬部分が報酬全体の二五％から七五％に上昇すると、企業価値に占める裁量的な会計処理の金額が二〇〇～三〇〇パーセントポイントも上昇すると言われています。この論文では経営者のゆがんだ利益追求がされていることを直接示したわけではありませんが、業績連動型の報酬制度がその可能性を高めている可能性が示唆されたのです。

6　会社は誰のものか？

企業買収の効果

経営者に規律付けを与えるためのもう一つの手段が株を買い占め、企業を乗っ取ることです。乗っ取りというと横取りするような印象を与えますが、企業経営に規律を与える効果を持っています。その標準的な理屈は以下のようになります。企業価値が最大になるのは、企業の経営資源をもっとも効率的に利用した場合です。現在の経営者が企業価値を最大にしていなかったら、株価もあまり高くなりません。もし、株を買い集めて、企業の経営資源をもっと有効利用できる、ようするに有能な経営者に交代すれば、企業の収益は上昇し、それを反映して株価も高くなります。本来高い価値を実現できるはずの企業の株価が不当に低いのですから、安い株を買い占めることによって、経営者を交代させれば株価が高くなり、乗っ取りは十分採算がとれることになります。

乗っ取られると、現在の経営者はふつう企業から追い出されてしまいますから、乗っ取られて追い出されないように企業価値を高くするように努めることが期待されます。これが経営者への規律付けです。株主の権限を強めるべきだという意見の根拠です。

日本では企業の買収や合併はあまり見られないといわれますが、ノウハウがない分野に素早く経営展開するためには、企業買収は有効な手段です。ただ、買収される側の経営陣が賛同している場合に限ります。経営陣が買収に反対している場合（敵対的買収といいます）は、会社の買収をめぐるやり取りは泥試合の様相を呈します。現経営陣にとっては、買収側が密かに株を買い集めているので、寝耳に水、だまし討ちにあったように感じるのでしょう。ですが、買収側が密かに買い集めようとするのには理由があります。もし、ある企業の株式を買い集めようとしていることが市場に漏れてしまうと、株の保有者は買収によって株価が高くなることを予期します。今までの株価よりも高い値でなければ売りたがらなくなります。その結果、買収側は買収費用がかさみ、買収がうまくいかなくなるかもしれません。買い手としてはできるだけこっそり買いたいのです。また、現経営陣が買収に反対であれば、気付かれたら対抗策をとるでしょうから、一層買い集めることは難しくなります。こうして、株の買収はステルス買いといわれることがあります。

しかし、こっそり株を買い集めるというのは取引が不透明で、株価の不当な操作になりやすく、一般の投資家保護という点で望ましくありません。そこで、大量の株式を保有した場合は報告することが義務付けられているだけでなく、買収を目的とする場合は公開買い付け（TOB：takeover bid）を行うことが求められています。公開買い付けでは、ある期間内に買収する価格と買い取る株数を決めて公示されます。その結果、その株価でしか買い取りに応じないことにコミットできるわけです。売り手としては、できるだけ高く売りたいわけですが、公開買い付けでは、「期限内に、この価格でいくつまで買う」と買い手が決めてしまい、それ以外には応じないわけですから、売り手はその価格で売るか売らないかを決めるしかありません。買い手にとっては買収を発表してから買収費用がどんどんかさんでしまう事態を避けることができます。

買収される側の経営陣はしばしば買収を阻止しようとします。いろいろな対抗策がありますが、その一つがポイズン・ピルです。これは買収者以外の既存の株主に対して新株を発行してしまうものです。新株予約権を既存の株主に付与しておけば、買収されそうになったときに、新しい株を発行して、買収者の株数の全体に占める割合を低くしてしまい、乗っ取りを阻止しようとするものです。ようするに株をたくさん発行して、株の価値を薄めてしまいます。ほかにも、ホワイトナイトと呼ばれますが、現経営陣に友好的な企業や個人に第三者として、自社の株を買ってもらうこともあります。この他には焦土作戦と呼ばれる、自社の利益の上がるドル箱部門を他者に売却してしまうという背任行為にもなりかねないような手段がとられることもあるようです。

買収防衛策を法が認めている理由

自分たちの立場が追われるのですから、こうした対抗策をとる気持ちはわからないでもありませんが、重要なのはこうした買収阻止が社会全体にとって望ましいものかどうかです。株式会社は株主のものであるという大原則からすると、株を買い集めようとする行動を無理やり阻止するのはあまりいいことではないように思います。現経営陣に問題があるから買収が起きるわけで、そうした経営陣の自衛策については批判的な意見が付きまといます。買収は経営陣に対する規律付けであるという立場からすれば、その通りです。

それでは、株式会社は株主のものであるという大原則があるにもかかわらず、株主保護とは逆行するような買収防衛策を法が認めている理由はどこにあるのでしょうか。

その理由は、株主は往々にして企業の短期的利益にしか注目しない存在だからです。ハゲタカ・ファンドと呼ばれることがありますが、企業買収をすすめる人たちの中には、短期的に利益をあげることだけを重視していることがあります。それ自体は必ずしも悪いことではありませんが、株主はいつでも株を売却して、その企業から逃げることができますから、長期的な視点に立つ必然性はありません。株主にとっては、将来必要な投資を節約した方が短期的な利益の増加には好都合ですが、それは社会的には必ずしも望ましくありません。

ただ、一般的には長期的な利益を守ることが重要だとしても、将来のことは不確実でよくわからないことも珍らしくありません。問題は長期的に必要な投資や経済活動がどういうものか、企業の外部の者には分りにくいというところにあります。企業外部の者は有価証券報告書や財産の内容などでしか企業の情報は得られませんから、経営者や従業員といった内部の者の方が何が必要かについては詳しいのが普通です。だからこそ、その企業しか知らない経営上の秘密や技術上のノウハウが存在します。しかも、企業は取引の不完備性のために存在しました。前もって決めておけないような、見えにくい仕事をするところに企業の存在価値があるのですから、内部の関係者に優位性があります。外部の者にとっては、ある投資がどうして長期的に必要なのか判断しにくく、どうしても短期的な意思決定に重点が置かれてしまいます。また、いつでも株は売却できますからなおさらです。

　こうした観点からは、企業買収に対する抵抗をある程度認めた方が良いでしょう。企業は様々なステークホルダーの集まりであり、それぞれのステークホルダーの利益を考えなければならないからです。そのため、企業をマネーゲームに翻弄させるのはよくないといわれるのです。

　もちろん、経営者がぬるま湯につかっている事態もあります。大王製紙の社長が関連企業から融資を受け、一〇〇億円超える資金をギャンブルにつぎ込んだニュースがありました。オリンパスも違法な粉飾会計が明らかになり、旧経営陣は刑事罰に問われています。組織内部の事情に詳しいからといって好き放題させてよいわけではありません。外部の企業買収の可能性は経営者の規律付けに欠かせない役割を持っているのは間違いありません。そのため、買収と買収防止の適切なバランスが制度上必要とされるのです。

コラム8

1　偽装請負

　残念ながら、ワーキング・プアという言葉が広く使われるようになりましたが、その一つの象徴的な出来事が二〇〇六年に問題化した偽装請負でした。日本を代表するメーカーが、本来は請負であり、アウト・ソーシングしたことになっているはずの生産工程で、本社の社員が請負先の労働者に指示・命令を出しており、実態は請負ではなく派遣雇用の形態になっていることが問題になりました。

　直接、労働者を雇用している場合、使用者は指示・命令を出す権限が与えられている反面、働く人の健康と安全を守る義務が課せられています。しかし、請負の労働者に対してはその義務がありません。その工程を一括して丸投げした形になっているためです。請負はアウト・ソーシングしているので、何か問題はあったとしても、それは外注先の問題であり、外注した側は顧客として直接の責任は負わなくてよいからです。

当初、メーカー側は、どうして請負労働者に直接指示を出してはいけないのか、戸惑ったところもあったようです。請負労働者の安全と業務の完成度を維持するためには、メーカー社員の適切な指示が必要と判断されていたからです。メーカー側としては良かれと思ってした部分がありましたが、いろいろと指示や命令が出されるというのは、働く側からすれば後から梯子をはずされているところがあります。使用者がやりすぎてしまう恐れがあるので、労働法による保護が必要になるわけですが、保護の義務を負わないというのでは働く者の安全保護という点で望ましくありません。

この問題は、低賃金や過酷な労働条件といったところに世間の注目が集まりましたが、それでは労働者が十分な賃金をもらっていれば偽装請負は問題ではなくなってしまいます。偽装請負という働き方の問題は、低賃金・長時間労働の問題とは本来別のものですが、あまり区別されなかったようです。報酬の多寡だけを見て、派遣や請負という形態そのものを問題視していては、多様な働き方を進める制度の整備は進みません。

個人運送業、大工、フリーのデザイナー、コンピュータ・プログラマー、翻訳家など、ＩＴ技術の発展もあって個人請負という働き方は近年増えてきています。多様な働き方が進むことを考えると、労働者とはそもそもどういう存在なのかをきちんと理解することが大切です。労働者＝働く人ではないのです。

２　人事評価の難しさ

仕事が見えにくければ、当然ながら評価は難しくなります。その難しさを示す興味深い調査があります。少し古くなりますが、一九九八年に公刊された日本労働研究機構（現：労働研究・研修機構（ＪＩＬＰＴ））の『管理職層の雇用管理システムに関する総合的研究（下）』では、評価の一貫性欠如が指摘されています。それは、評価の中で五段階評価をつける際に、上司が変わると、どれぐらい結果が変わるかを尋ねた質問では、「評価は変わらない」という回答は四・二％しかなく、ほとんどの人が上司が代われば評価が変わると回答しています。「一段階」変わるが五八・六％、「二段階」が三二・八％、「三段階」が三・七％でした。評価「三」が「五」になったり、「四」が「二」になってしまうと感じている人が三〇％を超えています。

さらに悩ましい質問も尋ねていて、とても興味深い結果が得られています。

設問一

「前期の業績が一〇〇で、今期は九〇に落ちたＡさん」と、「前期が五〇で今期は八〇に業績を上げたＢさん」がいた場合、どちらを高く評価しますか。

設問二

「五〇の業績をあげられる潜在能力を持つＡさんが五〇の業績を上げた場合」と「一〇〇の業績をあげられる潜在能力を持つＢさんが七〇の業績をあげた場合」、どちらを高く評価しますか。

この設問は回答数の多い六社に対して行われ、図８－２と図８－３のような結果でした。どちらの設問も社としては方針が定まっているでしょうが、実際の運用となるとなかなか難しいというところなのでしょう。見事なまでに各社

設問１　「前期の業績が100で、今期は90に落ちたＡさん」と「前期が50で今期は80に業績を上げたＢさん」がいた場合、どちらを高く評価しますか。

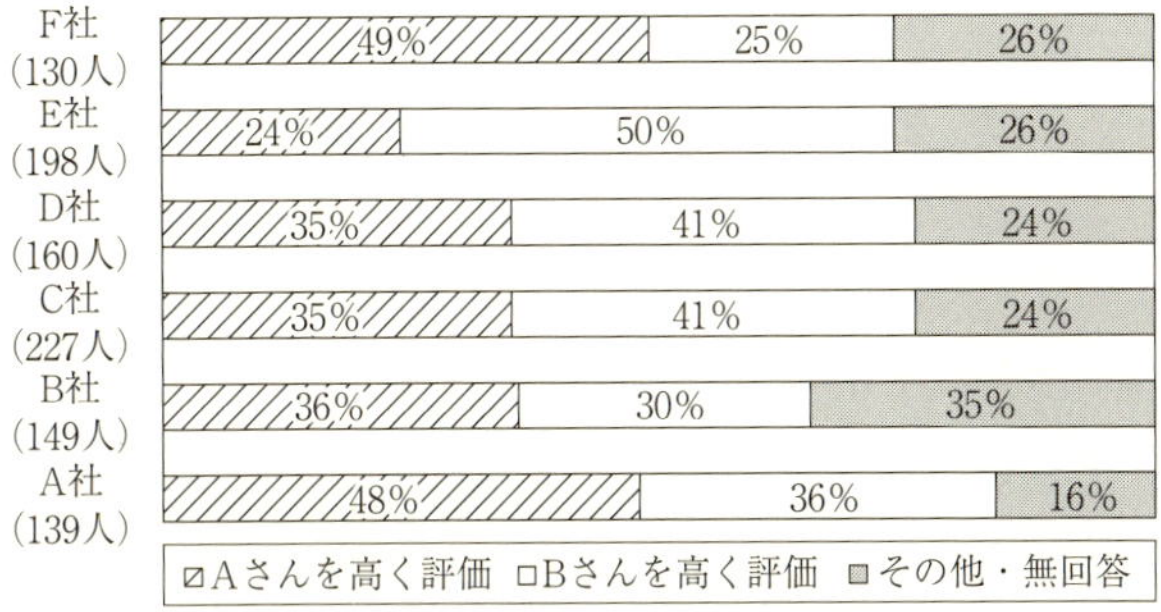

図８－２　直近の成果が与える影響

（出所）日本労働研究機構（1998）『管理職層の雇用管理システムに関する総合的研究（下）』「第４部管理職アンケート調査結果」（83頁、図表３）より筆者作成。

設問２　「50の業績をあげられる潜在能力を持つＡさんが50の業績を上げた場合」と「100の業績をあげられる潜在能力を持つＢさんが70の業績をあげた場合」、どちらを高く評価しますか。

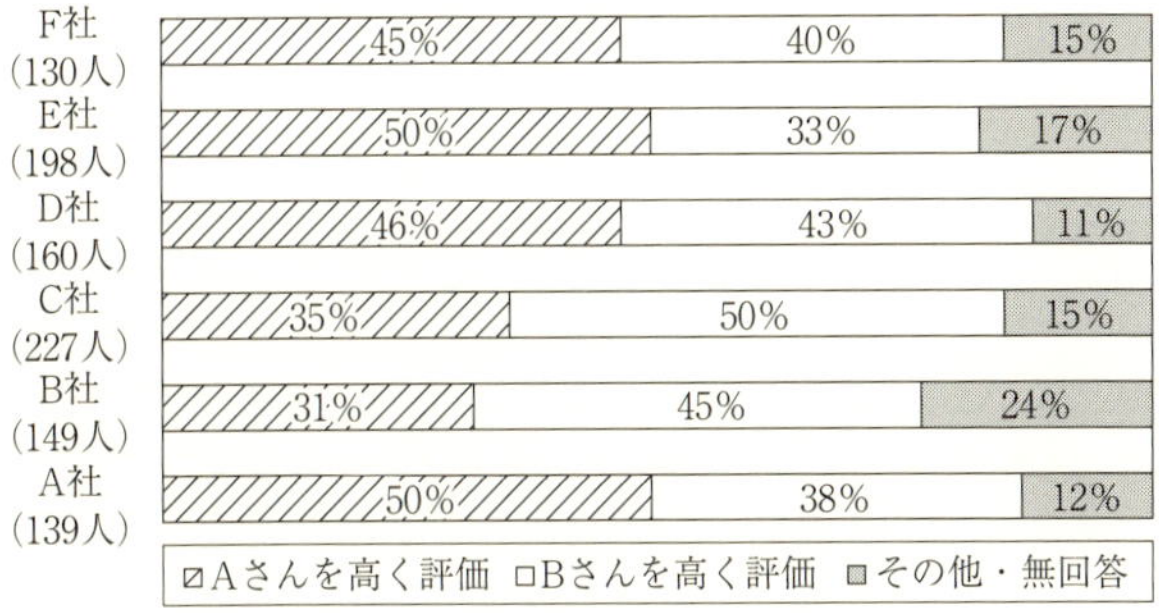

図８－３　努力と結果はどちらが重要か？

（出所）日本労働研究機構（1998）『管理職層の雇用管理システムに関する総合的研究（下）』「第４部管理職アンケート調査結果」（83頁、図表３）より筆者作成。

の中で意見がきれいに分かれていることが見て取れます。設問一では全体の成績で上回りますから、全成績で評価するならAさんが高く評価されるべきですが、後半、努力して追い上げたBさんを評価する人も同程度いました。設問二でも同様に各社とも分れた結果になっています。見えない仕事を評価するというのはそれだけ難しいのです。

註

(1) Herbert A. Simon (1991) "Organizations and Markets," *Journal of Economic Perspective*, vol.5 (2), pp.25–44.
(2) Marsden, David (1999) "A Theory of Employment Systems," Oxford UP.
(3) John Roberts (2004) "The Modern Firm," pp.41–44. Oxford UP.
(4) 小川勝「出来高契約の日米差――イチローの年棒の内訳を見る」『Number』七九六号（二〇一二年二月一六日ネット配信）。
(5) 楠木新『人事部は見ている』（日本経済新聞社、二〇一一年）七三頁。
(6) Jensen, Michael C. and Murphy, Kevin J. (1990) "Performance Pay and Top-Management Incentives," *Journal of Political Economy*, vol. 98, pp.225–264.
(7) Bergstresser, Daniel, and Philippon, Thomas (2006) "CEO Incentives and Earnings Management," *Journal of Financial Economics*, vol.80, pp.511–529.

第九章　日本限定発売のブランド品——ビジネスの戦略

本章のテーマ

・ホテルや飛行機の料金は、同じようなサービスにも関わらず、購入価格に違いがあります。どうして異なった価格で提供することが可能なのでしょうか。
・家電量販店はクリスマス商戦と称して、ボーナス支給の時期にあえて安売りして売り上げを伸ばそうとします。でも、懐に余裕がある消費者の需要は高まっており、需要と供給の関係から価格は高くなるはずです。そうはならないのはどうしてでしょうか。
・企業はブランド・イメージを高めるために、どのような方法をとっているでしょうか。

Key words

価格支配力、独占的競争、価格差別、自然独占、再販価格維持、垂直統合、カルテル

1　あちこちで存在する価格差

価格差別と裁定行動

マクドナルドの商品価格は地域によって異なっています。東京のような大都会と地方とでは、同じビッグマックでも東京の方が高いのです。大都会の方が時間がないのか、外食に対する需要が大きいのか、理由はわかりませんが、同じビックマックでも一〇円から二〇円高くなっています。経済学ではこれを価格差別と言います。

価格差別の例はたくさん挙げることができます。ホテル・旅館は休日前に料金が高くなります。新幹線の料金も年末年始とお盆のころに少しだけ高くなります。航空運賃は数ヶ月前ならかなり割り引かれています。洋服のバーゲンは年中行事になりましたし、スーパーのお惣菜も夕方以降は二割、三割安くなります。こうした時期をずらしたものから、映画やレストランなどのレディース・デイ、学割料金のような性別や年齢などで価格を分けているものもあります。

価格差があると、「安く買って高く売る」裁定が起こり、価格差はふつうなくなっていきますが、ビックマックの例では、価格の差が十分小さいので裁定行動が起きません。地方の二〇円安いビックマックを大量に買って、都内で売るという商売は見当たりません。都内の駅の片隅で、ビックマックとまったく同じものが二〇円安いからと言って買う人がいるでしょうか。お腹の中に入るものを、二〇円安いぐらいで身元の分からない人から買って食べる人はいないでしょう。裁定行動が成立しないので、二〇円価格差を維持できるわけです。これに対して、飛行機のチケット料金の差はとても大きく、二倍ぐらいの差は珍しくありません。飛行機のチケットも安いときに大量に仕入れて、後で高く売りさばくということができれば、航空会社としては商売あがったりです。しかし、飛行機のチケットも身元を確認することが多いので、なかなかそういうわけにもいきません。洋服のバーゲンなどは時間を元に戻せませんから、裁定行動自体が無理なわけです。

ここで挙げた価格差別は、裁定行動が難しいからこそ成立したわけですが、実際には、全く同じものなのに価格差がついていることがあります。

マクドナルドにはさまざまなセット・メニューがあります。東京都内では二〇一四年七月三〇日現在、ビックマックのセット（ポテト、ドリンクともにMサイズ）は六六九円、単品なら三七〇円です。これにチーズバーガーのセット（ポテト、ドリンクともにMサイズ）は五〇四円、単品だと一三三円です。ということは、ビッグマックのセット＋チーズバーガー単品を頼めば八〇二円ですが、チーズバーガーのセット＋ビックマック単品を頼めば八七四円になります。若い人ならばハンバーガー二個ぐらい食べてしまいますが、全く同じものを注文しても七二円の価格差があるのです。ガソリンを一円でも安いところで入れる人が多いことを考えると、この価格差は決して小さくありません。

こうしたことはJRの鉄道料金でも観察されます。大都市圏では料金の算出方法が異なったり、地域によって途中下車が可能なために価格差が生じます。同じ商品やサービスなら一円でも安い方が良いですが、私たちはうっかり高い価格で買っていることがあるのです。需給のバランスとは別のところで、価格を決定する仕組みがあるようです。本章では、現実のビジネスを例に価格支配力について考えます。

製品差別化とブランド・イメージ

ビックマックの価格はマクドナルドの方針で決めることができます。ビックマックを一個三七〇円と決めれば、お客さんがあまり来なくても、長蛇の行列ができようと三七〇円です。ビックマックを食べようと思えば、必ず三七〇円払わなければなりません。マクドナルドは価格を自由に設定できるという点で、価格支配力を持つと経済学では言います。これに対して、ピーマンの農家は、このような価格設定はなかなかできません。一袋二〇〇円で売りたいと思っても、市場価格が一〇〇円であれば不可能です。スーパーで一袋一〇〇円で並んでいるところに、一袋二〇〇で売ろうとしても誰も見向きもしてくれません。ピーマンが欲しい消費者にとっては、この農家の設定した二〇〇円でピーマンを買う必要はなく、もっと安いピーマンを買ってしまいます。ピーマンの価格設定は農家の意向にかかわらず、市場の需給調整の波にそっくり呑み込まれています。これは農家の作っているピーマンが他のピーマンと同じものと評価されているからです。

自由に価格を設定できるマクドナルドですが、それでは市場の動向から独立でいられるかというと、そうではありません。お客さんが全然来なければ、利益を上げるために価格を下げざるをえないでしょうから、市場の影響を受けます。ただ、それでも好きなところに価格を設定できます。

マクドナルドがピーマン農家と異なるのは、ビックマックはマクドナルドしか生産、販売していないということです。マクドナルド一社だけが生産、販売しているため、自由に価格設定ができるのです。確かに、ロッテリア、モス・フードサービスといったハンバーガー・チェーンが存在します。こうした競合企業との競争が価格設定を左右しますが、マクドナルドのハンバーガーは他の競合企業と少し異なっています。むしろ、差はあまりなくても他と異なっていることをうまく強調するように努めています。基本的には同じようなハンバーガーですが、テイスト、店の雰囲気、キャラクター商品の開発などを通じて差をつけようとしています。これを製品差別化と言います。そして、こうした製品差別化された商品・サービスを提供している企業群の競争を独占的競争と言いますが、製品差別化されていれば、競合他社の存在はあるにせよ、差別化された商品やサービスに自由に価格設定できるのです。これに対して、ピーマンはあちこちにある同じピーマンの一つであり、差別化できていないのです。

独占的競争とは、競合企業が存在するという点で競争の荒波の中にいますが、ある程度製品差別化に成功して、ある範囲では独占的にふるまうことができるような市場の状況を指します。ここで挙げたハンバーガー・チェーン以外にも、スターバックス、ドトール、タリーズなどのコーヒー・ショップ、アップルとソニーが生産している携帯音楽プレーヤー、NTTドコモ、au、ソフトバンクの携帯電話サービス、森永製菓、明治製菓、ロッテなどが競合しているチョコレートなど、身の回りにあふれています。スーパーに行って、生産している企業の名前がすぐに思いつくものはほとんど独占的競争をしているといってもよいでしょう。生産した農家のちがいが見えにくいピーマンや白菜とは大きな違いです。製品差別化に成功し、ブランド・イメージが確立すれば、BMWやベンツのように、少々値が高くても消費者は購入してくれます。一方、ブランド・イメージが一度崩れると価格競争に巻き込まれます。冷凍食品のように低価格競争に巻き込まれると、なかなかブランド・イメージを再構築するのは難しくなってしまいます。企業としては、価格競争に巻き込まれないように、他者がまねできないブランドをどうやって確立するか、頭を悩ませているのです。

2　価格をめぐる戦略

なぜ人気商品を高い価格で売り出さないのか？

新商品の発売前日に売り場の前で長蛇の列ができることがあります。人気のあるスポーツの試合のチケットの他に、ソニーのプレイ・ステーションやアップルの新型 iPhone の発売などで、発売日までに行列ができてニュースになったこともあります。毎日売られているものでも、クリスピー・クリーム・ドーナツが日本に上陸したときに一時間の行列ができたように、人気のあるケーキやお菓子の販売で行列は珍しくありません。

価格は市場の大きさ、競合商品との競争、長期的な利益を考慮して様々な戦略的観点から設定されますが、需要と供給のバランスを考えると、行列ができるのは超過需要があるからです。要するに安すぎるということになります。しかし、市場が価格を調整して需給バランスを回復するメカニズムはここでは働きません。iPhone やプレステ、クリスピー・クリーム・ドーナツ、どれも供給しているのは一社だけです。同じ商品を供給する競合他社がいれば、競争が起きて価格が調整され、需給が等しくなるでしょうが、そうしたメカニズムは作用しません。

さて、ここで問題ですが、行列が出るほど人気がある商品を、どうしてもっと高い価格で売り出さないのでしょうか。そもそも行列自身が人々の貴重な時間を奪っています。企業にとっても価格を上げることで利益を増やすことができるはずです。

一つは話題づくりという側面があります。行列が出来ると人々の注意を引きますし、なにより、行列の先には素晴らしいことがあることを期待して並びたくなる心理的効果があります。多くの人にその商品の魅力を知ってもらうには、行列ができるぐらいの低い価格設定は広告的な効果を発揮するのです。マスコミが報道してくれれば大成功でしょう。お昼にレストラン街で行列ができるお店があれば、そのお店が評価の高い美味しいお店だというシグナルになります（コラム9-1参照）。

さらにその商品に対する社会的に相応な価格帯というのが存在しているのでしょう。日本人はラーメン好きです。おいしいラーメンのお店を取り上げれば高視聴率が取れるといわれるぐらいですし、実際においしいと評判のお店は行列になります。しかし、どんなに行列ができてもラーメン一杯一〇〇〇円を超えることはまずありません。いろいろなトッピングを乗せてようやく一〇〇〇円を超えるかどうかといったところです。お寿司は高いところでは価格に天井がありません。どんなに人気があっても一〇〇〇円を超えないラーメンとは大きく異なります。

ソニーの創業者の盛田昭夫さんの講演を学生時代に聞いたことがありますが、そこでウォークマンの価格設定の経験を話されていました。ウォークマンは一九七九年に発売されましたが、ソニーの技術者は費用の点から見て、一つ五万円は下らないという話をしていたそうです。ですが、盛田さんは三万円台で販売することを指示したと言います。「ウォークマンのようなものに消費者が払ってもいいと考える金額は三万円程度。五万円では売れない」と、強く言われていたのを記憶しています。商品には世間で共有されているある種の相場というのでしょうか、適正価格みたいなものがあるのでしょう。

市場の規範と社会の規範

また、こうした差別化された商品やサービスの価格は一度設定されると、なかなか改定されにくいようです。ピーマンのような市場の需給バランスで調整されるものは、その時々の市場環境によって価格が変化するのが普通ですし、価格が変わってもだれも不思議に感じません。しかし、製品差別化された商品やサービスは、価格が改定される際に、その都度消費者に理解を求めるような体裁をとることが多いのです。レストランや美容院でも「物価の高騰」などを理由に形式上は値上げを消費者にお願いする形をとります。

狂牛病のことがあり、米国産牛肉の輸入が禁止されていた一時期、米国産の牛肉に全面的に依存していた吉野家は牛丼を提供できませんでした。オーストラリア産の牛肉を使って牛丼を提供した競合他社もありましたが、味が差別化されているのでしょう、牛丼が食べたいというより、吉野家の牛丼が食べたいというコアな消費者の欲求は根強かったように思います。期間限定で吉野家が牛丼を提供できたときには行列ができました。もし、この消費者が殺到しているときに、需給バランスを理由に通常より高い価格で提供したら、吉野家に対する消費者の期待は怒りに変わり、マスコミは批判的な報道をしたのではないでしょうか。

製品差別化され、価格支配力を企業が持っている場合、その価格設定が定着すると、消費者との間に暗黙の約束が結ばれているかのような関係になるのです。ピーマンや白菜のように、生産した農家の顔が見えにくいものの場合、私たちは市場で決まる価格調整を自然に受け入れる傾向がありますが、製品が差別化されている場合では、生産している個人や企業の顔が見えることもあり、市場のルール以外の社会のルールがあるのでしょう。

怒りを買うならば簡単には価格は上げにくくなります。一方、価格を下げるのは簡単かというと、一度下げると今度は上げにくくなりますから、やはり価格は下げにくいのでしょう。こうして、製品差別化された商品やサービスの価格は固定的になる傾向があります。価格を下げるとしても、期間限定のキャンペーンとして宣伝したり、三〇％増量のような形で事実上の値下げを行いながらも名目的な価格を維持していることが多いのです。

3　さまざまな価格差別

価格差別の原理

この章の冒頭で価格差別の例をいくつかあげました。価格差別とは同じ商品やサービスを消費者によって異なる価格で販売することですが、原理は非常に簡単です。商品やサービスには、どこまでお金を支払ってもよいか消費者にとって異なります。この評価金額が違うなら、高く評価している人には高く買ってもらい、低い評価でしかない人には安く買ってもらうということです。これを行うためには、誰が高く評価しているのかわからなければなりません。また、高く評価している人が低く評価している人から安く買うことが可能でも困ります。こうした転売が可能であれば、企業から直接購入する人は安い評価額の人ばかりで、高い評価額の人は企業から高い価格で購入するのではなく、安い評価額の人から安く買おうとするでしょう。これでは価格差別の戦略はうまくいきません。

飛行機のチケットは、かなり以前に予約した人は大きくディスカウントされますが、直前になると高くなってしまいます。国際線の航空運賃では、旅行客は数ヶ月前から計画して準備をしますから、できるだけ安いチケットを探す時間がありますし、海外旅行は需要の価格弾力性が大きいですから、安くせざるをえないということもあります。料金が高いと他のレジャーに流れてしまうからです。一方、直前に高い価格でも飛行機のチケットを買わざるを得ないのはビジネスパーソンです。商談をまとめるために急きょ外国へということもありますから、価格を高くすることが航空会社にとっては合理的になります。

航空運賃の場合、身元を確認されますから転売は難しいところです。また、旅行客とビジネスパーソンを区別するのも簡単です。いつチケットを買うかという時期によって区別することが可能だからです。価格差別では、誰が高い評価をしているか直接にはわからなくても、高い評価をしている人の行動に注目して、ふるいにかけることができます。チケットの例では、数日前にチケットを買い求める旅行客は少なく、ほとんどがビジネスパーソンだと分かっているので、それに合わせて価格を高くしておけばよいのです。

航空運賃の場合は路線ごとにも料金が違っています。以前、筆者がマドリードからロンドン経由で東京に戻るときの運賃は、ロンドンから東京へ行く便の料金よりも安いという経験をしたことがあります。ロンドンのヒースロー空港から成田空港まで、ＡＮＡの同じ飛行機便でした。マドリード・ロンドン間のチケットがさらについている方が安いのは少し奇異なように見えますが、マドリードから東京へ行く人では、高い価格を支払ってでも緊急に移動しなければならない人は少数なのでしょう。それに比べて、ロンドン・東京間はビジネスで移動する人も多く、高い価格で評価している旅客が多いので、価格が高くなります。この場合、マドリード発ロンドン経由東京行きのチケットでは、マドリードからしか乗れないことがポイントです。マドリード・ロンドン間を捨てて、ロンドンから乗れるのであれば、誰しもがマドリードからのチケットを買うでしょう。しかし、これができないため、価格差別が成立するのです。

洋服の場合は、航空運賃とは逆に、早くから流行を追いかけたい人には高く、そうでもない人にはバーゲンで安く販売しています。この場合も誰がファッションに敏感なのかはわからなくても、その行動パターンが違うために差別化できます。また、転売することはタイムマシンでもなければできません。

ブランド物のバック、ジュエリー、時計なども、欧米の本国よりも日本での価格の方が非常に高いのも価格差別戦略です。この価格差別は地理的に距離があることを利用したものです。多額のお金を支払ってくれる顧客が日本にはいるからこそ、高い価格設定をしています。若い女性がパリやミラノでたくさんショッピングしてくるのは、現地の方が安いからに他なりません。ただ、あまり大きな価格差をつけてしまうと輸入業者が現地で安く仕入れて日本で売ろうとします。このような転売行為をされては困りますので、日本限定商品が販売されることになるのです。日本だけで販売されるモデルであれば、輸入業者が活躍できる場がありませんから、安心して高い価格をつけることができます。日本限定販売というと日本の顧客を大切にしてくれている印象をもちますが、こうした事情があるのです。

この他にも、最近のなかなか賃金の上がらない世相を反映してか、プライベート・ブランド（PB）と呼ばれる大手スーパーが中心に提供している商品があります。セブン・イレブンのセブンプレミアム、イオンのトップ・バリュなどが有名です。食器洗剤、スナック菓子、ドリンクなど様々な商品が売られています。メーカーにとっては自社ブランドの製品（ナショナル・ブランドと言います）を少し高い価格で、少し異なったものをPBとして安く売るという価格差別の側面がある一方、自社ブランドで商品を置きたいが、小売店との力関係からPBを作っている場合もあるようです。セブンプレミアムの商品を見ると、ブルボンやカルビーといった有名な菓子メーカーが、自社のナショナル・ブランドと似たクッキーやポテトチップスを製造していることがわかります。ナショナル・ブランドと大きな違いのないもの、味がやや異なるものと、商品によって違いがあり、食べ比べてみるのも面白いです。

売れ残ったお惣菜の割引戦略

飛行機は満席であろうと空席でガラガラであろうと飛びます。どのみち飛ぶのであれば、安売りでもして少しでもお客を増やした方が利益が上がるはずです。旅館やホテルも同じです。空室であれば無駄ですから、直前割り引きで安くして少しでも部屋を埋めたりします。スーパーの総菜も同じです。売れ残って捨てるのは損ですから、少しでも安くして売りさばこうとします。

しかし、安くはなりますが、とことん安くなるわけではありません。売れ残ったお惣菜は破棄されることになりますから、破棄されるくらいなら一円でもいいから売れた方がいいのです。しかし、閉店まで一〇分切っても、割り引かれるのは大きくて五割ぐらいまでがふつうです。八割、九割引いて何が何でも買ってもらうようになっていません。あまりにも安くすると、今まで高い価格で買っていた消費者が割引を待つようになってしまうからです。三〇〇円のポテトサラダが閉店間際に一〇円ぐらいまでに下がれば、夕方に三〇〇円で買う消費者は減ります。しかし、一〇〇円だけ割り引いた二〇〇円なら、夜遅くまで待たずに、夕方三〇〇円で買おうとする消費者も多いはずです。閉店間際に売れ残してでもいいから、大きく値下げしないのは、夕方に高い価格で買ってもらうための戦略なのです。

ホテルや旅館がガラガラでもあまり激安に割引しないのも同じ理由です。正規の価格で買ってもらうためには、直前に安くするわけにはいかず、かといって売れ残っているのなら値引きしてでも売っておきたい、そうした背反する状況下でちょうどいいと思われる割引戦略をとっているのです。

キャンペーン販売の利点

期間限定のキャンペーンはよく見られる販売方法です。ある商品やサービスが一時的に安くなります。キャンペーン期間が終われば正規の価格に戻すことが約束されているので、キャンペーン後の価格上昇も消費者に受けいれられやすくなります。

ところで、こうしたキャンペーンは何かにつけてよく目にします。ハンバーガーなどのファスト・フードはもちろん、自動車の販売でも行われています。また、年末商戦や春の入進学の時期は年中行事となっています。

こうしたキャンペーンは広告に力を入れて販売を増やしたい意図があり、ときには過剰気味の在庫を処理したいときにも行われます。また、自社商品の需要曲線の位置を知る手段にもなっています。[1] キャンペーンによって価格を下げた時の需要量の違いを調べることで、需要曲線の位置を知ることができ、そこで得られた情報を今後の経営に利用することができます。経済学の教科書では、ごく当たり前のように需要と供給の両曲線が描かれ、その交点が市場価格であると簡単に記述されていますが、確かに言われてみれば、企業は需要曲線がどこにあるのか、言い換えれば、消費者がどの程度自社商品を評価しているのかわかりません。キャンペーンによって市場の大きさを測ることができます。

安部修仁・伊藤元重著『吉野家の経済学』（日経文庫、二〇〇二年）にキャンペーンの意図について興味深いことが紹介されています。吉野屋の牛丼をキャンペーン期間中に三〇％ほど価格を安くすると、お客さんがたくさん押し寄せるのですが、するとどこかでシステムが破たんするところが出てくるのだそうです。工場の生産ラインか、物流システムか、お店のアルバイトの力量か、とにかく一番弱いところ、問題を抱えているところが真っ先に破たんするのだそうです。その結果、そこが自社のビジネスモデルで一番弱いところだとわかるので、今度はそこを強化していくそうです。キャンペーンは、自社内の問題点をあぶりだす役割も持っているのです。

4　価格支配力はどのように発生するのか

差別化と独占力

価格設定についていろいろと見てきました。価格支配力を持つことができれば、好きな所に価格を設定できますから、どの企業も価格支配力を持ちたいと考えます。ピーマン農家もブランド化に成功すれば、価格支配力を持つことができるのですが、簡単にはいきません。どうやったら価格支配力を持てるのでしょうか。

価格支配力は製品差別化に成功しなければ持つことができません。誰にも真似されないような差別化に成功すればよいのです。誰でも同じように生産できるなら、儲かる市場にはどんどん参入が起こります。参入した企業間で競争が起こりますから一社だけ高い価格をつけることはできません。他社による参入から逃れるには、他社がまねできない仕組みをうまく作らなければなりません。

誰も真似できないということでまず思いつくのが高い技術力です。その企業にしか提供できないような新しい技術やノウハウがあれば、他社は真似できませんから、独占的に市場で振る舞うことができます。携帯プレーヤーで圧倒的なシェアを誇っていたウォークマンの牙城を切り崩したiPodは、音楽と映像を楽しめる機能性だけでなく、ホイール操作の斬新性と洗練されたデザインで市場を席巻することに成功しました。どの企業も作れないものを作ったからこそ独占的な振る舞いができたのです。

また、ビジネスに適した土地を所有するのも独占的な力を与えてくれるでしょう。その土地は限定的ですから、だれもそのロケーションを真似ることができません。例えば、東京大学の赤門の前に構える和菓子屋は「赤門餅」のような赤門を冠した和菓子を売っています。「赤門」の名前を冠するのはどこの和菓子屋も簡単にできますが、お土産として売るには、赤門前にお店を構えていることが重要です。しかし、その土地は限られているので誰しも真似できるわけではありません。有利なロケーションはそれだけで独占力を与えます。

企業の商標なども誰も真似できません。ハンバーガーを販売している企業は数多いですが、マクドナルドの商標である黄色いmの文字をかたどったものを使えるのは当然ながらマクドナルドだけです。その商標に消費者が信頼感をもって購入してくれるなら、企業にとっては大きなアドバンテージになります。ナイキやアディダスのロゴの入ったTシャツはそれだけで高い値で売れます。あのロゴ自体は通気性のようなシャツの機能性を大きく高めているわけではありませんが、消費者は多少高くても購入します。ブランドを確立できればそれだけで利益が得られるのですから、企業が商標の保護に力を入れるのは当然です。商標は企業のロゴやマークに限られません。コカコーラの瓶の形やウィンドウズの起動音も商標登録されています。最近では、色、香り、など様々なものの商標登録が認められるようになっています。

商標の場合は、高い技術力や土地の場合と異なり、それだけで価格支配力を行使できるようにはなりません。企業のブランド・イメージを確立して初めて独占力をもたらします。あまり、魅力的な商品やサービスを提供していない企業の商標は、消費者にとってはほとんど意味をもたらさないからです。それだけにどの企業も自社の商標を守るために多大の努力をしています。マクドナルドはあちこちで商標をめぐる訴訟を繰り返してきたことで有名です。例えば、スイスの従業員が四五人の小さなヘルスケア企業のマックウエルネス（McWellness）社を相手に「マック」を社名から外すことを要求しました。消費者がこの会社とマクドナルドとを混同することはありませんから、マックウエルネスとしては訴訟で戦う選択肢も考えられましたが、相手は世界の巨大企業です。裁判には巨額の費用がかかります。結局、一年の売上の四倍にあたる一八〇万ドルを使って、社名を GetWellness と変更しました。(2) この他にも、マックアラン（McAllan）、マックコーヒー（McCoffee）、マックマンチーズ（McMunchies）と、"Mc" が付いていれば、小さな企業であろうと、個人経営であろうと、マクドナルドの商標を侵害しているとして訴訟も辞さずという強い立場で臨みました。なかには、本名がロナルド・マクドナルドさんというマクドナルドのマスコットと同じ名前の人が、米国イリノイ州の人口三二〇〇人ほどの小さな町で自分の名前を付けて、親の代から営業していた小さなレストランも訴えられました。(3) さすがに、このケースではマクドナルドの訴えは裁判で認められませんでしたし、すべてのケースでマクドナルドの要求が通ったわけではありませんが、それだけ商標を大事にしているという証左でもあります。

もともと、"Mc" はスコットランドで「〜の息子」を意味する言葉でした。マクドナルドはドナルドの息子という意味なのです。ですから、"Mc" を名乗るのは、マクドナルドだけに許されるというのもなんか変です。もし、明らかにマクドナルドのイメージを利用してビジネスをしているのであれば、マクドナルドの主張が正しいでしょうが、そうでない場合は認められるものではないと思う人が多いのではないでしょうか。

スナック・シャネル事件

商標権の侵害と認められる一つのケースは、消費者を混同させる恐れがある場合です。マクドナルドのハンバーガーと思って購入したのに、他社がマクドナルドを装って販売していたのなら、明らかに消費者を混同させているわけですから、この会社はマクドナルドの商標権を侵害していることになります。しかし、ヘルスケアや（明らかに店のたたずまいが違う）個人経営のコーヒー・ショップがマクドナルドと混同されることはないでしょうから、この場合はマクドナルドの商標権を侵害しているとは必ずしも言えません。

日本でも、商標をめぐって、スナック・シャネル事件という有名な裁判があります。シャネルはパリ・オートクチュールの老舗で、服飾、化粧品、宝飾品などを販売している高級ブランドとして有名ですが、このシャネルの名前を使って経営しているスナックが商標を侵害しているとして訴えられました。銀座ならともかく、地方の小さな町でシャネルを名乗るスナックに、本家シャネルが経営に関与しているとはふつう思わないでしょう。ですから、一九九四年の東京高裁の判決では、スナック・シャネルは、消費者を混同させていないという理由で、シャネルの商標権を侵害していないという判断がされたことがありました。

確かに、消費者を混同させているわけではないでしょうが、今度はさすがに腑に落ちない人が多いのではないでしょうか。消費者を混同させなければ、シャネルという名前を使って、スナックやキャバクラ、場合によっては風俗店を経営していてもＯＫだということにもなります。シャネルという名のお店なら、他店よりもきれいな女性が接客してくれそうな感じがします。明らかにシャネルのブランド・イメージにただ乗りしているわけです。シャネルからすれば、努力して培ったブランド・イメージが汚されていると感じるでしょう。経営の多角化を進めれば、将来的に店舗を展開するビジネスに乗り出すかもしれませんから、シャネルとしてはこうしたお店を訴えるというのは理にかなっているように見えます（最終的には、一九九八年に最高裁が高裁判決を破棄、差し戻しています）。

実際、「スナック・シャネル」で検索すると、かなりの数のお店が今もヒットします。シャネルも自社のブランドを守るために多数の訴訟を起こしていますが、スナック・シャネル事件の例は、消費者の混同の恐れがあるかないかだけでは判断できないということ示しています。商標侵害は侵害されている側が訴えなければ防ぐことができません。自分たちで守る努力が求められる以上、どこで線引きするかは難しい問題ではありますが、マクドナルドやシャネルが自社のブランドを守るために巨費を投じるのも理由がないわけではないのです。

5　価格支配力と独占

自然独占とは

自然独占とはなかなか聞きなれない言葉だと思いますが、経済学では重要なテーマです。これは最初に大規模な設備が必要となる産業では自然に独占状態が形成されてしまうことを意味しています。最近、日本のあちこちで大きなショッピング・モールがオープンしています。町中から外れたところに巨大な施設ができています。車でお客さんが来るため商圏は広く、地価も安いこともありますが、こうした人口の密集していない地域だからこそ、こうした大きなモールを建設するメリットがあります。大きな施設を巨額の費用で建設するなら、最終的には建設費用を回収しなければなりません。回収できる目処がつかなければ損失を被ってしまいます。もし、大きなショッピング・モールがすでにある地域に競合を覚悟で建設したらどうなるでしょうか。二つのモールがその地域のお客さんを二分します。互いに激しく競争すれば大きな利益をあげられなくなるでしょう。結果的に、当初の建設費用を回収できない恐れがありますから、後から建設するのをためらうことになります。先に建設したモールはその地域の市場を囲い込むことができるのです。

このように大きな固定投資を必要とする場合、自然に独占が形成されてしまうことがあります。大規模な設備が必要となる電力、ガス、鉄道などが例としてよく挙げられています。そのため、こうしたサービスの料金は企業が自由に決めることはできず、政府や自治体の許可を得なければならないようになっています。独占力を行使して高い価格をつけられると、社会への弊害が大きいからです（それでも、最近の電気料金にみられる議論のように、どの価格が適性かを決めるのは意見の分かれる難しい問題です）。

少し似た話に、ロックインと呼ばれる消費者を囲い込む方法があります。有名なのはパソコン・プリンターです。キヤノンやエプソンのプリンターでは、トナーが機種ごとに細かく異なっています。その結果、ある機種のプリンターを買った人はその機種にあったトナーを買わざるを得なくなります。そのプリンターを買った人は逃れられません。消費者を囲い込んでおけば、独占的な価格をつけることができます。そのため、プリンター本体の価格は比較的安くして消費者獲得競争をしますが、トナーは高くなっているのです。

当然ながら、原価に比べて高い価格が付いているのですから、他社が安いトナーを供給するようになっています。この安いトナーを使われると、プリンター・メーカーは困りますから純正品を使用しないとプリンターが壊れる可能性を強くアピールしているわけです。最近では、純正品のトナーにＩＣ

チップが内蔵されており、インク残量が少なくなればトナーの交換を求められるようになりました。消費者としてはまだインクが残っているように見えるため、交換を求められるともったいないように思えます。そこで、トナー内蔵のＩＣチップを初期化できる器具を利用し、少しでもトナーを長く使おうとする消費者もいます。こうした行為は、メーカーの言うようにプリンターの寿命を縮めてしまうのかもしれませんが、トナーで利益を稼ぐプリンターのビジネスモデルがある以上、消費者としてはにわかに信じられないと感じるのでしょう。メーカーの説明責任があるように思います。

独占の弊害とカルテル

独占的な状況では他社が何らかの理由でまねできないため、価格を高い水準に維持することができます。企業にとっては利益が得られますが、それ以上に消費者の利益を犠牲にしているので、あまり望ましくありません。そのため、企業の独占的な振る舞いがいき過ぎることを制限する必要があり、独占禁止法が定められています。しかし、独占的な状況がすべていけないわけではありません。なぜなら、他社がまねできない状況を作り出すために、多額の費用と努力を重ねてきた結果であることが多いからです。こうした企業努力は本来評価されるべきものであり、成功した後で独占を理由にペナルティを課されるのなら、誰も努力しなくなってしまうでしょう。

価格支配力をもたらす要因として、高い技術力や土地についてお話しましたが、高い技術力をもち、他社がまねできないのであれば、当然ながら価格を自由に設定できます。自社が努力して自らのブランド・イメージを構築した結果、高い価格設定を行っても問題ありません。他社も努力して自らのブランド・イメージを確立すればよいからです。土地についても、確かに商売に有利な土地は限られています。大学のそばで和菓子屋を経営するのか、学生向けのマンションを建てるのか、コンパ需要をあてこんで居酒屋を経営するのか、さまざまなビジネスが考えられます。もっとも利益の上がるビジネスをする人や企業こそが、その土地にもっとも高い評価をつけるはずです。ですから、土地も最も利益のあがるビジネスを行う人や企業が最終的に利用できるという点で、何も競争相手を不当に排除しているわけではありません。

ですから、正当な競争の結果、独占的に振舞うのはあまり問題になりません。よく問題になるのは、同業他社と示し合わせて競争を制限し、価格を吊り上げるような行為です。消費者の利益を犠牲にして利益を得るカルテル行為は独禁法で禁じられています。入札で示し合わせるのは談合です。どちらも刑事罰に問われることになります。

クリスマス商戦とカルテル

こうしたカルテル行為を目論んで、競合他社と示し合わすなど具体的な行動をとることは違法行為ですが、暗黙にカルテルに近い行為が形成される場合があります。「あうんの呼吸」というのはやや美化しすぎですが、企業がそれぞれ互いの行動を注視しながら協同歩調をとるような場合です。同じような商品やサービスを提供している企業や店舗が価格を上げたら、他の企業や店舗も追随するような場合は、暗黙のカルテルの可能性があります。具体的に示し合わせる行動をとれば明確に犯罪ですが、あうんの呼吸である場合はやや微妙です。きちんとした証拠もないのに罰するのは難しいからです。

こうした暗黙のカルテルの可能性として、とてもうまくできているのは、家電量販店などで見られる「他店より高い商品がございましたら、ご遠慮なく店員にお申し付けください」というメッセージです。(4)

このメッセージは消費者に対して他店より安く商品を売りますと宣言しているように読めますが、うがった見方をすれば自ら率先して安売りはしないと読めなくもないからです。他店が価格競争を避けたいと思ってやや高めの価格設定を行った場合、自社も追随して高い価格を付けることができます。このメッセージはあくまで他店よりも高かったら安くしますと言ってるだけで、自社が率先して安売りしますと言っているわけではありません。もちろん、このメッセージがあるからと言って、実際に店舗間の暗黙のカルテルが成立しているとは限りませんが、その可能性が巧妙に織り込まれているのです。

暗黙であろうとなかろうとカルテル行為をするのは、激しい価格競争をして消耗したくないからです。もし、ライバル企業の商品価格よりも安い価格で売れば当座は多くの消費者を得て大きな利益が得られるかもしれませんが、ライバル企業も報復してきますから、いずれ体力を消耗する競争になるでしょう。ライバルを出し抜けば、今期の利益は増えますが将来の利益を減らしてしまいます。長い期間にわたってビジネスを続けていこうとすれば、目先の大きな利益よりも確実に長期間利益を重ねていった方が得ですから、協同歩調をとろうとするでしょう。

当然、協同歩調が成立しやすい環境と、しにくい環境とがあります。今期景気が改善して市場が拡大するとなると、短期的な利益獲得の誘惑が大きくなります。景気が良ければ、ライバル企業を出し抜くと、景気が良い分だけ大きな利益が得られるわけですから、協同歩調から抜け出そうとする誘惑が高まります。カルテルの目的は今期の利益を犠牲にして将来の利益を確保するということですから、今期市場が拡大しているなら今のうちに抜け駆けしてがっぽり稼いでしまう誘因が生まれます。反対に、景気が悪く市場が縮小していれば今期抜け駆けするメリットはあまりないわけです。こうして、カルテル行為は市場が拡大しているとき、経済状態が良好なときには維持されにくい性質を持っています。

こうした協同歩調をとる誘因を考えると、クリスマス商戦のように、ボーナスが支給され消費者の購買意欲が高まっているときに、企業がより競争的に振舞い、大幅な値下げをする理由がわかります。市場が拡大しているときはカルテルが維持されにくいからです。その結果、需要が高まっているのに値下げが行われる事態が観察されるのです。

お昼時のオフィス街では多くの人がお昼を食べようとごった返していますが、各店ともお得なランチメニューを用意しています。午後三時ぐらいになると、お客さんは減ってしまいますが、普通のメニュー、ようするに高めの価格に戻ってしまいます。これも同じ理屈があてはまると考えられます。

6　垂直統合

再販価格維持とメーカー希望小売価格

この他には、他社に対して強い立場を利用して、他社の自由な経済活動を都合良く制限する場合も独禁法違反になります。たとえば、あるメーカーの製造したテレビを五万円で売ることを小売店に指示した場合です。これを再販価格維持といいますが、末端価格を強制的に決めてしまうのは独占禁止法違反に問われることがあります。これは小売店が自由に価格を付けることを認めないのは競争を阻害するものと位置づけられるからです。メーカーとしては自社のブランド・イメージを大切にしたいところですから、あまりにも安値で投げ売りされてしまうと、二度と高級感を与えることができなくなります。このような事態は避けたいところなので、小売店に価格を指示したいという希望があります。ただ、これは安く販売されたときに消費者が得たであろう利益を犠牲にしています。これは社会的損失なので、認めることはできません。

そのため、「メーカー希望小売価格」というような曖昧な表現が使われていました。あくまで、希望を伝えるのは問題ないからです。その希望価格で売ろうが、安く売ろうが小売店の意思だからです。もちろん、メーカーが小売店に希望価格で販売するように具体的な手段をとれば法に反します。希望価格で売った場合にリベートを払ったり（リベートが販売促進のためであれば違法にはなりません）、安値で売りさばいたときに、二度と商品を販売しないという脅しをちらつかしたりするのは違法行為です。あくまで、希望を伝えるだけなら問題ないわけです。最近ではネットショッピングが当たり前になり、競争が激しくなったこともあり、ほとんど実体のなくなった「希望小売価格」を見かけることはなくなりました。家電などはほとんどが「オープン価格」になり、小売店が自由な価格設定をしています。

しかしながら、メーカーが小売価格を指示することが社会の利益をどこまで損なうかはなかなか微妙な問題です。必ずしも、再販価格維持が社会の利益を損なうとはいえないので、状況に応じて慎重に判断することが大切です。

電子書籍と再販価格維持

電子書籍の発売をめぐって、二〇一二年にアメリカ司法省はアップルと米国の大手出版社五社のカルテル行為をめぐって訴えました。アップルは大手出版社の指定する価格で電子書籍を販売していたため、独禁法違反の疑いがかけられたのです。[5]

電子書籍では、キンドルの発売以来、アマゾンが業界のリーダーでしたが、アマゾンは出版社から書籍を買い入れる代わりに、自由に電子書籍の価格を付けてきました。出版社の利益を最大にする書籍の価格は、アマゾンの利益を最大にする価格にくらべて高いところにあります。通常、アマゾンのような書店は出版社からの買い取り価格を抑えて、低い末端価格でたくさん売りたいのですが、出版社は本の製作費用がかかっていますから、費用を回収するためにも、高めの価格設定をしたいという思惑があります。さらに、アマゾンが電子書籍を安く販売することによって、紙の本は売れなくなってしまいますからなおさらです。出版社にとってはアマゾンのもつ大きな市場は魅力的ですが、いずれはアマゾンから買い取り価格をもっと下げられるのでないかという不安を持っていたと言います。実際、アマゾンは電子書籍の価格を低くすることによって、他のネット書店を締め出す戦略をとっていました。ライバル社のバーンズ・アンド・ノーブルは電子書籍の販売で苦戦し、身売りが噂されることもありました。アマゾンの存在が巨大なため、出版業界としては脅威に感じていました。

このような環境のもとで、電子書籍市場に殴り込みをかけたのがアップルでした。iPad で読める電子書籍を増やすために、出版社が書籍価格を決め、その売り上げの一部をアップルの収入とすることに同意しました。アップルは出版社の求める高めの価格付けを受け入れ、出版社側よりの契約をすることによって、供給できる電子書籍を増やし、アマゾンに対抗しようとしたのです。アマゾンも追随し、大手出版社が価格設定できる契約を結ぶようになりました。その結果、電子書籍の価格が上昇したのです。価格の上昇は競争が排除された結果、消費者の負担が増えたようにも見えます。この点を司法省は問題視したのです。

出版社とネット書店との再販価格維持が競争を制限し、消費者の犠牲の上で業界が利益を得るのであれば、望ましいことではありません。しかし、この問題の難しさは、価格設定だけが競争状況を規定するわけではないところにあります。アップルは出版社よりの価格設定を受け入れることによって市場に参入しましたが、これによりアマゾンとの競争は激しくなるでしょう。アップルとアマゾンの競争は消費者の利益につながります。また、私たちが読書を楽しむためには、安い価格とともに、様々なジャンルの本が出版されていることが大切です。少ない種類で安売り競争している状態と、多少価格は高くても、様々な種類の本が出版されている状態では、後者の方が消費者の利益につながるでしょうし、自由な言論の出張が保たれるという点で社会としても健全です。

こうしたことを考えると、電子書籍の再販価格維持が競争を阻害するとは簡単に決められない難しい問題であることがわかります。司法省は再販価格維持だけをとりあげたわけですが、本当にそれが良かったのか、きちんと検証される必要があるでしょう。日本では、新刊書籍の販売は再販価格維持が例外的に認められ、全国どこの書店でもネット書店でも一律の価格ですが、その仕組みにはこのような理由があるのです。

もちろん、書籍の再販価格維持が必ずしも消費者の利益を阻害するわけではないとしても、現状が望ましいとは必ずしも言えません。例えば、キンドル版として販売されている電子書籍は紙の書籍と比べても割高に感じる人は多いのではないでしょうか。ワンピースのような人気のあるコミックの電子版は印刷や輸送の費用がかからないのに、およそ一割の三〇円程度しか安くなっていませんし、そもそも電子版がないものの方が多いように見えます。外国に比べて電子書籍の販売数が少ないのは、再販価格維持制度によって出版社の利益が守られていることと無関係のようには思えません。

同じことは音楽業界でも見受けられます。書籍と同じように、日本ではCDの販売価格をメーカーが決めることができます。そのため、CDでは価格競争が起きにくく、高い価格で利益を維持できる仕組みになっています。実際、日本の音楽売上高に占めるCDなどの貢献分はおよそ八〇％と、三〇％の米国と比べて高くなっています。(6) このようにCD販売に依存した音楽業界は新しい音楽提供サービスの導入に消極的だと言われ、ストリーミング型の音楽配信サービスが日本で広がりにくい一因になっています。

7 流通の系列化のメリット・デメリット

流通の系列化は参入障壁

小売店に再販価格維持を強制させることが独禁法違反に問われるなら、小売店を最初から系列化することも考えられます。メーカーから独立した小売店で安値で販売されると、ブランド・イメージを損なう恐れがあるのなら、自社の流通網を独自に作り、自社の系列の直売店で価格を決めて販売するメリットが出てくるでしょう。筆者が子どものころだった四〇年ほど前は、テレビや冷蔵庫のような家庭電気製品は、近所の電気屋で買うのが普通でした。ケーズデンキ、ビックカメラ、ヤマダ電機のような量販店はなく、日立や松下（現パナソニック）の系列のお店で買っていました。また、ビールを扱う酒屋も、ビール会社の系列がそれぞれあり、近くの酒屋からケース単位でビールを買っていました。キリンビールの系列の酒屋にはアサヒビールの商品が売られることはなかったのです。ウイスキーの最大手のサントリーがビール市場に参入した際に、ビールを扱ってくれる酒屋が少なくて苦労した話は有名です。ウイスキーは販売してくれても、ビールだけは置いてもらえなかったのです。

「産地直送」や「工場直送」という言葉には、新鮮なものを中間マージン抜きで安く提供するというイメージを持っている人が多いかもしれませんが、やっていることは流通の系列化と同じで競争を排除する工夫という側面があります。このように流通網を整備し系列化してしまうと、他社は参入しにくくなります。一から流通網を整え、小売店を支えるのは巨額の費用がかかります。工場から各地の小売店を結ぶ物流のネットワークを整えなければ、ひと箱のビールケースも売ることができません。言い換えれば、一ケース売るのも、何千ケースを売るのも、流通網のセットアップ費用は同じなのです。少ししか売れない商品のために、一から流通網を整えるのでは、巨額のセットアップ費用が回収できませんから、こうした状況では他社は参入しにくくなります。各メーカーが独自の流通網を持っていると後発の競合他社は参入できませんから、競争を阻害してしまいます。

こうして、各社が流通網を整えたとしても、商品を運ぶ流通網は社会的にはいくつも必要ありません。東京から名古屋へ行くのに、会社別の新幹線の路線が何本もあるようなものです。一つの路線を各社で共有した方がスケール・メリットを発揮できます。しかし、自社自ら費用を負担して調えた流通網を後発の企業にただ乗りされたのではビジネスが成り立たなくなってしまいますし、今後どの企業もこうした先行投資を控えようとしてしまうでしょう。どちらがいいのか微妙な問題です。

独占と競争のバランス

ただ、競争原理が働く以上、いつまでも競合他社を排除できるような仕組みを維持できるかというと難しいでしょう。今、家電製品はケーズデンキやヤマダ電機などの量販店やネットショッピングで買う消費者がほとんどです。ビールもコンビニやスーパー、もしくはドラッグ・ストアで買う人がほとんどです。自社の流通網のように正当に構築されたものであっても、競争を事後的に制限する仕組みは、たとえ合理的な存在理由があっても新しいビジネス・モデルによって破られていくように思います。また、先ほど挙げた書籍の再販価格維持もあくまで新刊だけであり、中古市場では自由な価格が付けられています。ブックオフの中古本はきれいですが、しばらくたっても売れなければ一〇〇円ですし、アマゾンでは新刊とならんで中古本の価格が比較できるようになっています。競争を制限する仕組みが堅牢であるほど、それを打ち破った先行者の利益は巨大になりますから、新しい仕組みを作ろうとする意欲は大きくなります。

独占禁止法とのかねあいで近年最も問題となったのは、なんといってもマイクロソフト社でしょう。ウィンドウズ・シリーズはOSソフトの世界標準になりました。家電量販店で売られているパソコンは、Macを除けば、どのパソコンにも基本的にはウィンドウズがインストールされています。コンピュータに詳しい人はともかく、一般の人でウィンドウズがインストールされていないパソコンは使い勝手が悪いというより、使えないものになってしまいます。また、マイクロソフト社のワードやエクセルといった基本ソフトが購入時にインストールされていることも普通です。ワープロソフトはワード、表計算ソフトはエクセルが標準になりました。これ以外のワープロや表計算ソフトが購入時にインストールされていることはありません。

日本では一九九〇年代半ばまでは、ワードとエクセルがインストールされているパソコンと、ワープロソフトの一太郎と表計算ソフトのロータスがインストールされているパソコンの二種類が販売されていましたが、後者を見なくなって久しくなりました。いつのまにか、マイクロソフト社のソフトが市場を席巻してしまいました。様々な理由が考えられますが、ウィンドウズが標準OSになったこととは切り離せません。マイクロソフト社はウィンドウズの開発に合わせてアプリケーション・ソフトを開発することができますが、他社はウィンドウズに合わせた商品開発に遅れてしまいます。また、マイクロソフト社はワードやエクセル、アウトルックなどのソフトをセットにして販売することもできますから、どんどん優位に進めることができたのです（コラム9－②参照）。

もちろん，マイクロソフト社のソフト自体が優れていなければ，ここまで市場を占有することはできなかったでしょうが，ウィンドウズによる独占の効果も大きいものでした。ウィンドウズによるOSソフトの独占状態が，アプリケーション・ソフトの競争を阻害している側面もあるのです。そのため，米国や欧州では，マイクロソフト社は独禁法違反であるとしてしばしば問題になりました。欧州では一〇〇〇億円近い罰金をマイクロソフト社は支払っています。

優れたものだからこそ，市場で評価され高い占有率を占めることになります。独占的な状態を築けたのは，その企業の商品やサービスが競争に打ち勝ったからであり，社会に大きな貢献をしたからです。しかし，一度独占的な状態になると，今度は競争を阻害するようになってしまいます。このあたりのバランスを考える必要があります。

8　知的財産権

特許と開発のインセンティヴ

高い技術力を持っていれば，他社は真似できませんから，独占的にふるまうことができます。これをサポートするのが特許制度です。新しい技術や商品開発は，研究開発に多額の投資をした結果として得られますが，この投資に見合う利益を得られなければ，誰も投資はしなくなるでしょう。研究開発が滞れば，技術革新が停滞してしまいますから，多額の投資の見返りとして，利益がきちんと得られるようにする必要があります。特許はこうした新しい技術などについて，独占的な使用権を認めるもので，他社は対価を支払わなければその新技術を勝手に使ってビジネスをしてはいけないことになります。ある企業が多額の出費をしてようやく成功したビジネスを、他社がただで真似てしまうのでは、開発費用を回収できなくなってしまいます。これでは困ります。

自動車や家電のような機械製品は分解してしまえば、その仕組みがわかってしまいますから、後発企業に比較的まねされやすい性質をもっています。薬品のように安全であるかを確認する上で、その精製方法を明らかにすることがどうしても必要なものもあります。こうしたものでは、他者が簡単にまねできない制度的な仕組みを作ることが大切になります。一方、せっかく開発された新しい技術や製品は広くみんなに自由に使ってもらった方が社会的には望ましくなります。開発にかかった費用はすでに支払ってしまった後ですから（これをサンク・コストと言います）、新しい技術をみんなで使いまくるのがよいのです。ある難しい病気の特効薬が開発されても、その開発費用の回収のためにいつまでも高い価格にしていては社会で広く普及しません。いつまでも独占的な利益を保証していては、社会の損失が大きくなります。特許制度は、新しい技術のしくみをオープンにする一方で、一定期間、その権利を開発者に保証する制度です。どの程度の保護期間が望ましいのかは難しい問題です。短すぎれば、開発のインセンティブをそいでしまいますし、長すぎれば、いつまでたっても新しい技術を廉価でみんなが使うことができなくなってしまいます。

特許を申請するのは、一定期間、勝手に真似されることを防ぐためです。特許を申請しなければ、権利を認めてもらえず、勝手に使用されても文句はいえなくなります。ただ、特許を申請するには、その製法をオープンにしなければなりませんし、保護期間が過ぎれば、自由にその技術を使用することが認められてしまいます。

裏返せば、簡単に真似できない技術やノウハウであれば、あえて特許を申請しない方がよいという判断もありえます。特許を申請しない以上、真似されても文句は言えませんが、真似することが難しいのであれば、なにも特許を申請して、その製法やノウハウをオープンにする必要はないでしょう。特許による権利は、すべてをオープンにすることによって一定期間保護されるだけです。保護期間が過ぎれば、他者に自由に使われてしまうのです。有名な例では、コカ・コーラの製法は特許申請をしていません。誰も真似できないのであれば、あえてオープンにせずに、いつまでも独占的に振る舞えるようにすることも一つの戦略なのです。おいしいレストランの料理のレシピが門外不出になるのも、第八章でお話しした新日鉄住金の方向性電磁鋼板も特許を取得せずあえてノウハウを秘匿することにしたのも同じ理屈です。不正行為で流出してしまいましたが、簡単にまねできないという判断があったのでしょう。

「ミッキーマウス法」という問題

特許は知的財産権に含まれますが、この他の知的財産権には商標や著作権などがあります。著作権は特許に比べると、非常に長い間保護されています。わが国では作者の死後五〇年間は著作権が存在しますから、勝手に音楽や小説などの作品を利用することはできません。五〇年を過ぎれば自由に利用することができます。文学作品でも夏目漱石や芥川龍之介のような古典となったものは、作者の死後五〇年が過ぎていますから、ネット上で読むことができたりします。モーツアルトやショパンの楽曲を自分で演奏してネット上はもちろん、舞台などで発表しても構いません。

著作権は、一九九〇年代に欧米で作者の死後五〇年から七〇年に保護期間が延長されました。これだけ長くする必要があるのかという疑問もありますが、著作権は作者の人格に深く関わっているからなのでしょう。もっとも問題となったのは、すでに発表された作品の著作権をも七〇年まで延長するということでした。作品の創作意欲を掻き立てるために、保護の期間を長くしようというのは一定の根拠があります。しかし、すでに発表された作品を制作するのにかかった費用はすでに払っていますから、これら発表済みの作品の保護期間を延長することに経済学的な根拠はあまりありません。一説には、保護期間が切れてしまうことによって利益を失う個人、団体が政治的に働きかけたからだと言われています。とくにミッキーマウスの著作権が切れるタイミングで、延長されることが重なったように見えるため、米国では「ミッキーマウス法」と揶揄する見方もあるようです。わが国でも、欧米と足並みをそろえようとする動きがありましたが、賛否の隔たりが大きく議論が継続されています。

コラム9

[1] マクドナルドの行列

新商品の販売促進には、多額の宣伝費用をかけて行うことが珍しくありませんが、ニュースとして報道されるとその宣伝効果は絶大です。しかも、無料で全国に報道してもらえるのです。

二〇〇八年一二月にマクドナルドは、牛肉の重量を強調したハンバーガーの新商品「クォーター・バウンダー」の販売を始めますが、その発売初日に、マーケティング会社を通じて客としてアルバイトを集めて購入させていました。(7) 東京と大阪で、行列になって並んでくれるように頼んだとされています。いわゆるサクラを動員して、消費者を煽ったと受け取られても仕方のないところで、批判的な報道がされました。マクドナルドはキャンペーンの一貫のつもりだったとしていました。

今ではあまり見ることはなくなりましたが、一〇年ほど前にはスーパーや駅前の書店の店頭で、くじを引かせる携帯電話の販売キャンペーンがあちこちで見かけられました。筆者の経験では、一等は（誰しもがおそらくは欲しい）東京ディズニーランドのペア・チケット、二等が携帯電話機となっているものがほとんどだったように思います。そして、くじはほとんど全て二等しかないという仕組みでした。「当たり」を引いたお客さんに契約してもらおうというわけです。仕掛けが分かってしまえば、他愛のないものですが、当たりくじを引かせたと思わせようとするやり方は、消費者を騙そうとする意図を感じるのではないでしょうか。キャンペーンとしてどこまで許されるのか、線引きは難しいですが、消費者が本当に欲しいものであれば、こんな手の込んだことをする必要はありません。

ちなみに、先の「クォーター・バウンダー」が翌年の一月に名古屋で発売されたときには、こうした仕掛けをすることなく消費者の行列ができたということです。(8)

2 一太郎

昔話になりますが、一九九〇年代の中ごろまでは、ワープロ・ソフトの一太郎は日本語の文章を書く上で優れているという手堅い評判がありました。とりわけ、漢字変換ソフトのATOKの評判が高いものでした。しかし、ウィンドウズ95の発売以降、ワープロ・ソフトはマイクロソフト社のワード一色になっていきます。今では、ワードを使う人がほとんどです。

しかし、一太郎が会社の中で根強く使われているところもあります。社の上層部の年配の人が、使い慣れた一太郎を単に好んでいるという理由もあるようです。国際競争にさらされている職場では、こんな理由は通らないでしょうが、似たような話はどこにもありそうです。

過去に一太郎で作成した文書が多いところで

は、今でも昔の書類を参照するために一太郎が必要な場合があります。弁護士事務所など法曹界は、一太郎が比較的よく使われているようです。昔の書類を参照するためであれば仕方ありません。

役所のホームページでは各種の文書がＰＤＦファイルで参照、ダウンロードできるようになっています。このＰＤＦファイルから、文書がどのソフトで作成されたかわかることがありますが、役所では一太郎が意外に使われていて、少し驚いたことがあります。

内閣参与を務めた劇作家・演出家の平田オリザさんが、出演された映画『演劇１』（想田和弘監督、二〇一二年）の中で、一太郎を使って脚本を書かれていました。法曹、行政、作家と日本語を駆使する人々にはまだまだ根強い人気があるのでしょう。

註

（１）伊藤元重『ビジネス・エコノミクス』（日本経済新聞社、二〇〇四年）二一頁。
（２）The Economist, July 15, 2000, p.60.
（３）The Seattle Times, August 16, 1996 (Internet article).
（４）アビナッシュ・ディクシット／バリー・ネイルバブ、菅野隆・嶋津祐一訳『戦略的思考とは何か』（ＴＢＳブリタニカ、一九九一年）。九七〜九九頁。
（５）The Economist, April 14, 2012.
（６）朝日新聞（二〇一四年八月一八日付）。
（７）朝日新聞（二〇〇八年一二月二六日付）。
（８）読売新聞（二〇〇九年一月二五日付）。

第Ⅳ部　市場と国家

第一〇章　日本の食が危ない？——貿易と国際関係

本章のテーマ

・貿易では勝ちも負けもないといわれますが、その理由は何でしょうか。
・一〇〇％国産品があるとしたら、どのようなものでしょうか。具体例をあげることができるでしょうか。
・日本や米国の貿易依存度が低く、欧州諸国が高いのはどういう理由が考えられるでしょうか。
・貿易を自由化すれば、経済成長は促進されるのでしょうか。

Key words

比較優位、自由貿易の利益、貿易依存度、保護主義、戦略的貿易理論、重力理論、食糧安保論、権原、経常収支、資本移動

1　貿易のしくみ

食糧自給率の低い日本

日本はエネルギーと食糧を外国から輸入して、自動車などを輸出しています。エネルギーも食糧も国民生活に必要不可欠なものですが、これらを得るために自動車などを外国に売っていることになります。外国との取引がなければ、食糧やエネルギーをすべて自給しなければなりません。石油やウランをほとんど産出しないわが国が、エネルギーを国内自給するなら水力や石炭に頼ることになりますが、とても現在のエネルギー需要をまかなうことはできなかったでしょう。

また、わが国は食糧自給率が年々低下し、他の先進国と比べても低い水準にあります。シンガポールのように食糧のほとんどを輸入に頼る国もありますが、自給率を上げなければいざというときに国民の命が守れないと思っている人が多いようです。小麦やトウモロコシの価格が急騰すると食糧危機に関する報道が増え、食糧自給率が低すぎることが危惧されます。確かに、食糧は命の源ですからそれを外国に頼っていて大丈夫だろうかと不安に駆られるのも致し方ないように思います。食糧を国家の戦略物資と位置づけ、自給率を高めるべきだという主張を食糧安保論といいますが、国民の間で根強い支持があるように見えます。

しかしながら、この食糧安保論に対して経済学者は概ね反対の立場の人が多いように思います。一つは、農業に適した国は農業でその適性を活かし、農業に適さない国はそれ以外のところで適性を活かすべきだと考えるからです。比較優位の理論と呼ばれるこの考え方では、わが国は無理に農業に力を入れなくてもよいということになります。また、日本の農業の生産性を上昇させることは大切かもしれませんが、自給率だけを無理やり上げることはかえって日本経済にとって逆効果だと考えることが多いのです。例えば、都道府県別の自給率を考えると、北海道、東北、九州地方の自給率が高くなりますが、東京や大阪などの大都市の自給率は数％と極めて低くなります。それでは東京の自給率を無理やり高めるべきでしょうか？　誰も東京のど真ん中に水田地帯を作るべきだとは考えないはずです。それと同じことは日本と外国との間でも成立します。無理やりバナナを作ることはかえって損失になってしまいます。

しかし、そうはいっても食糧のことです。権謀術数渦巻くパワー・ポリティクスの場で、外国の戦略にはめられるわけにはいかないと考える人が多いように思いますし、不安に駆られるのは無理もないことです。実際、二〇一〇年には中国と領土問題をめぐって、レア・アースが輸入できなくなり、わが国は右往左往しました。ハイテク製品の製造に必要なレア・アースのほとんどを中国に頼っていたのですから、安定確保という点で脆弱だったのは否めません。ましてや、これが食糧だったらどうするんだという不安はもっともです。ここでは、貿易のしくみを勉強するとともに、こうした国際関係についても考えます。

比較優位の原理

貿易は国境をまたいだ取引であるために、国家という要素が加わり、ことを複雑にしがちですが、経済学的には国内の経済取引と特段変わるわけではありません。貿易も需要と供給という買い手と売り手の経済活動なのですから、自由な市場取引が経済厚生を高めるというこれまでの結論はそのまま成立します。ですから、自由貿易が望ましく、自由貿易を促進させることがわが国にとっても、世界にとっても利益になります。ＷＴＯ（世界貿易機構）はこの観点から、自由貿易体制を維持、拡大するための国際機関です。

まず、貿易の仕組みとして、よく挙げられる比較優位の原理について簡単にお話しします。この比較優位の原理は貿易に関わらず、あらゆる経済取引にあてはめることができます。また、とてもシンプルながら自明でない経済理論として挙げられることもあります（コラム10－①参照）。

誰しもが友達と学校の宿題を共同でやったことがあると思いますが、友達と二人で英語と数学の宿題を一緒にやることを想定してみましょう。ここでは自分と友達が通っている学校またはクラスは異なっており、宿題の内容も違うとしましょう。宿題を丸写しするということはできないので、自力でやらなければなりません。もし、友達が英語が得意だが数学は苦手で、自分は反対に英語が苦手で数学が得意だったら、共同作業のやり方は簡単です。それぞれが得意科目をやれば、早く宿題を終えることができます。それぞれの適性を活かした共同作業です。

ですが、往々にして、英語もできる人は数学もできるものです。友達は優秀で、自分は人並み、英語も数学もどちらも友達にかなわないという経験したことはないでしょうか。自分としては優秀な友達と共同作業するメリットがありますが、友達にとってはメリットがないように見えます。友達からすれば、英語も数学も自分の方ができるのですから、なにもわざわざ共同作業する必要はないというわけです。

しかし、そんなことはありません。友達は得意な英語の宿題を二人分します。どちらかというと苦手な数学をしなくてよいので、一人で英語と数学をやるよりも早く終えることができます。一方、自分も得意というにはおこがましいが、英語よりはましな数学の宿題を二人分やります。英語と数学を独りでするよりも早く終わります。その結果、どちらも早く宿題を終えることができますから、二人にとって共同作業のメリットがあることがわかります。このお互いがあくまで相対的に得意なこと（これを比較優位といいます）に特化して分業することによって、お互い利益が得られます。相手がすべてにおいて自分より優れていても（絶対優位といいます）、相手にとっても一緒に共同作業するメリットがあるのです。

この比較優位の原理が意味することは、どんな国でも、そしてその国がすべての分野で生産性が低くても、その国はもちろん、他の国にとっても互いに貿易するメリットがあるということなのです。

比較優位が生まれる背景

比較優位をもたらす代表的なものは地理的要因です。暖かい地域と寒い地域とでは、当然のことながら生産される農産物が異なりますから、貿易するメリットが双方にうまれるのはわかりやすいところです。また、比較優位は気候のような地理的要因以外にも、その国の労働力が相対的に豊富かどうかによっても変わってきます。人口が多い国は、当然労働力を豊富に持っていることになります。労働供給が多いのですから、特別に産業が集積でもしていなければ、賃金は低くなる傾向にあります。賃金が低いのであれば、低コストで労働者を雇用し生産することができますから、ビジネスを行う企業としては国際競争上有利です。この有利さは労働力をたくさん用いる産業でとりわけ発揮できるはずです。オートメーション化された工場で、ほとんどの作業を工作機械がこなしてしまい、労働者が作業に関わることが少ない産業では、安い豊富な労働力のメリットをそれほど活かせません。機械化の程度が低く、多くの労働者が従事する工場でこそ、その豊富な労働力のメリットを活かすことができます。こうした産業を労働集約的産業といい、繊細産業などはその例です。低賃金で人口の多い国では労働集約的な産業で優位ですから、繊維製品などを輸出することが多くなります。わが国の衣服などはほとんどが中国で生産されているのもこうした理由からです。

また、歴史的経緯から生み出された比較優位もあります。これまで生産してきた総量が大きくなるにつれて、一単位あたりの生産費用がどんどん減少していくことがあります。製品によっては累積生産量が倍になると、一定比率で一単位あたりの生産費用が減少する場合もあります。これを学習効果もしくは習熟効果と呼びます。生産活動を続けることによって、労働者の技能や生産工程・設備の効率性が上昇したり、不良品が少なくなり、学習効果が起こります。代表的な例は半導体や航空機産業です。他社に先駆けて生産を始めれば、生産費用を早く下げることができ、市場競争で優位にたてるというわけです。これを造られた比較優位という場合もあります。

2　日本の貿易の概況

貿易が支えた経済成長

グローバル化はときおり激しい反発を起こしますが、グローバル化がもたらす利益は社会全体で見れば大きいものです。貿易の利益も同じです。わが国が経済成長を実現し、物質的に豊かな生活を送ることができるようになったのも貿易によるところが大きいといえます。図10－1は、わが国の輸出と輸入を合わせた貿易額とGDPの推移を表したものです。貿易額が変動しながらも、日本が豊かになってくるのと並行して増えてきたことがわかります。近年になって、貿易量のGDPに対する比率が上昇していることがみてとれます。

わが国の海外取引相手としてはアジアの重要性が近年飛躍的に高まっています。図10－2は地域別貿

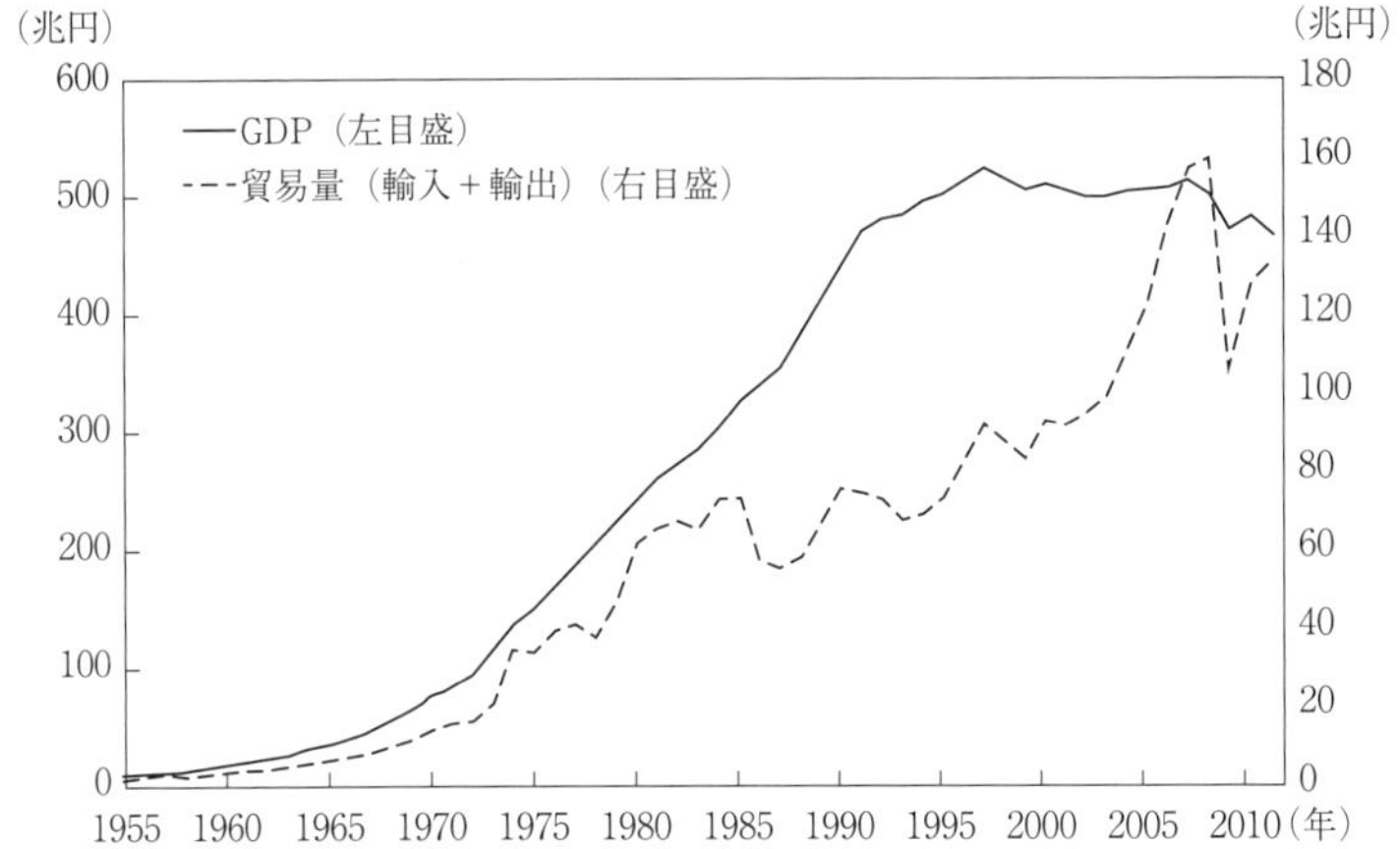

図10-1　日本のGDPと貿易量の推移

（出所）内閣府『長期経済統計』、財務省『貿易統計』より筆者作成。

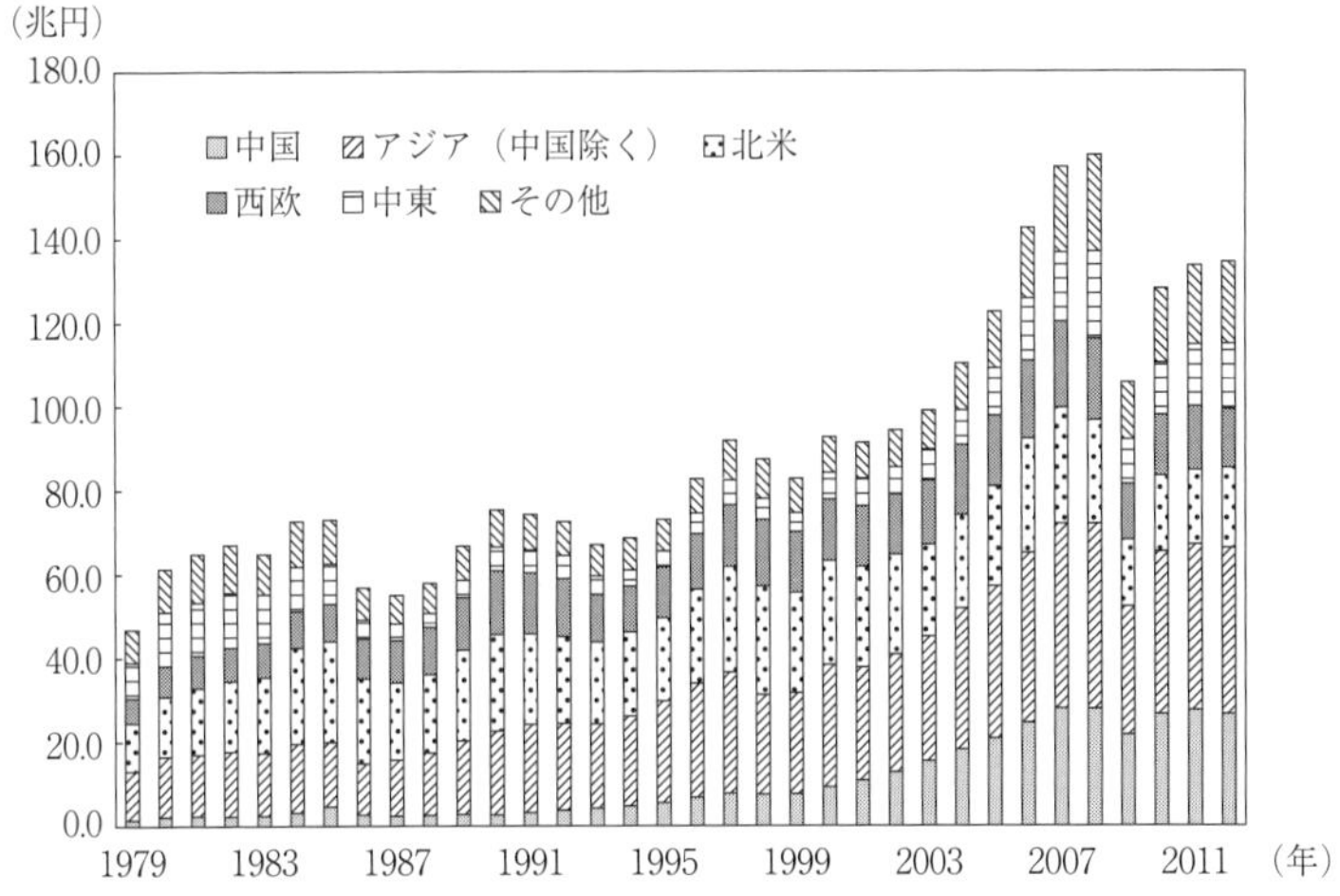

図10-2　地域別貿易量（輸入＋輸出）

（出所）財務省『国際収支統計』より筆者作成。

易量を表したものです。貿易額の多い地域は、アジア、北米、西欧、中近東となっています。地理的にも近いアジア諸国は、中国やインドのような人口の大きい国をはじめとして経済成長が著しく、わが国にとってもこれらの国々との結びつきがますます重要となっていることがわかります。先進国が集中している北米と西欧は市場として重要な地域であり、中近東からは石油を輸入しています。これに対して、「その他」に含まれる中南米やアフリカとの取引量は地理的にも遠いこともあり、経済的にもやや遠い関係の国々です。グローバル化が進んだとはいえ、貿易というモノの取引においては、地球全体を覆うところまでは進んでいないことが分かります。かつて社会主義国であった地域の中東欧・ロシア地域も同じく「その他」に含まれますが、社会主義が崩壊して二〇年以上になりますが、日本の取引先としてはあまり関係を強化できていないことがわかります。

資源を持たない日本は貿易の恩恵を大きく受けてきました。また、日本経済の輸出依存度が高いとも言われますし、円高になると日本の輸出が伸び悩み景気にマイナスだという報道はよく耳にします。しかし、日本が外需中心の経済構造をもっているわけではありません。

貿易依存度が実は小さい日本

図10－3には各国の貿易依存度が示されていますが、わが国の貿易依存度（＝（輸入＋輸出）／GDP）は二〇一二年で二八・三％です。この値は各国と比べると決して高い数値ではありません。二〇一二年の世界平均は五〇・六％、欧州諸国は四〇％を超えている国が珍しくありません。人口が一億人を超える国でも、中国、ロシア、インドネシアの貿易依存度はわが国よりも高いのです。これらの数値を見ると、わが国の貿易依存度は決して高いわけではなく、むしろ内需が経済を支えていることがわかり

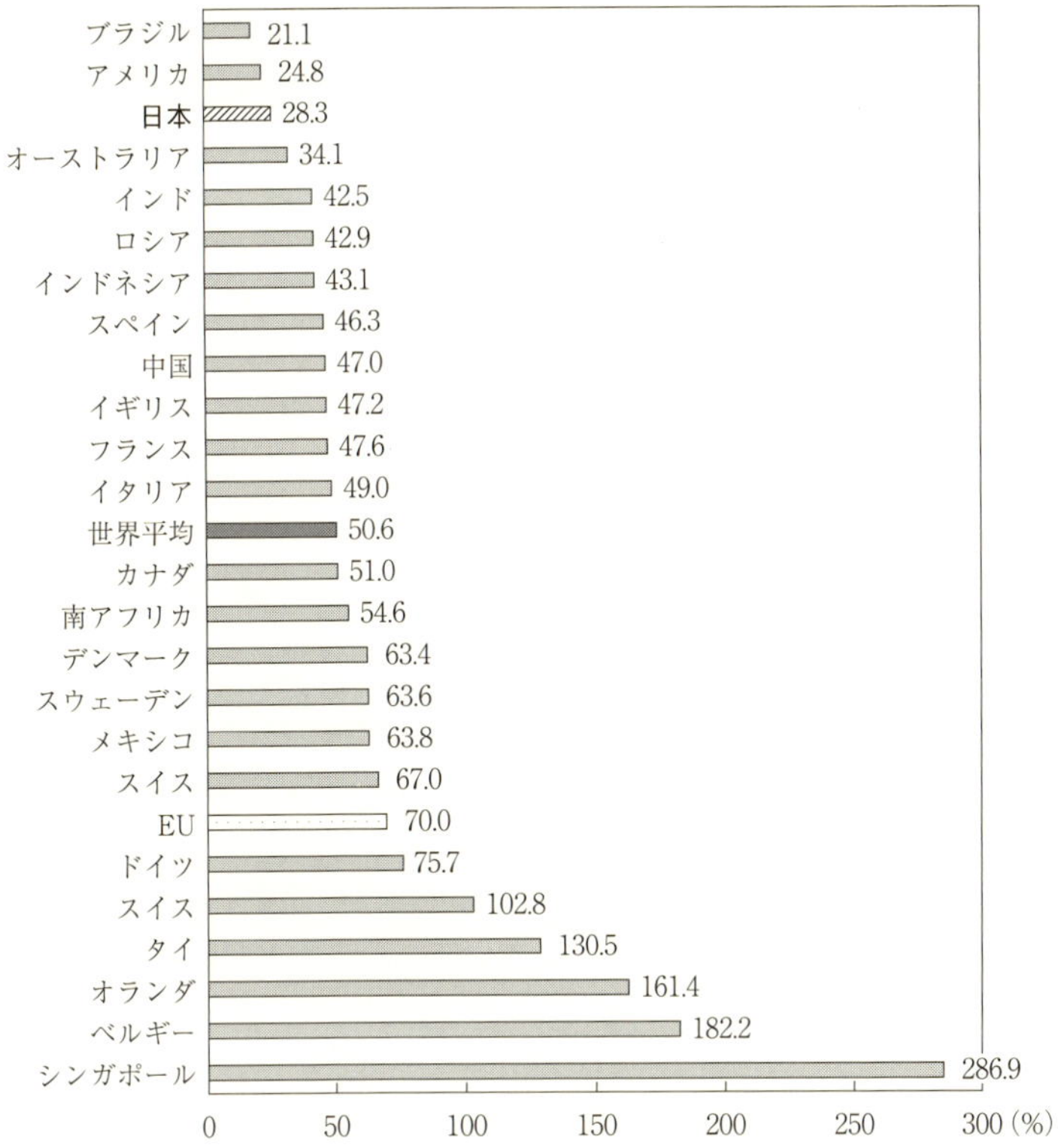

図10-3　各国の貿易依存度（USドル換算、2012年）

（出所）世界銀行のホームページ（Word DataBank : Merchandise trade（% of GDP））より筆者作成。

ます。

貿易依存度の高い欧州の国々は地理的にも近く、また移動や輸送がスムーズになるように制度を整えてきました。EU内ではほとんどの国で入国審査は廃止され、共通の通貨ユーロを使っていますから、隣国との経済取引が増えるのは自然な流れです。これに対し、海に囲まれたわが国は陸続きという直接の隣国を持ちませんし、なにより人口が一億人を超えています。欧州の国々に比べて、大きな

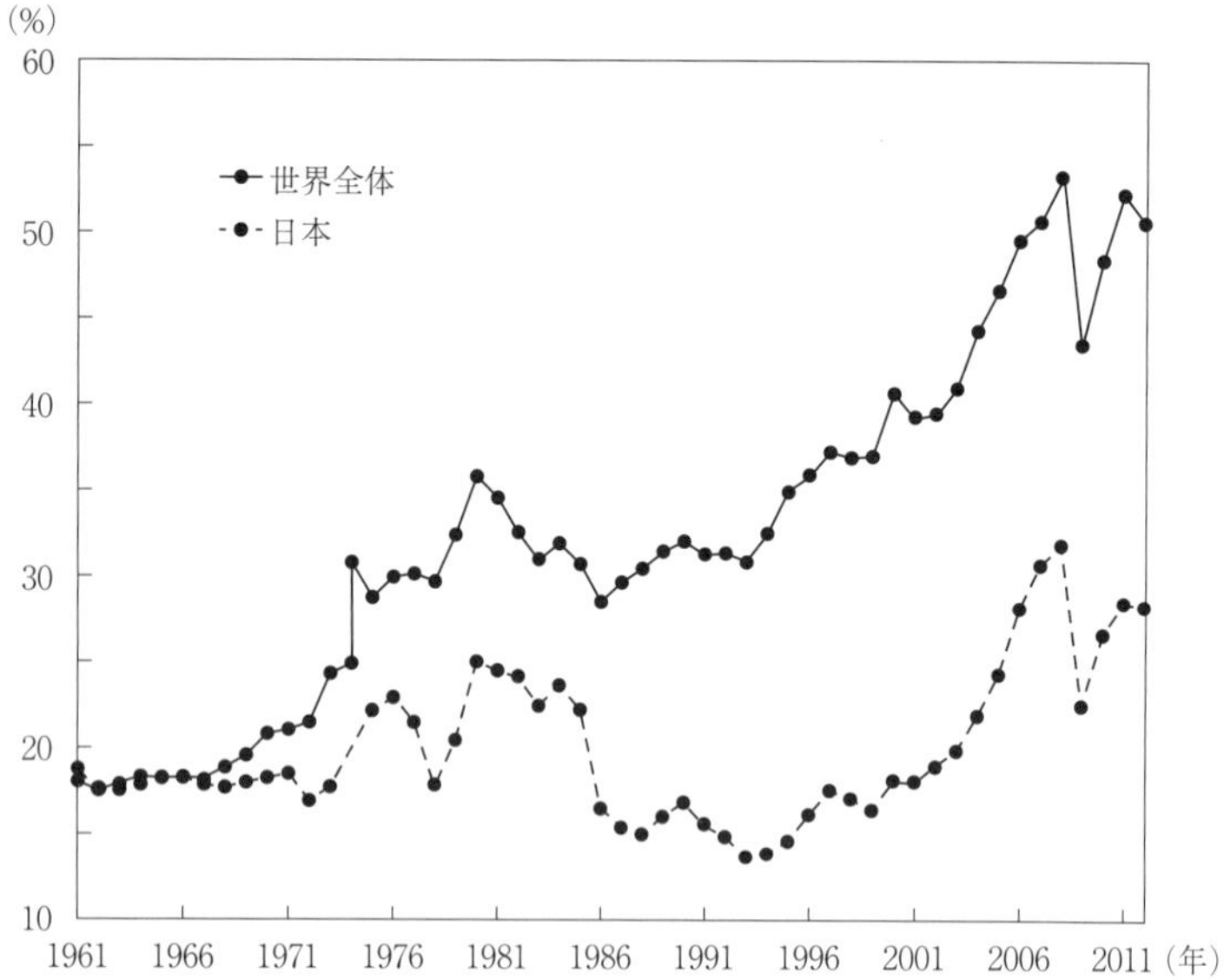

図10-4　貿易依存度（貿易取引のGDP比：USドル換算）の推移

（出所）世界銀行のホームページ（Word DataBank : Merchandise trade (% of GDP)）より筆者作成。

人口をもつわが国は国内で十分大きな市場をもっていたのです。後述しますが、スケールメリットを活かせる大きな市場を国内に持っていたことが、戦後の日本経済の成長に大きく寄与し、鉄鋼や自動車といった基幹産業の育成に大きな役割を果たしました。国内の市場が大きいからといって、海外取り引きの重要性がなくなるわけではありませんが、これまで日本は内需の国だったのです。

日本の貿易依存度が小さい理由は大きな人口と外国との距離でした。米国の貿易依存度が低いのも同じような理由から説明できるのです。図10－4は貿易依存度の推移を表しています。これを見ると、日本は一五％から三〇％の間を推移してきましたが、二一世紀に入って増加傾向にあったことがわかります。世界全体では、社会主義が崩壊した一九九〇年代以降、貿易の占める割合が大きくなっていることがわかります。社会主義が崩壊し、世界の経済圏が統合された結果、経済的な相互依存関係が高まったのです。また、二〇〇九年には日本も世界も貿易依存度が大きく減少していますが、これは一〇〇年に一度と言われたリーマンショックの影響の大きさが示唆されます。

3　保護主義

政治問題化しがちな自由貿易

それぞれの比較優位に応じた生産を行うことが世界全体にとってはよいことですが、世間的には自由貿易は常に批判の対象となるようです。例えば、中国から安い繊維製品が輸入されると、日本の繊維産業としては困ってしまいます。人件費の安さを武器に日本で販売されると、日本のメーカーとしては太刀打ちするのは困難だからです。中国の衣服に押される以上、日本のメーカーの経営が立ち行かなくなれば、雇用が失われてしまいます。こうして、競争において劣位にあるメーカーは、政府を動かして関税などをかけてもらうことを要求することがあります。政治家としても、地元の産業が苦しく、失業者が増えていくのを黙ってみていれば、次の選挙に響きかねませんから、こうした要求をのもうとする誘因が出てきます。このように、国際競争力を失っている産業を保護する政策を保護政策といい、こうした保護政策を正当化する主張や運動を保護主義と言います。保護主義が大規模なレベルで起こると貿易摩擦となり、政治問題化することがあります。

戦後の長い間、わが国の最大の貿易相手国であった米国とは、日本の経済成長の様々な段階で様々な製品をめぐって貿易摩擦が起きていました。繊維、鉄鋼、テレビ、自動車、半導体など、それぞれの時代で日本の米国への輸出が政治問題化していました。一九九〇年代後半の日本経済が「失われた一〇年」と呼ばれる停滞期に入ると、米国との貿易摩擦はほとんど問題とならなくなりましたが、米国の政治家が日本車を壊したり、日本製品や日の丸を燃やしたりするパフォーマンスが行われることもしばしばでした。近年、何かとぎくしゃくしている中国ではなく、同盟国の米国でこうしたことが起きていました。

日本の輸出が増えると、日本の輸出品と競合する米国の企業が困ることは理解できますが、WTOに加盟して自由貿易を促進しようとしている以上、日本の輸出をむやみに制限することは認められていません。しかし、いろいろな方法で制限する手段が残されています。

一つは、緊急避難的なセーフガードです。ある国からの輸出が短期的に急激に増えると、競合する国内企業の業績は悪化し、労働者の職が失われてしまいます。一度職を失うと、仕事をする上で必要な技能が失われてしまい簡単に回復できません。また、企業がつぶれてしまうと、集中豪雨的な輸出が治まった後にすぐに再び起業することもできないため、雇用の回復には時間がかかってしまいます。長期的なトレンドに則した変化であれば、市場の動向に委ねるのが概ね望ましく、国際競争で採算の取れない非効率な企業は退場してもらう必要があります。しかし、長期的なトレンドとは関係ない短期的に急激な変化は経済を混乱させることにもなりますから、少し様子を見ることにも一定の合理性があります。そこで、時限付きで関税をかけるセーフガードが認められています。一時的に関税をかけてショックを緩和することが目的です。

セーフガード自体は、短期的な混乱を避けるという意味で合理的な手段でありえます。ただ、セーフガードが一時的なものであればよいのですが、一度導入されると、その産業に恒常的にセーフガードが実施される傾向があります。当初は短期的な緊急避難的な性格として導入されていたものが、恒常化されるのは望ましくありません。米国の鉄鋼業などは、二〇年近く形を変えたセーフガードが恒常的に導入されていたのです。

ダンピングと価格差別

もう一つは、ダンピングであることをＷＴＯに訴えて、それが認められれば懲罰的な高い関税をかけるという手段です。ダンピングとは輸出先で不当に安い価格で販売し、当該国の市場を略奪するような行為であると位置づけられています。ダンピングであることが認められなければ、これまで通り自由に輸出することができますが、認められてしまうとその国の市場から事実上締め出されてしまうことになります。何をもって不当に安い価格というかが問題になりますが、自国での価格に比べて外国での価格が低いとダンピングと判断されることがあります。

しかし、ダンピングは価格差別という企業のビジネス活動の結果とみることができます。例えば、ある商品が国内では消費者に広く認知されており、ブランド・イメージも確立していて価格支配力を十分行使し、独占的な価格が付けられるとしましょう。一方、外国では、外国の消費者にはあまり認知されておらず、当然ながら安売りして販売しなければならないとしましょう。この場合は結果的に、自国の価格より安い価格で外国で売ることになりますから、ダンピングと判断されることになります。しかし、価格差別というのは企業の自由なビジネス戦略の結果としてもたらされるものですし、国内外で広く見られるものです。こうした自由な経済取引を一方的に阻害することに正当性を見出すことは難しいでしょう。

こうした保護主義的な政策は国内の産業を守るように見えますが、それ以上に国内の消費者を犠牲にする傾向があります。考えてみれば、外国からの輸入品が国内で人気があるのは、それを望む国内の消費者がいるからです。保護政策は消費者の犠牲の上に成立しているのです。

さらに問題を複雑にさせるのは、こうした保護主義的な政策が実際に実施されなくても、事実上、外国への輸出を制限する効果をもつということです。例えば、ダンピング提訴の場合では、提訴されると潔白を証明するのに費用がかかります。ましてやダンピングと認められると、高い関税率をかけられて事実上輸出することができなくなってしまいます。そのため、こうした費用とリスクを避けるために、輸出を自主規制することがあります。実際、わが国は鉄鋼も自動車も米国への輸出自主規制をしてきました。ダンピング提訴に踏み切るという手段の存在が脅しになるのです。建前ではＷＴＯ加盟国は自由貿易を推進する努力をしなければなりませんから、あからさまに保護主義的な政策をとることは認められませんが、輸出する側があくまで自主的に輸出を規制しているのであって、保護主義的な政策をとっていないと言い逃れることができます。

どの国も外国との関係においては貿易以外の様々な政治的要因がからみがちで、しばしば自由な経済活動を歪めてしまいます。そのため、二国間で特定の産業について交渉するというのはあまり望ましいことではありません。世界には多数の国がいろいろな製品を生産し、貿易しています。貿易は世界的な国際分業ですから、ある特定の二国間で特定の生産物に対して取り決めただけのように見えても、その他の国にも影響が及びます。日本がある国への輸出を自主規制すれば、その輸出品の生産に必要な第三国からの輸入が減ってしまうこともあります。こうしたことを避けるためにも、二国間で交渉するのではなく、多国間で世界の貿易の共通のルールを決めることが大切です。WTOはそのために存在しているのです。

保護主義的な政策は概ね経済全体では損失を生みますが、どの時代のどの国でも観察されます。保護政策によって消費者一人ひとりが負担する費用はわずかです。国全体では巨額になりますが、一人当たりではとてつもなく大きな負担というわけではありません。一方、外国製品の輸入に押される産業に従事している人々にとっては、その所得を失うかどうかということになります。わずかの負担のために政府に訴える消費者は稀なため、生産者の意向が政治のプロセスで反映される傾向になります。これはわが国でも同じです。外国の農産物に押された農家が政治家に働きかけることはあっても、消費者が働きかけることはほとんどないのです。

一〇〇％国産品とは

ところで、保護政策では外国製品と国産品との違いがことさら強調されますが、一〇〇％日本製品や中国製品の方が珍しいことを認識することが大切です。自動車、テレビ、パソコンはいろいろな部品の集合です。日本が輸出している機械製品で、すべてが何から何まで日本製品ということはありません。例えば、ほとんどの場合、パソコンにはインテルのCPUが使われているでしょう。OSはマイクロソフト社のウインドウズです。外向きは東芝のダイナブックやパナソニックのレッツ・ノートですが、これはどこまで日本製品というのでしょうか。国産の牛肉や豚肉でも、飼料は輸入に頼っていますから農産物でも同じことがいえます。

最近、ANAやJALが導入したドリームライナーと呼ばれるボーイング七八七は、中型機ながら軽量化を進めた結果、一万一〇〇〇キロ飛べる最新型航空機ですが、その機体構造の三五％は三菱重工や川崎重工といった日本のメーカーが製造しています。これまでの機体では一五％から二〇％だったそうですから、その比率が倍以上に高まっています。Made in Japan ではないかもしれませんが、ボーイング社が言うように Made with Japan とも呼べるものなのです。

また、二〇一二年のロンドン五輪のアメリカ選手団のユニフォームが中国製であったため、アメリカの民主、共和両党から批判されるというニュースがありました。このユニフォームはアメリカのアパレル企業ラルフローレンが無償提供したものでしたが、縫製工程を中国で行った Made in China をアメリカ選手が着ることにおさまりがつかなかったようです。スポーツとはいえ国の威信をかけて戦うのに、また、アメリカのアパレル産業が縮小しているのにも関わらず、そのユニフォームが外国製品とは何事かというのです。他の国ならまだしも、新たな脅威である中国ということも影響したのでしょうが、米国五輪委員会は次回の二〇一四年冬季五輪ではユニフォームは Made in America とすることを表明しました。

こうしたやや興奮した事態の反面、メディアの報道は冷静なものが多かったように思います。確かに、ユニフォームそのものの最終工程は中国で行われたかもしれませんが、むしろ付加価値の高いマーケティング、デザイン、開発などの部門はアメリカで行われていることが多く、どの部分をどこで生産、開発するのかは比較優位に基づいた分業の結果だからです。アメリカ人がデザインし、生産は中国で、そして販売や宣伝はアメリカで行われた製品を Made in China として騒ぎ立てるのは理性的ではありません。

本来、経済はいろいろなところでつながっている以上、外国製品と国産品とに無理に区別して保護主義的な規制をかけるのはあまり賢明なことではないのです。これは商品だけでなく人々の行動についてもあてはまります。例えば、ホームページで簡単に調べたところ、二〇一四年一〇月一日に福岡と札幌を直接結ぶ国内便はＪＡＬが二本、ＡＮＡが一本でしたが、福岡とソウルを結ぶ直行便はＪＡＬとＡＮＡとも提携航空会社のコードシェア便で三本でした。飛行機の便数を見る限り、同じ国内の札幌より、外国のソウルの方が経済的には福岡にとって結びつきは強いのです。

今、企業はグローバル展開しています。トヨタの日本にある工場や事務所は、国内のホンダや日産よりも、トヨタの外国の拠点との結びつきの方が強いでしょう。同じ企業グループですから人的交流、情報交換は当たり前ですが、グローバル展開しているので国境をまたいでしまいます。これは大企業に限りません。規模の小さい企業でも生産拠点や販売拠点を海外に持っているところは珍しくありません。比較優位に基づいた自由な経済活動をしていれば、ヒトやモノ、情報が国境を越えて移動しますから、「国産」という概念自体あまり意味のないことなのです。実際、資本の構成上でみれば、日産はすでに外国の企業です。

4　戦略的貿易理論

幼稚産業保護

これまでお話したように、保護主義は原則として望ましいものではありませんが、その例外として幼稚産業保護というものがあります。これは現在は生産性が低く国際競争力をもたないが、一定期間国内で保護することによって生産性の上昇が期待でき、将来国際競争力をもつような産業は、保護する価値があるという考えです。

わが国の例では戦後の自動車産業がよく挙げられます。保護関税をかけて国内の自動車産業を保護し、国内市場を確保しました。国内で自動車を生産、販売することによって、学習効果が作用し、生産性を上昇させることができました。今や、自動車はわが国の基幹産業とも言える位置を占めています。もし、戦後間もないころに市場を開放していれば、品質で勝る外国車に太刀打ちできないままだったかもしれません。

このように、現在は生産性が低いものの、将来の飛躍が望める産業であれば、一時的に保護することによって育成することが望ましい可能性があります。こうした産業は学習効果が作用するような、規模を大きくしていけばスケール・メリットが活かせるような産業です。

ただ、この種の幼稚産業保護や、将来の飛躍が望める産業を戦略的に政府が促進させることについて慎重であるべきだと考える人も多くいます。その理由として、将来生産性が大きく上昇することを予見可能なのかということがあります。将来、有望な産業であれば、政府が保護しなくても、金融機関が投資資金を用立てするでしょうし、他の企業が参入して投資することもあります。わざわざ保護しなければならない理由があるのかやや不明です。また、どんな産業も時を経れば新しい技術を使うことが可能になりますから、生産性は上昇するでしょう。極端なことを言えば、どんな産業でもとても長い将来を見越せば保護すべき対象になってしまいます。そのため、本来であれば保護政策をとることによって被る当座の損失を上回る利益が将来得られなければなりませんが、これらをきちんと推計する必要がありますす。しかし、こうした推計はとても難しいのです。将来のことなどわからないことが普通であり、どうしても推計がお手盛りになってしまいます。これでは、なんでもかんでも保護すべきだということにもなりかねませんし、利権が絡むため政治的な思惑に左右されてしまいます。

「国家の競争力」という危険な概念

二〇〇八年にノーベル賞を受賞したプリンストン大学のポール・クルーグマン教授は、戦略的貿易理論に大きな貢献をした一人です。クルーグマン教授は自著の中で、理論的には一時的に保護した方が良い産業というのは存在するでしょうが、経済全体の中に占める割合は小さいので、原則として自由貿易が重要であることは変わらないと述べています。(1) 戦略的貿易理論を都合よく利用してなんでもかんでも保護政策を導入しようとする政治家らに慎重な姿勢をとることを求めています。

とりわけ、国家の国際競争力という概念は意味がないばかりか、むしろ危険な思想だと述べています。自動車メーカーであれば、他の企業に比べてブランドの価値が高いかどうかといった形で競争力を考えることができますが、日本やアメリカといった国家の競争力という概念は貿易を考える上で全く意味をなさないのです。それでも、国家の競争力はなにかと引き合いに出される言葉です。「日本の競争力が衰退した」などとよく耳にします。「日本の労働生産性が落ちた」とか、「日本の経済成長率が下落した」というのは、残念ですが意味のあるメッセージですが、貿易における「国家の競争力」を考えるのは「?」なのです。

先ほど、比較優位の説明で例に挙げた宿題を友人と一緒にする場合を思い出して下さい。友達よりも英語も数学も劣っている（競争力がない）のに、友達が英語の宿題を担当し、自分が数学の宿題を引き受けることで、お互いにメリットがありました。英語も数学も友達に比べて全く競争力がなくても、数学では輸出していることになります。輸出と輸入といった貿易は、あくまで比較優位に基づいた国際分業であり、その結果、全員が利益を得ることができるものなのです。

裏返せば、一つの国がすべての分野にわたって貿易で利益を上げる、言い換えれば輸出をするということは起きないということです。宿題の例では、数学を引き受けるのは英語をやってもらうためです。すべてを輸出するというのは、英語も数学もすべて引き受けてしまうことと同じではっきり言って損です。貿易というのは、輸出をするためではなく、むしろ輸入するためにしていることがこの例からもわかると思います。

ところで「国家の競争力」なるものは貿易には関係ありませんが、国民の生活水準には影響がでてきます。先ほど宿題の例にもどると、世間の人が考える「競争力」とは自分の成績のことです。自分の成績がよければ二人分の数学の宿題をこなすのに短い時間ですみます。もし、成績が悪ければ時間がかかります。おそらく世間でイメージされている「競争力」とは生産性という概念に近いのでしょう。生産性が高ければ早く宿題が終わるように、豊かな生活が送れるのです。しかし、早く宿題が終わることと、どの科目を引き受けるか（何を輸出して、何を輸入するか）は別の問題なのです。宿題の例で、友人が英語を、自分が数学を引き受けたのは、自分は英語も数学も友人にかなわないのですから、それぞれの競争力である成績の絶対水準と関係ありませんでした。あくまで、自分の中で他人と比べてどちらが得意かということだったのです。

さて、これまでの例では、自分は英語も数学も友人には及ばないが、どちらかと言うと数学が得意ということでした。実は、自分もどちらかというと英語の方が得意でも、苦手な数学の宿題を引き受けた方がお互いにとってよいということもあります。一見、不思議なように見えますが、例えば友人が帰国子女で、数学に比べて英語がものすごく得意であれば、自分が数学よりも少し英語が得意なぐらいでは追いつきません。とても英語が得意な友人に英語の宿題は任せて、苦手な数学を引き受けた方がお互いにとって良くなります。もちろん、この場合は自分と友人の数学の宿題を全て引き受けると、自分独りで英語と数学の宿題をやるときよりも時間がかかってしまいます。数学はどちらかといえば英語より苦手だったからです。ですから、この場合は英語の宿題は友人にすべてやってもらうかわりに、自分は友人の数学の宿題の一部だけを引き受けることになります。友人は英語が大変得意なので二人分の英語をあっというまに片付けてしまい、残った数学をやります。こうして、二人とも早く宿題を終えることができます。このように、比較優位というのは、自分が友人に対してどれぐらい英語ができるかというのは関係ありませんし、また、自分の中で数学より英語が得意というのも関係ありません。あくまで、取引をする相手と比べて、相対的にどの程度英語が得意かということなのです。

あくまで他人と比べて、相対的にどれだけ優位にあるかというわけですから、宿題を一緒にやる友人が変われば、自分の比較優位は変わってきます。それでも、相手が誰であろうと、相手が自分と異なるタイプであれば、一緒に取引をするメリットがお互いに必ずあるというのが比較優位の原理なのです。反対に、もし、（相対的に）同じタイプであれば、取引するメリットは生まれませんが、そういうケースの方が圧倒的に稀です。ほぼすべての場合において、取引（貿易）をすることによって互いに利益が得られるのです。

5　市場開放と経済成長

保護と開放、どちらがよいか

それでは、途上国にとって、経済成長を実現するために自由貿易を進めた方が良いのでしょうか。それとも、国内産業を保護した方が良いのでしょうか。これは意見の分かれる難しい問題です。

市場を開放して自由貿易政策をすすめていけば、将来的に重化学工業化を進めて経済発展ができるという考え方には懐疑的な論者もいます。比較優位は人工的に作られることもありますから、当初、貿易を自由化して食糧や資源の供給に特化した結果、いつまでも産業化できないかもしれません。わが国は自動車やコンピュータなどを徐々に緩和しつつも一九七〇年代まで関税をかけて多少とも保護してきました。産業が独り立ちするまで保護政策をとってきたのです。もし、戦後間もない頃から保護政策をとらずに自由に外国製品を輸入していれば、これらの産業が国際的に競争力をもつまでに成長したかというと難しかったでしょう。

こうした成功例ともいえるケースもあれば、単に非効率な部門をずるずる延命させるだけの保護政策もあります。また、産業化を進めなければ豊かな国になれないわけではありません。オーストラリアは農産物と鉱物資源の輸出国ですが、国民所得の水準はとても高いからです。次の第一一章でもお話しますが、国民の所得水準にはその国の技術水準と国民の生産性（人的資本）を高めることが大切なのです。

完全に自由貿易という国はふつう存在しませんから、国内市場が国際的に開放されているかどうかを決める尺度が必要です。コロンビア大学のジェフリー・サックス教授と世界銀行のアンドリュー・ワー

日本	1962
アメリカ	1950*
イギリス	1960
ドイツ	1959
フランス	1959
イタリア	1959
オランダ	1959
スウェーデン	1960
スイス	1950*
ベルギー	1960
カナダ	1952
オーストラリア	1964
ニュージーランド	1986

表10−1　主な先進国の市場開放時期（年）

（出所）Sachs, Jeffrey D. and Warner, Andrew (1995) "Economic Reform and the Process of Global Integration," Brookings papers on Economic Activity, 1, P.25, table4より筆者作成。
（注）アメリカとスイスは一九五〇年またはそれ以前から市場開放されている。

ナー教授は、市場が閉鎖的で保護貿易体制をとっている基準として、（一）非関税障壁（輸入割当など）が貿易の四〇％以上を占めている、（二）関税率の平均が四〇％以上、（三）一九七〇年代と八〇年代で、為替の闇レートが公定レートから二〇％以上かい離している、（四）社会主義国、（五）主要な輸出産業が国営、の五項目を挙げました。[2]この五項目のどれか一つでもあてはまれば、市場が閉鎖的で保護主義をとっているとみなすと、主な先進国が市場を開放して自由貿易体制に移ったのは、表10−1が示すように一九六〇年前後となります。この基準によると現在の先進国の多くは第二次世界大戦後の一定期間、保護主義的な政策をとってきたことになります。こうした先進国の歩んだ経緯をみると、経済発展前の段階で自由貿易を徹底するのは必ずしも経済成長に寄与しないように見えます。

一方、サックス教授らはこの論文で自由貿易体制に移った国の経済成長率は、閉鎖的な国の成長率よりも高いことをデータで示しました。具体的には、一九七〇年から一九八九年の間に、自由貿易体制の途上国と先進国の経済成長率はそれぞれ四・四九％と二・二九％でした。途上国の成長率の方が大きいので、長期的には途上国が先進国にキャッチ・アップできることになります。反対に、市場を閉鎖し保護主義をとった国々では、先進国の成長率が〇・七四％なのに対して、途上国は〇・六九％しかなく、これではいつまでたっても先進国に追いつけません。また、自由貿易体制をとった途上国との差も開くばかりです。自由貿易体制の途上国と保護主義の途上国との成長率の差は三・八％になりますが、これは当初同じ所得水準にあった国が二〇年後には二倍の差になってしまうぐらいの大きな差なのです。先ほどとは反対に、自由貿易を進めることが大切のように見えます。

自由貿易の効果

当然のことながら貿易は距離が影響します。図10－2で示しましたが、日本とアフリカや南米の諸国との貿易が少ないのはやはり遠いからです。人や製品の移動にも時間がかかりますから、当然、費用もかかってきます。貿易のメリットが小さくなるのは自然なことです。とすると、日本のように、海に囲まれ、近代以降の世界経済の中心だった欧米地域から離れた国と、欧州のスイスやベルギーのような近隣に多数の国々があるのとでは、貿易量が異なるのは当然です。また、日本とスイスやベルギーとでは人口規模が違います。日本は一億人を超える市場がありますが、スイスは七五〇万人、ベルギーは一〇〇〇万人です。日本では国内取引にあたるものが、スイスやベルギーでは国境をまたいでしまい、貿易とカウントされることになります。このように貿易が起こる必然性が国によって違います。

国の貿易量を決める理論は物理からとって重力理論と呼ばれます。自国の商品は国と国の距離が近いほど外国に輸出されやすく、質量にあたる国内の人口が多いほど国内で消費されるという点で、重力の作用に似ているからです。貿易の効果を考える上では貿易をめぐる「重力」を考慮する必要がありますが、これらを考慮しても、貿易量と経済成長率とは正の相関関係があります[3]。概ね貿易量と国民一人当たりの所得水準は正の相関関係が観察されています。

ただ、貿易量が多いほど一人当たり所得水準が大きいという相関関係があったとしても、これが直ちに自由貿易の効果というには慎重な意見もあります。先のサックス教授らの分析についても、自由貿易体制かどうかの基準であった五項目のうち、（一）と（二）の非関税障壁や関税という保護貿易政策の国民所得への影響はむしろ限定的で、（三）から（五）の市場経済が浸透しているかどうかの影響の方がはるかに大きいという意見があります[4]。市場経済が浸透していない国というのは、往々にして独裁的な政府が形成されていることが多く、権力者の政策は自己の利益を最優先にしたものになりがちです。安定的な市場経済体制が豊かな生活のためには必要で、市場経済が浸透した結果、自由貿易化が進むという側面があります。

貿易は社会経済の様々なところに影響を与えますから、その効果をきちんととらえるのは難しいのですが、貿易が経済成長にプラスの効果をもたらすのは投資を促進するからです[5]。貿易という海外取引をすることによってビジネスが活発になり、投資が促進され、また人の交流から技術のスピルオーバーも期待できます。貿易理論で大きな貢献をしてきたハーバード大学のエルハン・ヘルプマン教授は保護主義が経済成長にマイナスであるという分析結果はあっても、プラスである分析結果はないという意見を述べています[6]。どのタイミングで、どのように自由貿易政策を進めるべきかは難しいところですが、国を閉ざし続けて繁栄した国は古今東西ないのです。

6　食糧とエネルギー

食糧自給率と安全保障

自由貿易が豊かな社会のために望ましいとしても、国際政治は経済学の通りには運びません。貿易は国境をまたいだ経済取引です。国家の安全保障の問題も避けられないテーマです。とりわけ、食糧は私たちの生命に直結しているので、安全保障上も自給率を高めるべきだという意見があります。食糧は国家の戦略物資であり、国際政治における交渉力という点で、食糧の自給率が低ければなにかと後手を踏んでしまうというわけです。また、食糧価格が高騰すると、将来的に食糧を十分輸入できなくなるのではないかという不安が高まります。いざというときには、外国も自国民のことを最優先にするはずで、いくらお金があっても日本は輸入できないだろうというわけです。今後、中国やインドのように、途上国が経済成長するにつれて食糧の需要が高まり、食糧不足は避けられないとも言われます。こういわれると外国に食糧を頼るのは不安にならない人の方が少数なのもうなずけます。

将来のことはわかりませんが、この問題を考えるには、突発的に起きる非常時と長期的なトレンドを区別する必要があります。長期的に食糧需要が高まり、食糧価格が高騰して食糧不足になるという議論は、食糧の生産もそれに応じて増えるということが見過ごされています。日本で食糧自給率が低いのは、つまるところ農業よりも儲かる産業があるからです。田舎よりも都会で働く方が報酬が高いためです。もし、食糧価格が長期的に上昇していくのであれば、日本でも農業は魅力的な産業になってきます。農産物の価格が上昇するのですから、採算がとれるだけでなく利益も見込めるようになるのです。外国でも同じですから、農産物は増産されることになります。長期的に食糧需要が高まるのであれば、産業が農業へシフトしていき供給量は増えていきます。

これは石油でもあてはまります。石油の需要が高まれば石油価格が高騰します。これまで採算が取れなくて採掘が見合わされた油田で採掘されるようになり、石油の供給量は増えていきます。四〇年以上前から石油はあと三〇年ぐらいで無くなってしまうと言われていましたが、実際はそんなことはありませんでしたし、今ではあと三〇年で無くなるとは言われなくなりました。価格が高くなれば増産されるのです。もちろん、石油の場合は採掘しにくい油田が多くなりますし、限りのあるものですから、いつまでも供給されるものではありませんが、少なくとも現段階では、温暖化問題はあるものの、供給という点で過度に心配する必要はなさそうです。これに対して食糧は毎年生産ができるものですから、その心配はずっと小さなものだと言えるでしょう。

問題は、突発的に食糧やエネルギーが輸入できなくなる事態が起きたときです。先の議論は、価格が高くなれば供給が増えるということでしたが、それには時間がかかります。突発的な事態になればどうしようもありません。これまで食糧に関しては幸いにもそうしたことはありませんでしたから、いたずらに危機を煽る必要はありませんが、国家としての準備は必要です。食糧やエネルギーの輸入ルートを分散し、備蓄することが大切です。実際、石油は官民あわせて六ヶ月（一九三日）分を備蓄しています。(7)

突発的な事態に対処するために、安全保障上の観点からは自給率を高めることは有効かもしれませんが、実際のところ八割、九割近くまで高めることは現実的ではありません。そこで突発的な食糧不足の事態に対して面白い意見があります。いざというときには、海に囲まれているというわが国の地理的有利さを活かして魚をたくさん捕って食いつなぎ、その間に国内の食糧増産体制を整えるというものです。(8)

そのためにも、現在の魚の捕りすぎを抑える必要がありますが、食糧自給率をやみくもに高めるべきだという意見よりも説得力があるように思いますが、いかがでしょうか。

実は安全保障上重要なのは食糧よりもエネルギーなのです。食糧の自給率は無理やり上げることができるかもしれませんが、エネルギーでは不可能です。エネルギーを自給するとしたら、まず石油に依存した経済構造を変えなければなりません。わが国は中東から多くの石油を輸入しています。政治的に非常に不安定な中東に、エネルギー需要を大きく依存しているのはリスクです。石油の代替エネルギーと位置付けられた原子力も、ウランを輸入しているという点では同じです。しかも、原子力については、安全性や放射性廃棄物の処理方法をめぐって国論を二分する議論がこれまでもありましたが、福島第一原発の事故以降、原子力に対する国民の信頼は大きく失われました。原子力で国民の理解が得られないとすると、石油に代わる有力なエネルギーは今のところ見あたりません。

考えてみれば、食糧を自給したとしてもエネルギーの輸入がストップしたら、地方の農産物を東京のような都市部に輸送することはできません。エネルギーの安定供給なくして、食糧自給率を上げても効果は小さいでしょう。安全保障上、自給率を上げることが本当に重要だとしたら、食糧よりもエネルギーをまず進めなければならないのです。

アマルティア・センの権原

食糧の輸入が急に途絶えて、国民の食生活が脅かされるということについて、ノーベル経済学賞受賞者で、ハーバード大学のアマルティア・セン教授は自給率を高めることには否定的です[9]。インドやアフリカでたびたび飢饉が起き、多くの人々が餓死することが起きました。大凶作が起きて農産物の収穫が減少し、多くの人が餓死にいたったと言われることが多いですが、その通説が必ずしもあてはまらないことをデータで示したのです。

センの教授は一九四三年のベンガル飢饉、一九七二〜七四年のエチオピア飢饉、一九七四年バングラディッシュ飢饉などを分析し、国内の農産物は潤沢であったのに、地方の農村を中心に飢饉に苦しめられる人が大勢出たことを明らかにしました。そんなに遠くないところに食糧は十分あったにもかかわらず、多数の死者を出してしまったのです。なぜなら、農産物が国内に残されていても、それを購入できなければ餓死してしまうからです。

この問題を考えるために、センは「権原（entitlement）」という概念を提案しました。権原とは食糧を得るための手段や権利が保障されている状態を意味します。十分な資産や所得があれば食糧を買うことができますから、栄養失調や餓死にいたることはなくなるでしょう。また、所得や資産がなくても、社会保障制度が整備され、政府が救済手段をとれば、こうした悲惨な状況は避けることができます。こうした社会保障も権原に含まれます。権原とは食糧にアクセスできることを保障する社会の仕組みです。飢饉が起きるのは、多くの人々の権原が致命的なダメージを受けるから起きるのであって、国内の食糧自給率や収穫量とは直接の関係はないというのが、セン教授のメッセージです。

例えば、食糧を自給している村があったとしましょう。もし、天候不順で食糧生産が極度に減ってしまえば、村人が生きていくための食糧を手に入れられなくなります。お金がなければ、そして、村の外から食糧を買ってくる市場の仕組みがなければ、みんな飢えてしまいます。裏返せば、村の食糧生産がゼロでも、市場システムとお金があれば外から買ってくることができます。これは村人の権原が毀損していないからです。村を国に置き換えても同じ議論が成立します。飢饉が起きて多数の人が苦しむかどうかは、自給率の高低よりも権原が毀損していないかどうかが重要なのです。

突発的な非常時に人々の生命と生活を守る上で政府の役割は何にもまして重要です。そのためには政治家が選挙で選抜されていることが重要です。選挙は名ばかりで、何十年も同一人物やその家族が国家を支配している国では、選挙による民衆からのプレッシャーは働きませんから、非常時に備えた社会制度が整備されにくいのです。突発的な非常事態になっても国民を救うインセンティブが小さいためです。その結果、そうした国では干ばつや洪水などが起きてしまうと、食糧へのアクセスが困難になり飢饉に苦しめられてしまいます。セン教授は民主主義国ではこれまで飢饉が起きたことはないと述べています。非常時に食糧を手に入れるという点で、国内の自給率を高めるよりも民主的な手続きに従った政府の存在の方が私たちの権原にとっては重要なのです。

7　貿易と国家

国民主権の仮面をかぶった保護主義

貿易が単なる経済活動として考えられないのは、そこに国家の存在があるからです。ＷＴＯが自由貿易を進める国際機関であり、そこに多くの国が加盟しているからと言って、経済学の正論だけで事が進むわけではありません。そこには、各国の思惑や戦略が色濃く反映されて交渉が進められていきます。一見、自由貿易を主張していても、見えにくい形で国内産業を保護していたり、または輸出産業に補助金を出している場合もあります。

例えば、自動車の排気ガス規制、新薬の認可条件、食糧品の安全基準を厳格化すれば、外国製品を直接制限しているわけではありませんが、事実上締め出すことができます。これらの政策は国内向けであり、外国製品を直接の標的にしたわけではありませんが、貿易障壁になっているとも言えます。国内のルールの制定は国家の主権に関わることですが、保護主義と同じ効果をもたらす以上、開かれた経済活動を進める上では、国際間でルールを統一していく必要性が出てきます。米国とのＴＰＰに参加するかどうかについて様々な意見がありましたが、その中で国家主権が脅かされるという主張がありました。国家の主権は大切ですが、主権の名を借りた保護主義がそこにあることも事実です。主権を振りかざして貿易を制限するのは良いことではありません（コラム10－2参照）。

二〇一〇年に尖閣諸島の領有権をめぐって、中国政府は日本へのレアアースの輸出を事実上禁止したのは記憶に新しいところです。これは明らかにＷＴＯ協約に違反していますが、ＷＴＯに提訴して日本の主張が認められるには時間がかかりますし、認められたからと言って、中国がＷＴＯの勧告に素直に従うとは限りません。ここまであからさまな違反行為ができたのは中国が共産党独裁の国だからですが、大なり小なり、アメリカをはじめ各国も自国の利益や戦略を最優先していることは同じです。このような国家の力関係が交錯する現状で、国民の生活に直結する食糧やエネルギーを外国に依存している以上、国民の自由貿易に対する不安を払しょくするのは難しいのかもしれません。

貿易がもたらす世界の安定

第一章でもお話しましたが、市場経済とは分業システムです。自分の手元にないものがお金を払えば、必ず手に入るからこそ安心して分業に特化し、経済効率性を高めることができました。重要なものが手に入らないかもしれないというリスクが大きくなれば、安心して分業することはできません。足元を見られてしまうからです。貿易も同様です。安心して経済取引が行うことができるという信頼感があるからこそ、国際分業が成立し、世界の国々が貿易の恩恵を受けて豊かになれます。一部の大国が利己的な行動をすると、この分業システムは縮小してしまい、利己的な行動をとった大国を含めて世界全体ではマイナスです。ですから、そうしたことのないようにＷＴＯが存在し、自由貿易を守るために多くの関係者が努力してきましたが、ＷＴＯには国家に命令する強い権力はありませんから、その力はどうしても限定的になります。安定した国際関係がなければ、貿易による国際分業は進まないのです。

国際関係の安定があって国際的な経済活動が促進されますが、反対に、国際的な経済活動が国際関係を安定化させる効果もあります。貿易をはじめ経済取引は双方にとって利益が得られるから行われます。国際的な経済活動が活発になれば、経済的に相互依存が深まっていきます。ある特定の物資を国家が戦略的に輸出を禁止した場合、輸入していた側も困りますが、輸出していた側も商売ができなくなるのですから困ってしまいます。中国が一方的にレアアースを禁輸した結果、日本は輸入先の多様化と新たな鉱脈の発見に努め、中国への依存は急激に低くなりました。その結果、中国のレアアースを生産していた企業は大きな打撃を受けました。結局、禁輸措置によって中国が経済的に勝利したようにはみえません。

また、相互依存が深まっていれば、国家間の大規模な政治的な衝突は起こりにくくなります。政治的には対立していても経済的に相互依存が深まっているので、日中関係は軍事的な衝突を起こさないぎりぎりの努力をしています。もし、経済的な関係がなければ、局所的な軍事衝突がすでに起きていた可能性は高いでしょう。いつ不測の事態になってもおかしくないぐらいの緊張状態が日中間にはありますが、（二〇一四年一一月現在）ぎりぎりのところでとどまっているのは両国が経済的に深く結びついているからなのです。ウクライナをめぐるロシアと米国・ＥＵ諸国との関係も同様です。冷戦時代よりも経済的な結びつきが強くなっているため、お互いぎりぎりのところでとどまろうとしています。

やや楽観的に聞こえるかもしれませんが、各国との自由な貿易を深めることは、国際関係の安定をもたらしています。第二次世界大戦の前には、各国とも内向きな保護主義をとり、世界の貿易量はスパイラル状に縮小していきました。国家間の戦争や軍事衝突も経済的な結びつきが弱いほど起こりやすくなります。安全保障上の理由から内向きな政策をとることはそれ自体が大きなリスクにもなるのです。

8　貿易黒字と貿易赤字

日本の貿易収支の特徴

ところで、貿易をめぐって黒字や赤字が注目を集めることがありますし、実際、貿易収支をめぐるニュースは頻繁に報道されています。わが国の貿易収支はしばらく黒字基調でした。貿易収支は輸出－輸入です。これが黒字であるということは、輸出が輸入を上回っていることになります。貿易は自動車や小麦のような財の取引ですが、形のないサービス取引の収支をサービス収支といいます。外国から商品を輸入する場合運送料金がかかりますが、外国の業者に運送料金を支払えば、これはサービスの輸入になります。最近では、貿易・サービス収支と呼ぶことが多くなりました。

ニュースでよく報道されるのは経常収支です。経常収支は、

経常収支＝貿易・サービス収支＋所得収支＋経常移転収支

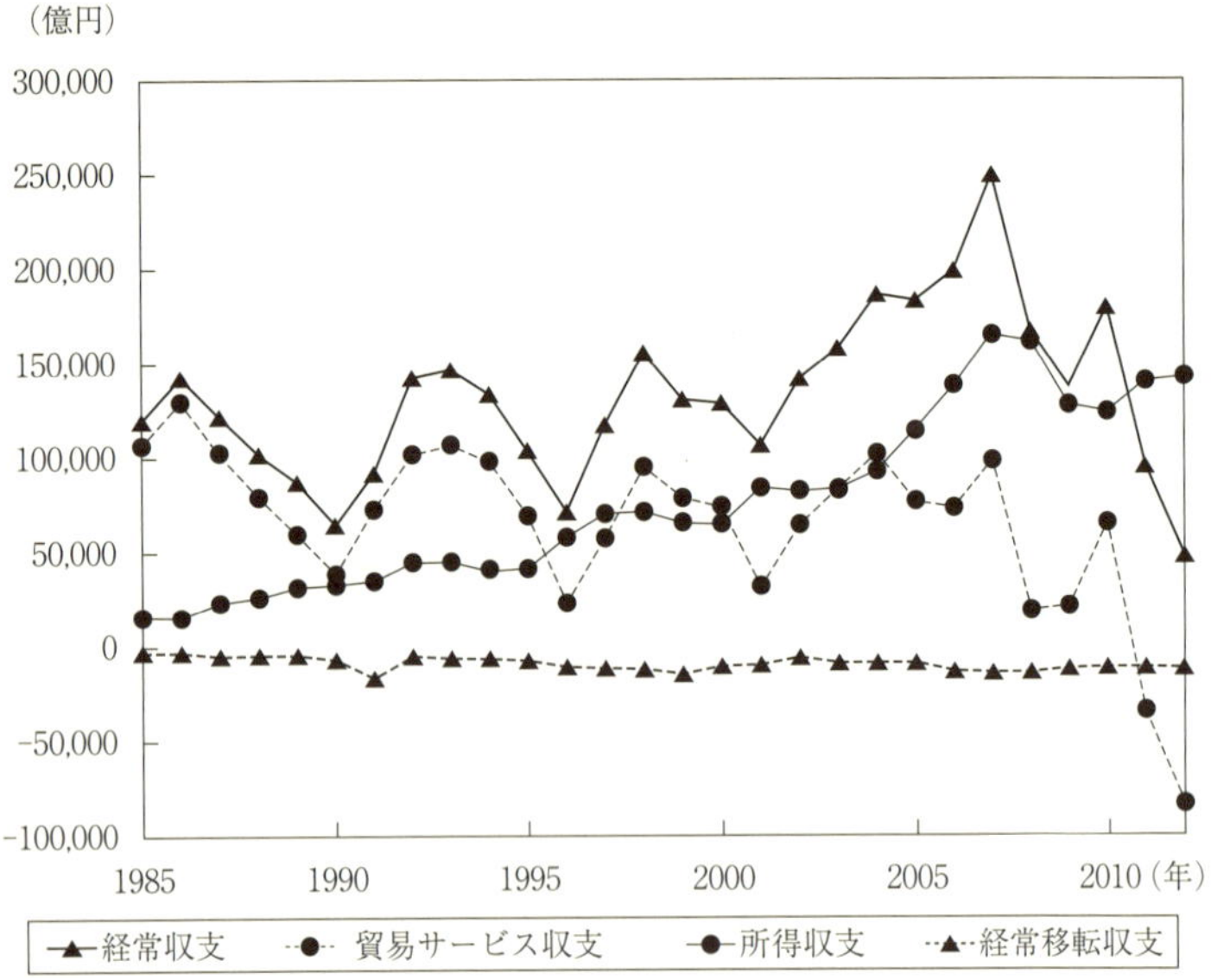

図10－5　日本の経常収支の推移

（出所）財務省『国際収支統計』より筆者作成。

と定義されます。所得収支とは、外国の資産や労働供給から発生した所得の受取から、国内から海外へ支払ったものの差額です。経常収支移転は、いわゆる譲与にあたるものが計上されます。海外への援助などはここに入ります。

このようにみると、経常収支とは、財やサービスの取引によってどれだけお金を得たか、または支払ったか（貿易・サービス収支）に、労働提供などで海外から得た（または支払った）所得と、無償のお金の取引を加えたものだということがわかります。少し乱暴な言い方になりますが、わが国の経済活動の結果、どれだけお金を稼いだかを示しています。図10－5はわが国の経常収支の推移を表しています。

図10－5を見ると、貿易サービス収支は近年赤字になりましたが、所得収支が

堅調に伸びています。また、長年にわたって、日本の経常収支は黒字基調であることがわかります。米ドルで取引が行われているとすると、わが国は恒常的に米ドルを獲得しているということになります。一方で、米国は恒常的に経常収支が赤字傾向にあります。そのため、長らくＧＤＰの一位と二位の日米両国の収支の不均衡が政治的に問題となることがありました。

ところで、経常収支が黒字ということは、ドルをどんどんため込んでいることを意味します。お金をもうけていて得しているように見えますが、必ずしも黒字が続くことが経済にとって良いわけではありません。経常収支が黒字ということは、海外から得ている財・サービスよりも、海外に供給している財・サービスの方が多いことを意味しています。ドルをため込むことは、将来そのお金で海外から輸入するためにあると考えることができます。お金をずっとため込んでいていては意味ないからです。

日本全体では本来外国から獲得できる財やサービスを現在は我慢していることになります。今消費するのではなく、将来の消費のために、ドルを貯蓄していることになります。日本で経常収支が黒字基調に推移しているということは、海外から現在輸入できる分を将来にまわしていることになり、貯蓄しているのです。実際、日本の貯蓄率の高さが経常収支の黒字を作り出してきました。

個人の貯蓄率は、概ね二〇歳前後では低く、ときにはマイナスになります。それから働くにつれて貯蓄を積み重ね、老後に取り崩すというパターンを描くのが普通です（これを消費のライフサイクルと言います）。わが国は少子高齢化社会に一層なります。これから団塊の世代が自身の貯蓄を取り崩す一方、貯蓄をしていく働き盛りの人たちの人口がどんどん減っていきますから、わが国全体の貯蓄率は下がってきています。その結果、経常収支も黒字基調から赤字傾向へ推移していくと考えられています。

米国の貿易赤字

一方で、米国はずっと赤字基調で経常収支が推移しています。これは日本とは逆の現象ですから、米国は輸出して外国に売っている以上に、外国から買っていることになります。このようなことは米国以外の国はなかなかできません。なぜなら、経常収支が赤字基調ということは基本的にドルが国外へ出て行くということですから、ドルの貯蓄をすべて使い切ってしまえば、経常収支を赤字にすることはできません。経常収支が赤字になるのは、赤字でも支払い可能なドルを保有しているからです。

もちろん、お金がなければ借りることができます。これは個人でも国でも同じです。ドルの貯蓄が尽きても外国から借金をしたり、土地などの資産を売ればドルを手に入れることができます。こうしたお金のやり取りは資本収支に記録されます。しかし、借金はいずれ返却しなければなりません。返却するには、財やサービスを海外に売って経常収支を黒字にしてドルを手に入れるか、自国の資産を売るしかありません。結局、長期的に経常収支の赤字を続けていくと、自国の資産がどんどん外国に所有されていくことになります。個人と同じで、永遠に借金し続けることは不可能です。

唯一の例外は米国です。ドルは世界の基軸通貨の位置にありますが、ドルを発行できるのは米国だけです。米国は経常収支の赤字が続いていても、自らドルを印刷すればよいという特殊な位置にあります。少々誇張して言えば、経常収支が赤字であれば、すぐにドルを印刷して支払いにあてることができます。

世界経済の取引においてドルは必要ですから、各国ともある程度のドルを保有していたいと考えます。これを外貨準備といいますが、日本の政府も企業もある程度ドルを保有しようとします。ドルの保有は基本的に商品やサービスを売って（輸出して）得るものですから、外貨準備は過去の経常収支の黒字によって構成されます。つまり、日本をはじめ各国が世界での取引に必要なドルを一定程度保有したいと思う以上、米国は経常収支を赤字基調にすることができます。これこそが基軸通貨国の特権です。

そして、世界の経済の規模が大きくなればなるほど、必要な外貨準備額は大きくなります。ふつう、中学生から高校生、大学生から社会人へと成長していくにつれて、月々の生活の消費金額は大きくなっていきます。友人と外でお話するにもしても、最初はファスト・フード店だったのが、おしゃれなカフェに、居酒屋だったのが雰囲気のあるバーに変わっていきます。当然、かかる費用も大きくなりますから、財布の中に入れておく現金の量も多くなります。これと同じように、経済が成長して経済活動の規模が大きくなれば、必要な外貨準備の額も大きくなっていきます。こうして、米国だけは経常収支を一定の範囲内で赤字基調で維持できるのです。

9　お金は国境を越えて

為替レートと資本取引

貿易で必ず話題となるのが為替レートです。現在は、為替レートは市場で決まるため日々変動します。円高で国内製造業が苦しんでいるというニュースはよく耳にしますが、日本経済にとっては、円高自体は困ることではありません。日本全体で見れば、外国から物を買う（輸入）ために外国に物を売ってい る（輸出）ことになります。円安であれば、自動車をたくさん生産して、生活に必要な石油や食糧をまかなっていたわけですが、円高になれば、たくさん自動車を売らなくてもすみます。少しの自動車でたくさんの石油や食糧が手に入るのですから、こちらの方が望ましいのです。ですから、長い目で見れば円高が進むのは日本経済にとって望ましいことです。

ただ、いくつか留保しなければならないことがあります。少しずつ円高になるのであればいいのですが、急激に為替レートが変動すると振り回されてしまいます。日本の中では非常に多くの人が様々なセクターに分かれて生活しています。円高になって輸出が減れば、輸出に関わっている人の職は失われるかもしれません。日本全体では望ましいとしても、一部の人には必ずしも望ましくないわけです。輸出産業に従事している人が他の産業にスムーズに移動ができればいいのですが、現実には時間がかかりますから、急に円高が進むのは望ましいとは限りません。

また、為替レートがその国の経済状態を反映して決まるとは限らないことも挙げられます。例えば、円安の時代に日本の輸出が伸びて経常収支が黒字になったとしましょう。これは黒字で外貨のドルが日本国内に蓄積されたことになります。このドルは国内では使えませんから、輸出で儲けたとしても円に替える必要が出てきます。ドルを売って円を買う取引が増えることになりますから円高になっていきます。そして、円高は輸出を減らし輸入を増やしますから、貿易の黒字を減らす方向に作用すると考えられます。つまり、為替レートが経常収支の黒字を減らす方向に調整されることになります。このように、為替レートの水準は経常収支の黒字または赤字を縮小するように決まると考えられていました。

しかし、実際には、日本の経常収支は数十年も黒字傾向が続いています。為替レートの調整作用は当初考えられていたよりもかなり限定的なもので、収支の不均衡を解消するようには決まらないようです。その理由は、貿易やサービスの取引という実需要因よりも、資産の運用という資本取引の方が外国為替取引の中心になったためです。実際、ＩＭＦによる二〇一二年の一年間の世界の貿易量は輸出と輸入あわせて三六・四八兆ドルですから、貿易やサービスの取引に必要な外国為替取引の大体の数値をうかがうことができます。

一方、国際決済銀行（ＢＩＳ）によれば、二〇一三年四月の一日平均の外国為替取引量は五・三五兆ドルにもなります[10]。週末は外国為替市場が閉まっているので、このデータは一ヶ月に二〇日分の取引がされたとみなされて推計された値です。そのため、二〇一三年四月だけで一〇七兆ドルが取引されたことになり、単純に一二倍して一年間の取引量の概算を求めれば一二八四兆ドルになります。貿易量の約三五倍にのぼる外国為替取引が行われているのです。金融取引が自由化されて活発な取引が行われるようになった結果、投資家の様々な思惑から為替レートも大きく影響を受けることになりました。

現在、為替取引をはじめ金融取引は迅速に行うことができますが、私たちの生産活動には時間がかかります。輸出の好調を理由に国内に大規模な生産拠点を建設したとしても、建設後に為替レートが大幅に円高に振れてしまうと採算をとるのは難しくなります。金融取引が自由に行えるようになった結果、私たちの生産活動が振り回されていると感じることも多くなりました。そのため、金融取引に制限を加えるために、取引ごとに一定の税金をかけることも真剣に議論されるようになりました。この金融取引にかかる税を、提唱者のノーベル経済学賞受賞者のジェームズ・トービンの名をとってトービン税と言います。

トービン税が果たしてよいのかどうかは意見の分かれる問題ですが、これを実施するのは難しいように思います。なぜなら、どの国も自国の金融市場でできるだけ多く資金を集めて取引させたいと思うからです。お金は国境を越えて自由に動くようになりました。お金の取引に税などの余分な費用がかかるなら、そのような市場では取引されなくなります。タックス・ヘイブンと呼ばれる法人税がかからない国に、帳簿上の本社を置くことは珍しくありません。それと同じように、金融取引に税をかけるのは難しいところです。世界すべての国が同じルールに従わなければなりませんが、現在の国際政治の状況はそのような環境になっていません。そのため、為替レートの急激な変動を防ぐために各国政府・中央銀行の裁量的な政策介入が必要であるという認識が広く共有されていますが、どこまで介入が正当化されるのか議論の分かれるテーマです。

国家と国際経済取引

どの国の政府も国債などを発行して資金調達をしますが、日本や米国、西欧の国々では、多くの民間の金融機関や投資家が自由に資本取引をしています。しかし、最近は、中国、ロシア、中近東諸国といった、経済が必ずしも自由化されていない国々が金融市場での存在感を高めています。これらの国の金融機関や資産運用しているファンドは民間組織というより、ほぼ政府の組織と言ってもよいところが目立ちます。国際経済取引において国家の存在感が強まっています。

世界経済の発展のために、国際的なルールをどう形成していくのか、どこまで国家が関わるべきなのか、国際経済取引をめぐって様々な議論がされてきました。そこでの一つのコンセンサスは国家の介入はできる限り排除すべきだというものでした。国境を越えた自由な経済取引が国際分業を適切に進め世界経済を豊かにするという経済原則があるからです。また、西欧を中心とした近代の産業化の進展は国家権力からの政治的自由を求める思想がベースにあったことも反映していました。

しかし、近年では民間企業の仮面をかぶった国家が国際的な経済取引を積極的に行っています。しかもこうした国々は民主主義国ではないことが多く、また民主的な手続きがあっても事実上機能していないことが珍しくありません。国家の政治的思惑を直接もった組織の活動がどこまで許容されるのか、国家資本主義の問題に私たちは直面しています。

これまでも各国の代表的な産業や企業の利害が対立し、国家間の思惑が衝突してきましたが、そこで問題になったのは、トヨタとGM、アップルとサムスンのように、あくまで民間企業の経済活動においてでした。もし、その相手が国家権力となると難しいことになります。

ある国の企業が事実上政府によって運営され、国家の利権に強く関わっている場合、その企業と外国籍の企業との間で紛争が起きたとき、その国で中立的で公正な裁定が下されるのか怪しくなります。経済取引において、企業や人々の民族や国籍によって異なったルールが適用されるようでは、国際経済取引は広がりません。恣意的、差別的な対応が国家主導で行われれば、偏狭なナショナリズムに火がついてしまいます。そうなれば、どの国も内向きになっていき、グローバル化の利益が失われていくのです。

グローバル化する世界のなかで

また、経済のグローバル化が進んだ結果、自国だけで政策決定を行うことは難しくなってきました。例えば、格差を縮小するために再分配政策を重視すれば、高所得者の税負担を重くする必要があります。でも、グローバル化が進み、外国との結びつきが強まれば、高所得者は外国に移住することも、財産を移すこともできます。それでも再分配をしようと思えば、自国だけでなく各国を一つにまとめなければなりませんが、そんなことは現実的ではありません。このため、グローバル経済が各国の主権や民主主義を蝕んでいるという見方をする人もいます。

しかし、外国との結びつきを遮断することは望ましくありませんし、ネットにつなげば世界中の情報が入ってくる現代では現実的ではありません。鎖国して海外との門戸を閉ざせば、確かに自国の意思決定は邪魔されなくなりますが、海外で活動したいという個人の自由を奪うことになってしまいます。国民であることを理由に国家が個人を縛り付けるのは、封建領主が農奴を荘園に縛り付けた中世社会と同じです。貿易の利益を放棄するだけでなく、個人の自由をも奪ってしまうのは本末転倒で、かつての社会主義国のようです。

現在、世界の貿易量と資本取引量が増大していますが、グローバル化は歴史的に単調に進んだわけではありません。一九世紀から二〇世紀にかけて世界経済のグローバル化がピークに達した後、二〇世紀前半に世界は混迷の時代を迎えます。第一次世界大戦、社会主義国の誕生、大恐慌、ファシズムの勃興です。こうした世界の混乱は原因としても結果としても各国を内向きな政策にむけました。近代のグローバル経済の形成は帝国主義的な性質を伴っていましたから、問題があったことは否定できませんが、二〇世紀前半の国家間の衝突が経済のグローバル化を止めてしまいました。そして、国際相互依存が失われた結果は破滅的な第二次世界大戦でした。

市場経済の円滑な発展のために国家の役割は重要ですが、国家が全面に出てくると今度は弊害が大きくなります。過去の歴史を教訓として、自由な国際経済取引を維持、発展させるためには、国家主権を錦の御旗にしてそれぞれの利害を追求するよりも、グローバル化の利益を理解するとともに、経済取引のルールや税制を統一化、共通化していくことが求められます。世界の国々の利害が衝突する以上、困難なことも多いですが、個人の自由と生活の保障を両立するような規範の形成を地道に、そして国際的にすすめていくしかありません。「わが国にはわが国のやり方がある」と考えるのは偏狭な排外主義になっていくように思います。

コラム10

1　比較優位の原理

　自然科学者の中には、自分たちの学問分野に過度なまでに自信をもっており、人文分野や社会科学分野の研究者に対して、傲慢な態度をとることが度々見受けられます。これは外国でも同じようで、二〇世紀の経済学の根幹を作り上げたといってもいい、ポール・サミュエルソンにもそういうエピソードがあります。偉大な物理学者から、「経済学で一見して自明ではないが、重要な学問的成果が一つでもあるのか」、と言われたというのです(11)。さすがのサミュエルソンも返答に詰まったそうですが、やがて比較優位の原理こそ、それにあたると思いついたといいます。もちろん比較優位のほかにも経済学の成果はたくさんありますが、比較優位の原理は、全てにおいて劣っている相手とも共同作業をすることで、みんなが利益を得られるという、自明ではないが経済取引の基礎を示す重要な理論といえます。

　こうした鼻持ちならない自然科学者の態度に不愉快な経験をした文系の研究者は大勢いると思いますが、サミュエルソンのような経済学の巨人になると、相手も超大物になってきます。サミュエルソンの代表的な著書の一つである『経済分析の基礎』をニュートン時代の数学でしかないと、天才フォン・ノイマンは一顧だにしなかったと言われるのもそうしたエピソードの一つです。

　もっとも、フォン・ノイマンは政治的には極端なタカ派でソ連への先制核攻撃を主張したことで知られていますから、いくら頭がよくても私たちの社会を任せるには何か大切なものが欠落していたように見えます。ニュートンも株取引に失敗して大損しています。天体の運行は予測できても人間の狂気は理解できないとぼやいたと言われています。二人とも人類史上の大天才ですが、こうした大天才よりも数学や物理はできないかもしれませんが、経験豊富な成熟した人にもっと難しい人間社会の問題を委ねたいと思うのは、筆者だけではないと思います。この点で、比較優位の原理とは、まさに人々の適性を踏まえた分業の有効性を示した真理です。

もっとも、どちらが絶対的に劣位であるかは保身のため控えておきたいと思います。

2 くすりはリスク

外国では広く利用されている薬が日本ではなかなか認可されないという問題が起こっています。これはドラッグラグと呼ばれ、薬品が世界で初めて販売されてから、ある国で認可されるまでの平均的な期間のことを言います。とりわけ抗がん剤は外国で標準的に使用されていても、日本では未認可で保険が適用されないことが報道されました(12)。

大久保昌美「世界売上上位一〇〇品目を対象にした上市期間」(JPMA News Letter No.149, 2012/05) では、二〇一〇年における世界売上上位一〇〇品目のうち、一九八一年以前に世界で初めて発売されたためにデータが揃わない薬品や同一成分の重複、検査試薬を除いた九二品目について、各国のドラッグラグと未販売の品目数を調査しています。これによると、日本の平均的なラグは四・七年で、米国の〇・九年、英国の一・二年、ドイツの一・三年、フランスの一・九年よりも長くなっています。日本のドラッグラグは二〇〇七年から改善していませんでした。

また、この九二品目中、日本で未上市の品目数は一一で、二〇〇七年の二一よりも改善しましたが、英米両国では未上市は二品目にとどまり、その他欧州の先進国と比べてもまだまだのようです。政府も問題を認識し、迅速な審査が行えるように人員を増やすなど改善に努力をしてきました。厚労省の「医薬品産業ビジョン二〇一三」では、審査に時間がかかることによって発生するラグは解消したとしています。

重い病気の患者の立場からすれば、いい薬が早く使えないというのはとても困った問題ですが、薬の副作用を避けることができるというメリットもあります。これまで深刻な薬害事件があったことを考えると、ラグがあることは悪いばかりではありません。二〇一三年六月、子宮頸がん予防ワクチンについて、当初想定していたよりもワクチンの因果関係を否定できない副反応の発生頻度が大きいことが明らかになり、「定期接種を積極的に勧奨すべきではない」とされました（二〇一四年七月、この判断は当面継続されると報道がありました）。薬やワクチンにはどうしてもリスクが付随しますから、とにかく早ければいいというものではありません。

また、日本でドラッグラグがあるというのは、製薬企業にとって日本で新薬を早く販売するメリットがないからだという見方もあります。いろいろな規制があり、とりわけ外国の製薬企業にとって日本の市場は魅力的ではないのです。ファイザー、メルク、ロシュ、グラクソ・スミスクラインといった欧米の製薬企業は企業規模において日本の製薬企業を圧倒しています。日本の医薬品に関わる規制が国民の生命のために本当に有効なのか、それとも競争力のない国内企業を保護しているだけなのか、きちんとしたデータに基づいた議論が求められています。

註

（1）ポール・クルーグマン『経済政策を売り歩く人々——エコノミストのセンスとナンセンス』（伊藤隆敏監訳、北村行伸・妹尾美紀訳、ちくま学芸文庫、二〇〇九年）第一〇章、同章補論。

（2）Sachs, Jeffrey D. and Warner, Andrew（1995）“Economic Reform and the Process of Global Integration,”

Brookings papers on Economic Activity, 1.
（3）　Frankel, Jeffery A. and Romer, David（1999）“Does Trade Cause Growth?” *American Economic Review*, vol.89, pp.379–399.
（4）　Rodriguez and Rodrik（2000）“Trade Policy and Economic Growth : A Skeptic's Guide to the Cross-National Evidence,” *NBER Macroeconomics Annual 2000*, Vol. 15, eds by Ben S. Bernanke and Kenneth Rogoff.
（5）　Wacziarg, Romain（2001）“Measuring the Dynamic Gains from Trade,” *World Bank Economic Review*, vol.15, pp.393–429.
（6）　Helpman, Elhanan（2004）“*The Mystery of Economic Growth*,” Harvard UP, p.79.
（7）　二〇一四年三月末現在。（独）石油天然ガス・金属鉱物資源機構ホームページ（http://www.jogmec.go.jp/library/stockpiling_oil_004.html）より。
（8）　山下東子『魚の経済学』（日本評論社、二〇〇九年）一三九頁。
（9）　アマルティア・セン『飢饉と貧困』（黒崎卓・山崎幸治訳、岩波書店、二〇〇〇年）。
（10）　Bank for International Settlements “Triennial Central Bank Survey, Foreign Exchange Turnover in April 2013 : Preliminary Global Results”, Semptember, 2013.
（11）　神取道宏「経済理論は何を明らかにし、どこへ向かってゆくのだろうか」、日本経済学会編『日本経済学会七五年史』（有斐閣、二〇一〇年）第六章。
（12）　週刊東洋経済（二〇〇八年七月三〇日号）。

第一一章　豊かな国と貧しい国——経済が成長するために

本章のテーマ

・一〇年でＧＤＰが二倍になるには、毎年何％の経済成長が必要でしょうか。
・投資のマクロ経済に与える二つの効果とは何でしょうか。
・持続的な経済成長を実現するには、どのような社会制度が必要でしょうか。
・ＴＦＰとは何でしょうか。また、ＴＦＰが与える影響はどれぐらい大きいのでしょうか。
・豊かな国になるにはどのような政治が求められるのでしょうか。

Key words

経済成長、資本、投資、技術革新、ＴＦＰ、幸福度、法の支配、民主制

1　他のことが考えられなくなる大切な問題

お金が解決できること、できないこと

本書の冒頭で紹介したマディソン推計は近代の産業革命以後の経済成長が目覚ましかったことを示していました。その結果、経済成長の負の側面を指摘する意見も強くなりました。物的豊かさの反面、心が貧しくなったとか、地球環境に破滅的なダメージを与えているなど、経済成長に警鐘をならし、お金より大切なものがあると言われます。確かに、家族の健康のようなお金には代えがたい大切なものがありますし、お金の話ばかりでうんざりというのもよくわかる話です。

ですが、その大切なもののためにお金がいるという現実があります。社会のほとんどの問題は経済成長によって克服できるというのは、言い過ぎに聞こえるかもしれません。しかし、健康の問題、教育の問題、家族の問題、どれもお金では解決できないように見えて、お金がなければ解決できません。健康を害した人が回復するためには十分な医療を受けることが大切ですが、それにはお金がかかります。治療に専念するにはその間に所得がなくても生活ができないといけませんから、やはりお金が必要です。毎日カップ麺やファストフードばかりでは不健康ですが、新鮮な食材を食べるにもお金が必要です。教育もお金がかかります。子どもたちがそれぞれの適性に応じて成長するためには、可能ならば一人ひとりの適性と習熟度を考慮して学習内容や進め方を考えなければなりませんが、それには学校の先生の人数を増やさなければなりません。スポーツや芸術などの習い事をするにもお金が必要です。さらに、家

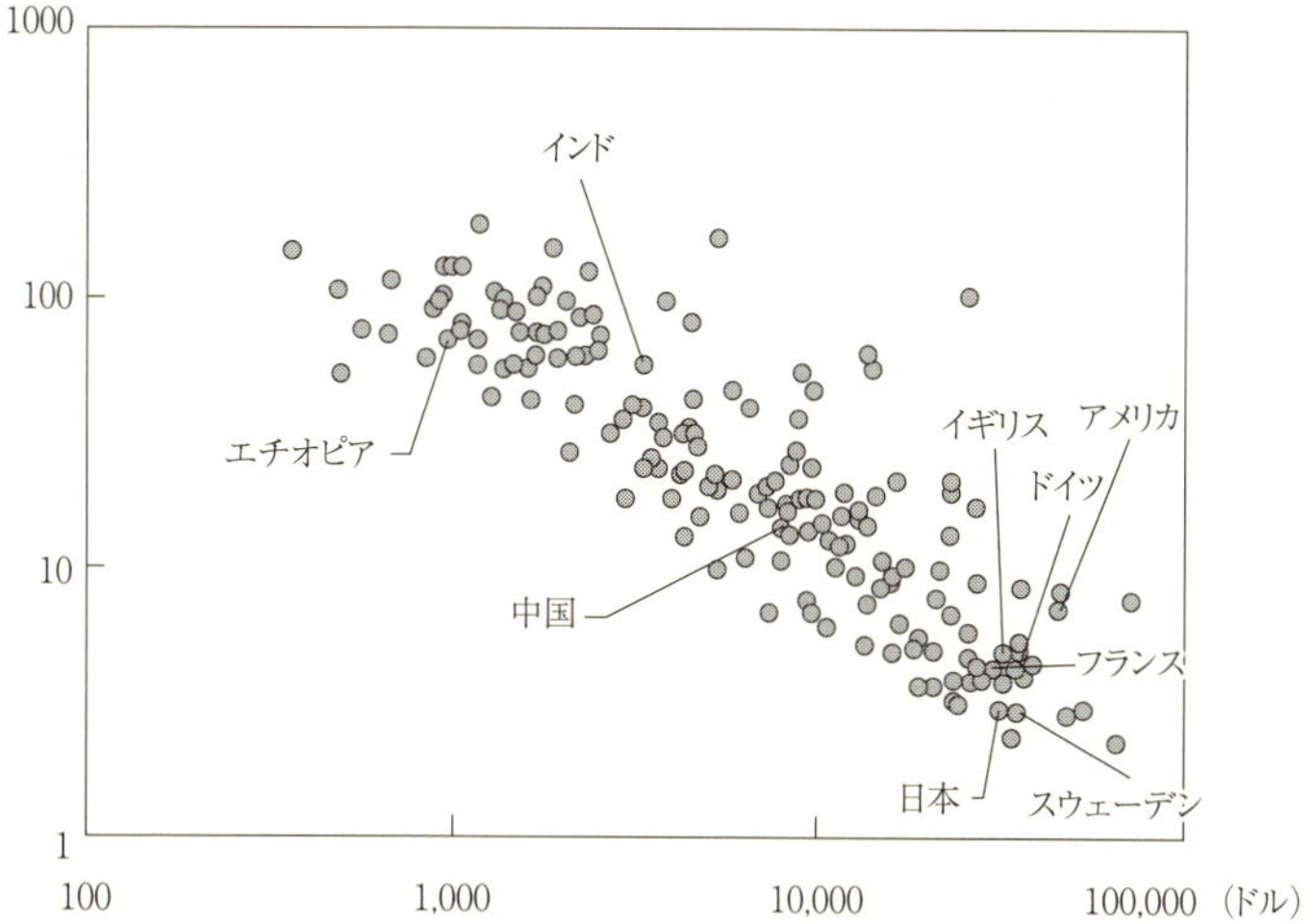

図11－1　幼児死亡率と一人当たりGDP

（出所）世界銀行のホームページ（World Databank : Mortality rate under-5(per 1,000 live births)）より筆者作成。

（注）1000人あたりの幼児死亡率と一人当たり国民所得は2012年のデータ。幼児死亡率は五歳以下の死亡率。一人当たり国民所得は2005年を基準にした購買力平価調整済み。

族の問題もです。子どもの虐待や非行も貧困と大きな相関があります。

図11－1は幼児死亡率と一人当たりGDPの関係を表していますが、はっきりと負の相関がみられます。豊かになれば子どもの命を劇的に救うことがわかります。また、図11－2は一人当たりGDPの水準と貧困率との関係を表しています。貧困率には様々な指標がありますが、ここでは一日二ドル未満で生活している人口の割合です。二ドルといってもそれぞれの地域の環境が違いますから日本の感覚と同じなわけではありませんが、一ドル＝一〇〇円としても年間七万円にしかなりません。こうなると教育はもちろん最低限の医療はおろか食糧を得るのも難しくなってきます。図11－2は国民が平均的に豊かになれば貧困層が減少して行くことを示しています。経済成長の仕方によっては一時的に貧困が拡大する

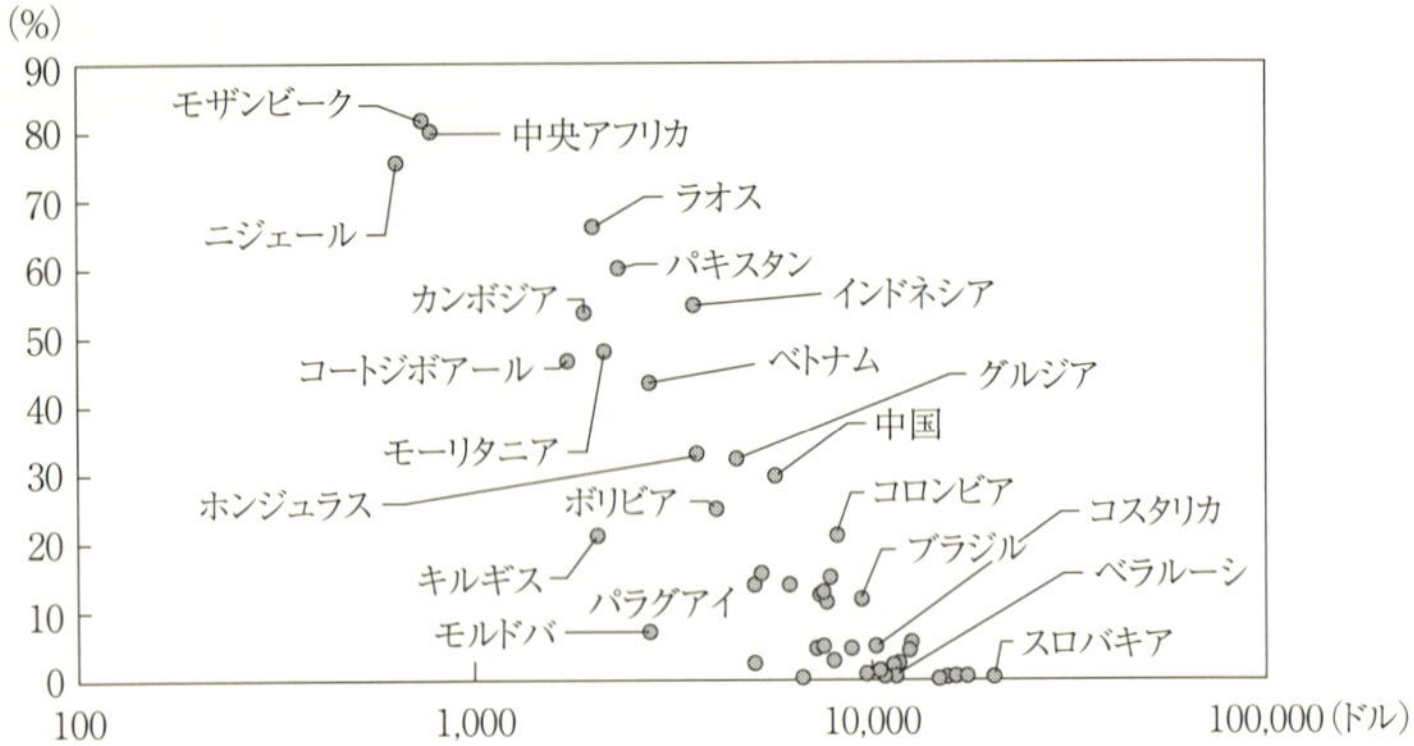

図11-2　貧困率と所得水準

（出所）世界銀行のホームページ（World Databank : Poverty headcount ratio at ＄2 a day（PPP）（% of population））より筆者作成。。

（注）貧困率と一人当たり国民所得は2008年のデータ。貧困率は一日２ドル以下で生活する人口比率。一人当たり国民所得は2005年を基準にした購買力平価調整済み。

かもしれませんが、長期的には貧困を解消するように作用します。

もちろん、お金があるだけでは不十分で、お金を使う時間的余裕も必要です。お金があっても忙しくて病院に行けない、家族との時間がないというのではあまり意味がありません。貧乏暇なしと言いますが、生きていくために必死で働かなければならないとしたら、時間の余裕はもてません。

日本は欧米に比べて女性の社会進出が遅れていますが、それでも女性が社会で活躍するようになってきました。これも経済成長の成果です。女性を家事労働から解放したのは様々な電化製品が家庭の中に入ったからです。とりわけ、洗濯機の効果は大きかったと言われます。家族一人ひとりの衣服の頑固な汚れを手洗いしていては、かなりの時間を取られてしまいます。また、脱水も手作業でやるとしたらかなりの力仕事になります。今では洗濯機に入れておけば自動でやってくれますし、乾燥機までついているものも珍しくありません。また、衣服は安くなったので、痛んだら新しいものを買い直した方がよくなりました。すぐに買い直す風潮を「もったいない」と批判的にとらえる考え方もあるでしょうが、繕う時間の方がもったいないのです。一日は二四時間しかありません。いろいろと不公平や不平等がある世の中ですが、これだけは平等です。豊かな暮らしを送るには、のんびり振り返る時間が必要ですが、これも経済が成長しなければ実現しないのです。

冒頭の「はじめに」でもお話ししたように、この約一八〇〇年の経済成長率の違いを計算すると、西欧の成長率は平均して一・五%、アフリカは〇・六七%でした。一%に満たない差が長い期間を経てこれだけの大きな差になってしまいます。ですから、すべての経済問題は長期的には経済成長によって解決するといってもそれほど大げさなことではないのです。

しかし、世界中のすべての人が経済成長の果実を享受しているわけではありません。欧米や日本などの一部の先進国を除けば、未だ貧しい生活をしている国々はたくさんあります。先進国の産業革命が始まる以前よりも貧しい生活をしている国が今もあり、豊かな国と貧しい国とに分かれています。貧しい国の中でも経済成長に成功する国と成長できない国とに分かれます。同じ時期に植民地支配から独立し、同じような経済環境にあるのに、成長する国と成長できない国とがあるのです。その差は何がもたらすのでしょうか。ノーベル経済学賞を受賞したシカゴ大学のロバート・ルーカス教授はこうした経済成長という極めて重要な問題を考えると他のことが考えられなくなると講演されたことがあります。大げさに聞こえるかもしれませんが、経済成長はそれだけ重要なテーマなのです。ここではこの重要な経済成長について考えます。

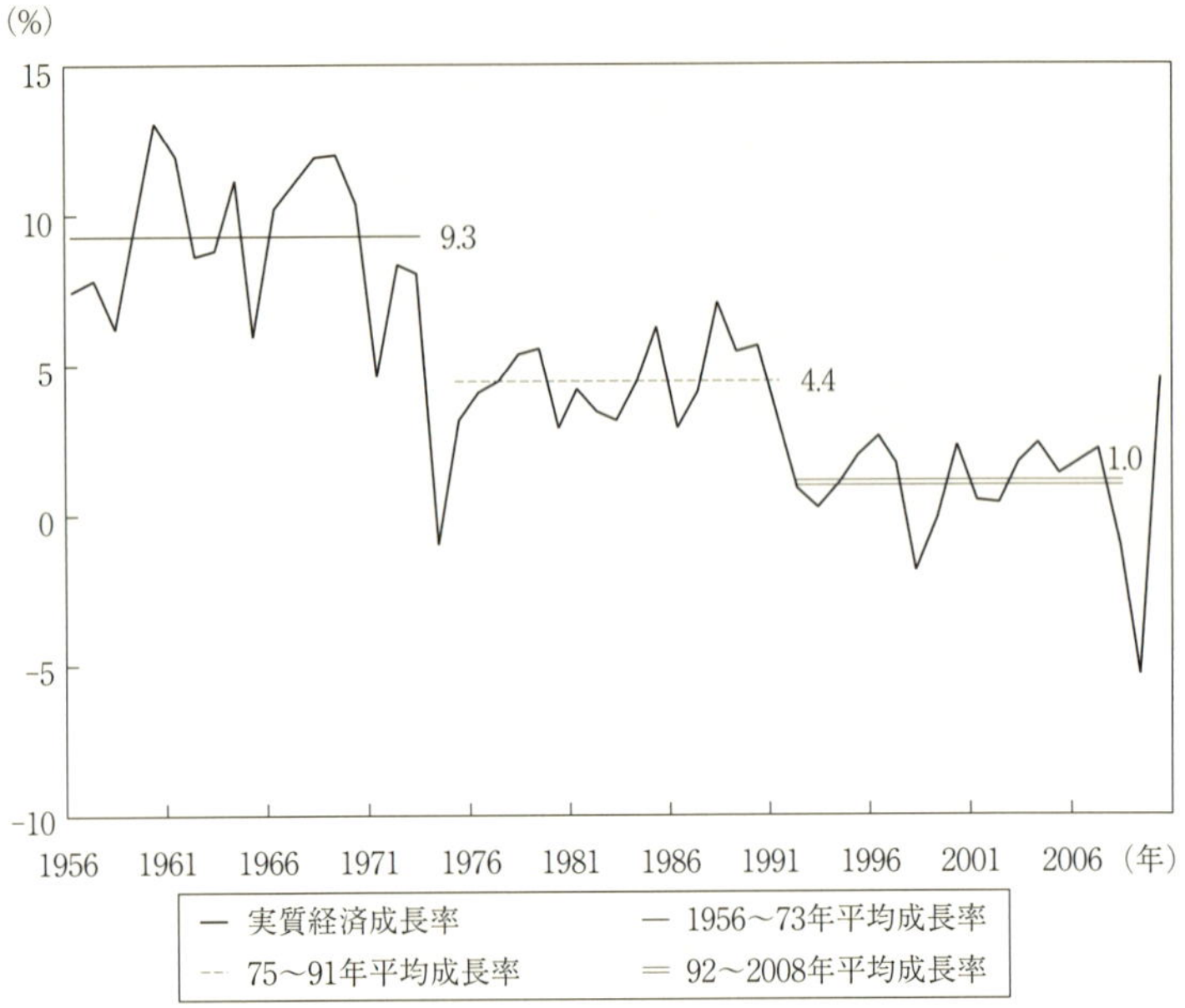

図11－3　日本の実質経済成長率の推移

（出所）内閣府『長期経済統計』より筆者作成。

日本の高度経済成長

経済成長率は何かと話題になりますが、七・二％という数字を覚えておくと便利です。なぜかというと、毎年七％を少し上回るぐらいのスピードで経済成長を実現できれば、一〇年で所得水準が二倍になるからです。一〇〇円が一年後には一〇七円、二年後には一一五円となって、一〇年で二倍になります。成長率が半分の四％以下であれば、所得水準が二倍になるにはおよそ二〇年必要ということになります。これは成長率に限らず、私たちの日常生活においても便利です。投資の利回りが何％ならどれぐらいのスピードで資産が殖えていくか、おおよその見通しをたてることができます。

図11－3は戦後の日本の実質経済

成長率の推移を表したものです。よく知られているように、高度経済成長が実現した時期は高い成長率を実現していました。一九五六年から七三年までは平均して九・三％ととても高い経済成長を実現しました。一〇年もたたないうちに所得水準が倍増したのです。この時期は各家庭に電化製品が入るようになり、車の普及も進みました。オイルショックからバブルまでの一九七五年から九一年は四・四％の成長率で、鈍化したもののまだ高い成長率でした。一九九二年から二〇〇八年は一・〇％にまで下がってしまいます。いわゆる失われた一〇年（二〇年）です。

所得水準が倍増するまでの時間で表せば、高度成長期は一〇年もかからず、八〇年代の成熟した時期では二〇年近くが必要で、バブル崩壊後の失われた時代は八〇年かかるということになります。経済成長がほぼすべての経済問題を長期的には解決するとお話ししましたが、それだけ重要な経済成長を実現できなくなった日本をどうするのか、この二〇年近く、様々な論者が様々な主張をしてきたのです。

2　経済成長に必要なこと

資本とは

それでは、経済成長とはなにによってもたらされるのかを考えてみましょう。経済成長とは一人当たりの所得水準が上昇することですから、国民一人ひとりが生産する付加価値が上昇するということになります。お米の生産であれば、一〇人の労働力で一〇〇トン生産していたものが、二〇〇トン生産できるようになればその分豊かになります。一〇〇トンしか生産できなかった頃は自分たちの生活で精いっぱいだったものが、さらに一〇〇トン生産できれば、それを売って稼ぐことができます。また、働く人を半分の五人にしてこれまで通りの生産を行い、残りの五人は他の仕事や余暇に費やすことができます。経済成長とはつまるところ、国民一人ひとりの生産性を上げるということなのです。

それでは、生産性を上げるにはどうしたらいいでしょうか。一つは、国民一人ひとりが使える道具が増えれば、これまで以上に生産することができます。古代の人類が使っていた道具は石器でした。現代の感覚からすると他愛もない道具ですが、工夫して狩猟の効率性を高め、農耕の生産性を高めました。農耕に使われた道具だけを考えても、石器から金属性の農具、家畜の使用、トラクターなどの機械化、と道具はどんどん発展していきました。現代では、トラックやクレーンからスマホまで、様々な道具が私たちの経済活動の効率性を高めています。こうした経済活動に役立てられる道具を総称して、(物的)資本と呼びます。ここでいう資本とはこれまでの経済活動によって生み出された生産手段のストックのことです。日常的には「資本」とはビジネスを始める際の元手を意味しますが(意味において大きな違いがあるわけではないですが)、さしあたり区別してください。

さて、人類が経済成長するのと並行して資本も増えていきました。どんどん使える道具が増えていったのです。言い換えれば資本が蓄積されてきたわけです。こうした蓄えの側面を強調して資本ストックという言われ方もします。

ところで、資本を道具とみなして使う道具が増えてきたことをもって資本が蓄積されたというのはわかりやすいですが、資本という概念はじつはやや複雑です。経済活動で使われる道具にはいろいろなものがありますが、それをひとまとめにして資本としてとらえるため、資本の量を測定するには工夫が要ります。労働投入量であれば、労働者×労働時間という単位で日本全体の労働投入量を、労働者一人ひとりの能力といった質の差を無視することにはなりますが、曲がりなりにも総量を測ることができます。

しかし、資本となるとそういうわけにはいきません。

職人が使うドライバーやハンマー、工場の工作機械、コンピュータ、そうしたものを一緒くたにしたものが資本です。職人が使うドライバー一つとっても、作業効率のいい値の張るドライバーもあれば、一〇〇円ショップで売っている廉価なものもあります。こうした質の違いがあらゆる道具にあるだけでなく、それこそ種類を数えることもできない様々な量の道具があります。第四章でもお話しした日本工業規格（ＪＩＳ）は工業製品の品質保証を担っていますが、その分類は「Ａ土木・建築」、「Ｂ一般機械」から「Ｘ情報処理」、「Ｚその他」まで大分類で二〇にもなり、それぞれの大分類の部門数の総計は一万以上になります。工業製品の標準規格だけとっても一万種類を超えるのですから、一つの同じ分類に属する様々な道具まで含めると、おびただしい種類の道具があります。これらの種類の道具を単一の〝資本〟として集計しなければならないのです。

実際、ドライバー三本持っている人と、ハンマー二本持っている人はどちらが多くの資本を持っているのか比較できません。そのため、それぞれの道具の経済的な価値をお金に換算して、その価値をすべて足したものが資本となります。ドライバーが一つ三〇〇円、ハンマーが一つ五〇〇円のように、それぞれの道具は異なっても、その経済的な価値に直してしまえば、どれだけ道具の価値の総量が増えたかわかりやすくなります。

しかし、道具の経済的な価値を測定するのは難しいところです。あるパソコンの経済価値を測るにはどうしたらよいでしょうか？　購入時の価格を価値とみなすこともできますが、パソコンは長い期間使われます。購入してから五年たったパソコンの価値は購入したときと同じ価値を持っていません。どんなものにも寿命がありますから、その摩耗していく部分を時間がたつにつれて引いていかなければなり

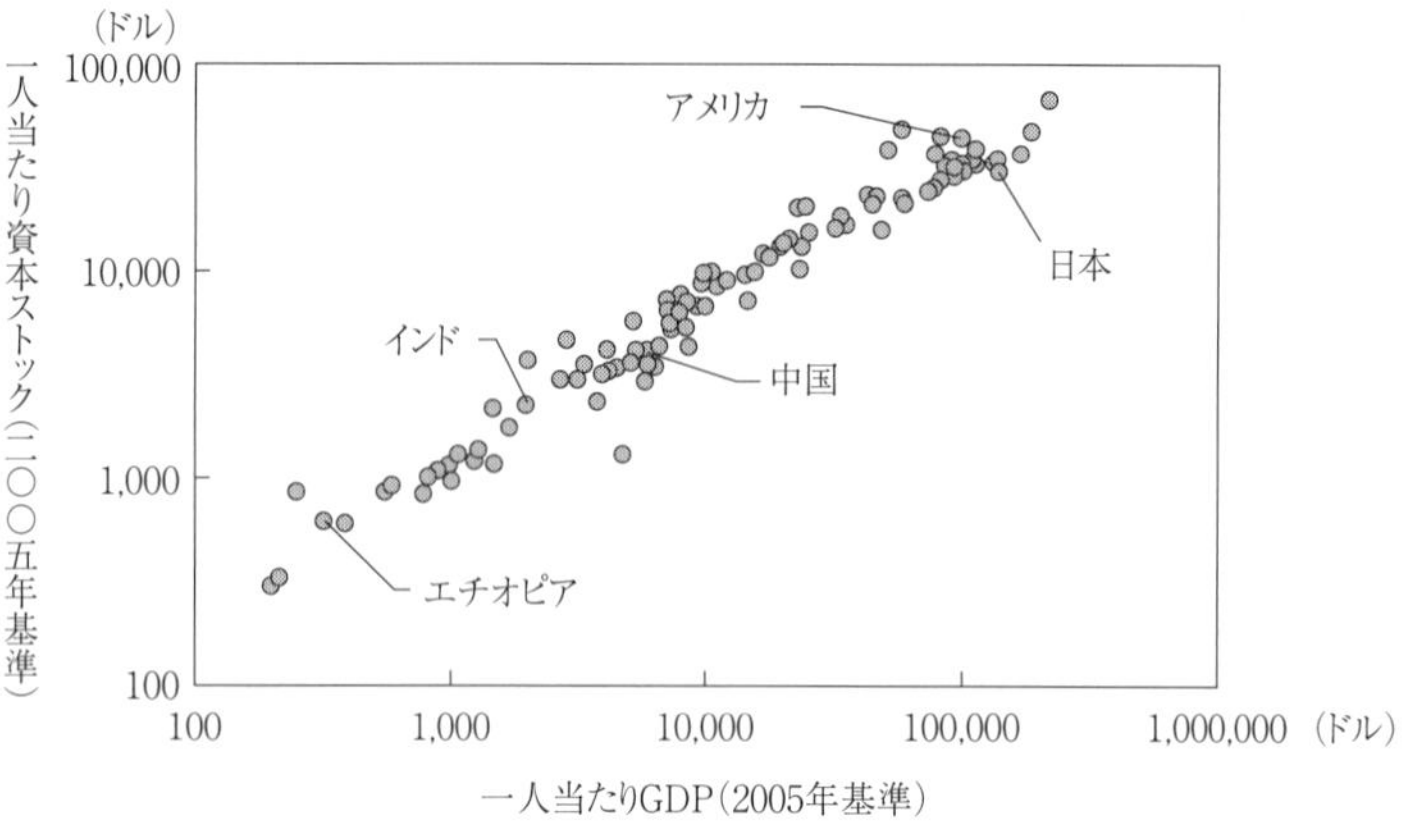

図11－4　資本と所得水準の関係

（出所）世界銀行のホームページ（The changing wealth of nations と World Databank : GDP per capita, PPD（constant 2005 international ＄））より筆者作成。
（注）資本ストックと一人当たり GDP は2005年のデータ。資本ストックは物的資本と都市部インフラの和（都市部インフラは物的資本の24％と見積もって算出。また、20年で償却される）。

ません。また、摩耗せず、新品同様であっても時間の経過とともに価値がなくなっていくものもあります。第六章でもお話したプリントゴッコやカセットテープは、新品同様で保存されていても今ではあまり価値をもちません。時代遅れになった旧いものも同様に割り引いていかなければなりません。このような資本の価値が減っていくことを、経済学では資本減耗と呼びます。財務諸表では減価償却として計上されるものにあたります。一つひとつの道具の資本減耗分を測るのは膨大なので、実務的には二〇年で償却（要するに価値がゼロになる）するような形で処理します。償却期間はものによって当然異なります。家屋であれば二〇年、パソコンであれば五年ぐらいで償却処理されることになります。

　こうして、様々な道具の経済的価値を足し合わせて資本の量を測るわけです。図11－4は一人当たりの資本ストックが大きいほど一人当たりのGDPが大きいことが示されています。資本とGD

Pの関係はきれいな直線の関係がみてとれます。この関係は安定的で、発見した経済学者にちなみ、カルドアの定型化された事実（の一つ）として知られています。

投資の二つの効果

資本は道具ですから、道具が増えていけば私たちの生活は豊かになります。この道具を増やす、生産手段を増やしていくことを投資と呼びます。資本は投資によって増えていくことになります。投資の主な担い手は企業です。工場を拡張し工作機械などの生産設備を増やすことを設備投資と言います。ビルなどを建てることを建設投資と呼びます。どちらにしろ、生産設備を増やしていくという点で同じ投資です。

投資には二つの効果があります。一つは短期的な効果で、経済の需要を高める効果です。企業が工作機械やビルを作るには、資材を購入し労働者を雇うことになります。需要を高めるのでその分経済を活性化させます。もう一つは長期的な効果で、今度は供給能力を増やすことになります。工作機械やビルを建設すると、今まで以上に生産を増やし、あらたにビジネスを起こすことができます。付加価値を生産する社会のキャパシティを拡大させます。この供給の拡大が長期的には非常に重要です。どんなに経済が活性化し需要が高まっても、供給のキャパシティを超えては生産ができませんから、私たちが豊かになるにはキャパシティを増やしていかなければならないのです。投資は資本ストックを増やし、キャパシティを拡大するという重要な役割があります。とりわけ経済成長を考える際には、投資の供給面への効果を重要視します。

それでは投資は多ければ多いほど良いかというとそうではありません。投資をするというのは生産設備の拡大ですから、将来のための経済活動です。投資自体は現在の私たちの生活を豊かにはしません。物質的に豊かな生活を送るというのは、つまるところたくさん消費することです。消費とは現在の生活のための経済活動です。未来のための投資は現在の消費を犠牲にして行われます。

こういうと、投資が増えると需要が拡大して経済が活性化しＧＤＰが増えるのではないかという疑問を持たれるかもしれません。確かにこれはその通りですが、ただし、これは経済において資源に余裕がある場合、言い換えればそのときの供給のキャパシティに余裕がある場合に限られます。例えば、不況期に失業が深刻化しているとしましょう。このときに、何らかの理由で企業の投資意欲が高まれば、経済が活性化してＧＤＰが増えますが、これは失業者が雇用されるからです。失業者が雇用されて所得を得て、その所得で消費活動を行うからです。これは先にお話しした投資の短期的な需要を拡大する効果です。

しかし、この効果は経済の供給面のキャパシティに余裕がない状態、この例では失業者がいない状態では現れません。余裕がない状態というのは、現在稼働可能な資源をすべて使って経済活動をしている状態で、労働という側面から見れば完全雇用されている状態です。このようなときに、投資を増やそうとしたら消費を減らさなければなりません。チョコレートの生産をしていた労働者をハンマーの生産に回さなければなりませんから、ハンマー（投資）は増えますが、チョコレート（消費）は減ってしまうのです。ハンマーはそれを使って新しいものを作り出してこそ意義があるのであって、ハンマーがたくさんあっても私たちの生活は豊かにはなりません。

投資は現在の消費を犠牲にして、将来の消費のために行われるものですから、投資は貯蓄の有効利用とみることもできます。貯蓄するというのは現在の消費を我慢して将来の消費のためにとっておくということですから、貯蓄と投資は経済全体ではコインの表裏の関係にあります（マクロ経済学ではＩＳバランスと呼ばれます）。将来の消費を増やしたいのであれば、投資が増える必要がありますから貯蓄は多いほどよくなります。ですが、貯蓄が多ければ多いほど良いわけではありません。貯蓄が多ければ将来の消費は増えるかもしれませんが、現在は我慢しなければならないからです。反対に現在の消費に回してしまって貯蓄を少なくしてしまえば、投資が減ってしまうのでいつまでも経済成長できません。こうして、バランスのよい適切な貯蓄の水準があるわけです。独裁的な国家では国威発揚のためにビルや地下鉄の建設がとても進んでいる一方、日常生活に欠かせない食糧やエネルギーが不足していることがままありますが、これはバランスの欠いた投資を無理に進めた結果なのです。

人的資本と技術革新

今までお話したように経済成長には資本が重要ですが、使える資本の量は同じでも、国民一人ひとりの能力や技能が高まることによって生産性をあげることができます。インターネットで外国の情報を得ることは容易くなりましたが、外国の情報を得るには英語をはじめとした外国語の習得が必要です。同じノート・パソコンを持っていても、外国語のできる人とできない人との生産性は違ってきます。このような国民一人ひとりの経済活動に寄与する能力を人的資本と言います。

また、新しい発明や科学的知見の発見による技術革新も経済成長をもたらします。最近では、ネット上で外国語の翻訳ソフトを簡単に使えるようになってきました。スマホ自体はそのままで、人の知識は変わらなくても、外国の情報を得やすくなったわけです。資本も人的資本も変わらなくても、新しい技術は生産性を上昇させます。

時代が変われば生産の仕方、経済活動のあり方が変わっていきますから、経済成長に重要な要素も変わっていくと考えられます。産業革命以前は農業の生産性の上昇がとりわけ重要でしたから、土地の与える影響が大きいと考えられていました。産業革命によって製造業の重要性が高まると、資本の与える影響が分析の中心になりました。資本をできるだけ早く増やしていくことが経済成長には欠かせないからです。

資本の経済成長に与える影響は重要ですが、近年ではその重要性が強調されることはやや減ったように思います。資本さえあれば経済成長するわけではないことが、社会主義国や一部の途上国の経験から明らかになったからです。最初の社会主義国だった旧ソ連は一九三〇年代に重工業化を進めることに成功しました。大恐慌に苦しむ欧米諸国を尻目に順調に経済が発展しているように見えました。第二次世界大戦後は宇宙開発で米国を先行していた時期もありました。しかし、これは持続可能な成長でなかったことはすでに歴史が明らかにしたところです。鉄鋼の生産を無理やり増やすことはできても、日常生活に必要な物資が不足していてはあまり意味がありませんし、また、伸びているように見えた生産活動にも無駄なものが多かったのです。

もともと資本というのが概念的なものであり、計測しにくいものです。どれだけ投資をしたかというのは各国の推計によるわけですが、それが途上国を中心に過大推計されていることもしばしばあり、正確な分析が難しいのです。先進国からの援助の少なくない額が道路の建設など正当な使われ方をせずに、政府の有力者の懐に入ってしまうことも珍しくありません。

ハーバード大学のラント・プリチェット教授は、世界銀行が資金提供したプロジェクトが九件以上ある国々の政府投資の利益率を調べました。(1)その利益率の中央値は全体では一四・一%になりますが、あるアフリカの国は合計で三一件のプロジェクト、金額にして約九億ドルの政府投資を行ったものの、利益率の中央値がゼロだったことを紹介しています。これは、プロジェクトの半数以上で利益がゼロだった、つまり、まったくの無駄だったということになります。こんなことが起きるのは、おそらくは本来なら投資に使われるべき資金が途上国の政府関係者の懐に入っているからでしょう。

この論文では、同じようなタイプの道路敷設（一キロあたり）のコストが国によって大きな差があることも報告されています。ホンジュラス、エチオピア、グアテマラなどは、それぞれ七七万ドル、七二万ドル、六三万ドルにもなりますが、スリランカ、韓国、ウルグアイでは、それぞれ五〇〇〇ドル、九万ドル、九万五〇〇〇ドルです。スリランカに比べて、ホンジュラスでは一五〇倍以上の費用がかかっていることになります。地理的な差はあるにしてもあまりにも差がありすぎます。

途上国でとりわけ観察される政治腐敗は投資を減らし経済成長にマイナスの効果をもたらすことが報告されています[2]。経済成長を実現する社会制度が存在しているかが重要なのです。資本の経済成長に果たす役割は重要ですが、近年では経済成長を促す社会制度や人的資本の役割に注目が集まるようになってきています（コラム11－1参照）。

3　TFP

技術革新と経済成長

最近では、全要素生産性（TFP：total factor productivity）に注目することが増えています。ここでTFPについて簡単に説明しましょう。

ＧＤＰは国の付加価値ですから、新たに価値をもたらした（生産）要素があります。労働と資本です。働く労働者が増えればＧＤＰは上昇しますし、使える道具である資本が増えても上昇します。また、資本と労働の量が不変であっても、経済社会の変化によってＧＤＰが増えることもあります。この資本と労働に関わらずＧＤＰに影響を与えるものを、全要素生産性（ＴＦＰ）と呼びます。その国の技術水準が与える影響はＴＦＰに含まれると考えられます。

経済学で広く使われるのは、資本と労働のそれぞれの量がどれだけのＧＤＰを生み出すか、その関係に注目する方法です。例えば、資本が一〇〇億円投入され、労働者が一万人働けば、ＧＤＰは二〇〇億円生み出されるとしましょう。このような環境で、投入される資本の量が変わればふつうＧＤＰも変化します。労働者は一万人のままで、投入される資本が一五〇億円になったら、ＧＤＰは三〇〇億円に増える、といった資本、労働、ＴＦＰとＧＤＰの関係に注目します。この関係を数式で表したものを（集計的）生産関数と呼びます。

数式と言っても、$E=mc^2$のような物理法則みたいな絶対的な関係が資本、労働、ＴＦＰとＧＤＰにあるわけではありません。あくまで、ある時のある国の関係を観察されたデータからもっとも当てはまりのよいものを統計的処理によって推計するわけです。ただ、技術水準を表すＴＦＰは目に見えません。ＧＤＰや資本と労働がデータで与えられることと対照的です。そこで、資本と労働がそれぞれどれぐらいＧＤＰ成長率に影響を与えたか示すと、

ＧＤＰの成長率＝資本の増加による貢献分＋労働の増加による貢献分＋余り

と数学的に表現されます。このように分析する方法を成長会計と呼びます。

物理などでは実験の観察値を理論にあてはめますが、当然ながら観察誤差というのがあります。同じように経済の観測でも誤差がありますが、現実の経済はとても複雑であり、右の式のような簡単なものにやや無理やりあてはめるわけですから、当然、誤差というには大きすぎる「余り」が出てしまいます。統計学的にはこれを残差と呼びますが、GDPの上昇分について、資本と労働の貢献分だけでは説明できない部分のことです。この「余り」の部分をソロー残差と呼び、全要素生産性（TFP）の上昇率と解釈することが一般的です。この「余り」が増えると、資本と労働の量が一定でもGDPは大きく上昇しますから、所得を上昇させる技術進歩率を表していると「解釈」するわけです。

ここでわざわざ「解釈」とこだわったのは、この余りがどれだけ技術進歩を表しているかは定かではないからです。なぜなら、統計的には資本と労働では説明できない「余り」でしかないわけで、資本と労働とGDPの関係を表す生産関数やデータの精度が低ければ、その「余り」も大きくなりうるからです。そのため、この「余り」が大きいからと言って、技術の水準が高いと即断することは一般的にできません。ある国の「余り」が大きいからと言って、他の国に比べて技術進歩が大きいとは必ずしも言えず、そのあたりは慎重でなければなりません。

しかし、技術進歩の効果が表れるとすると、それはやはりこの「余り」の部分に含まれるので、余りとして簡単に無視することもできません。そして、この「余り」の増減が経済成長率の増減と相関していることが経験的に知られています。「余り」が小さくなったとしたら、その国の技術進歩の歩みが停滞して、経済成長が鈍化したとみてもそんなに不正確ではないのです。

経済が継続的に成長していくには技術進歩が必要です。そのため、TFPに注目することが重要になってきています。とりわけ、わが国ではバブル崩壊以降に経済が停滞した原因をめぐり、ＴＦＰの水準に注目が集まり、後述しますが活発な議論が行われました。

図11-5は日本生産性本部が推計した日本のＴＦＰ成長率の推移です。大体一％程度の上昇率で九〇年代半ば以降推移していたことがわかります。同図を見ると、大手金融機関が相次いで破たんした一九九七年秋の金融危機を反映して、一九九八年のＴＦＰ上昇率はマイナスになっています。また、二〇〇八年と二〇〇九年もリーマン・ショックを反映してマイナスになっています。ここまで大きなマイナスは他には見当たりませんが、その時の経済環境を反映して増減の波があることがわかります。ＴＦＰの上昇率はその時々の好不況を反映していることがわかります。ＴＦＰは「余り」でしたから、ＧＤＰの増減の波を反映しやすいのです。なぜなら、一年程度の期間では資本ストックや労働人口に大きな変化がもたらされないとすると、好不況を反映したＧＤＰの増減はその「余り」のところで吸収されやすいからです。

しかし、長期間にわたるＴＦＰの上昇率に注目すれば、短期の好不況の波はならされてしまいますから、その国の技術水準の状態を表すと考えられています。図11-6はもう少し長い期間をとったＴＦＰ上昇率の推移です。これをみると、九〇年代の日本のＴＦＰ上昇率は米国やドイツと比べて低かったことがわかります。一％の違いは長期的には大きな差をもたらしますから無視できません。ＴＦＰは短期的には好不況の影響を反映しますが、長期的にはその国の技術水準を表していると考えられています。

ＴＦＰの重要性

近年、ＴＦＰの役割が重視されるようになってきました。新聞やテレビのニュースでもＴＦＰが取り

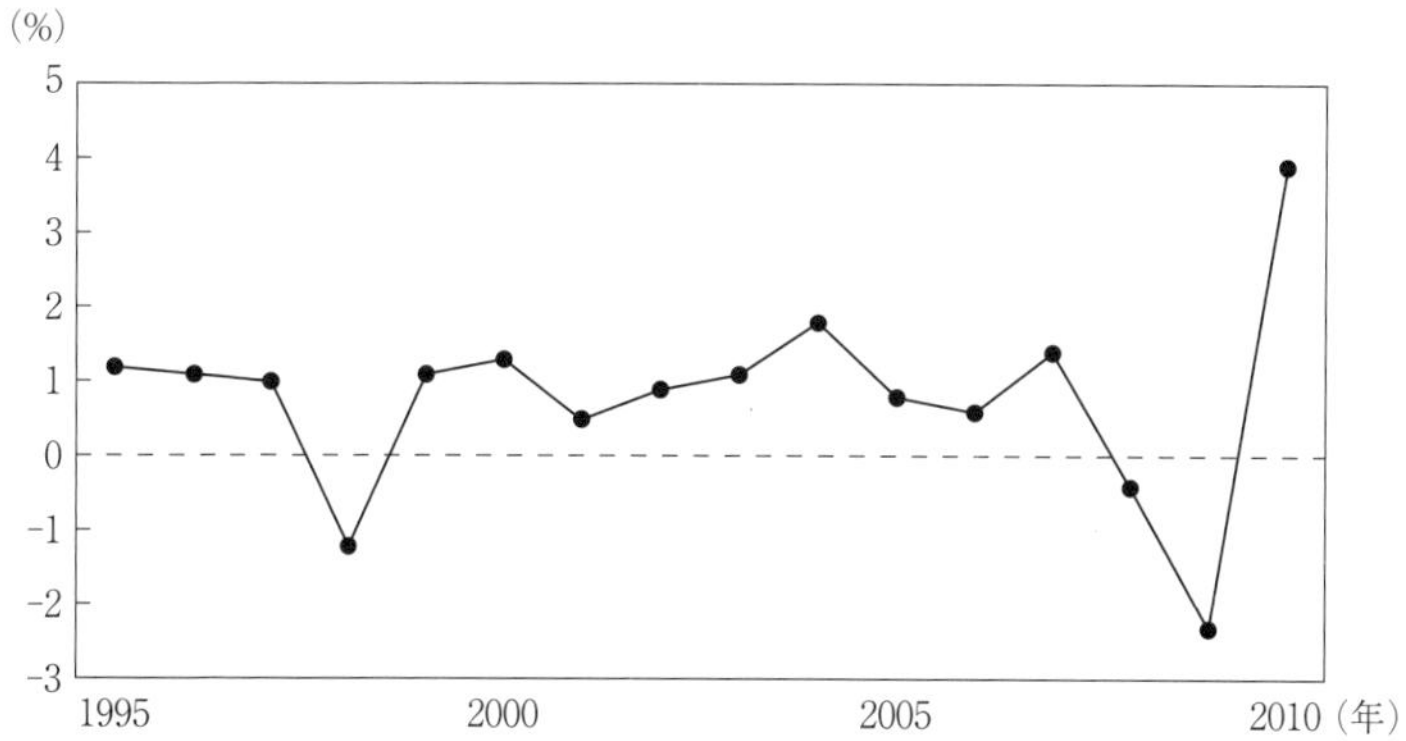

図11-5　日本の TFP 上昇率の推移

（出所）日本生産性本部『日本の生産性の動向2013年度版』(46頁、図４-２)。

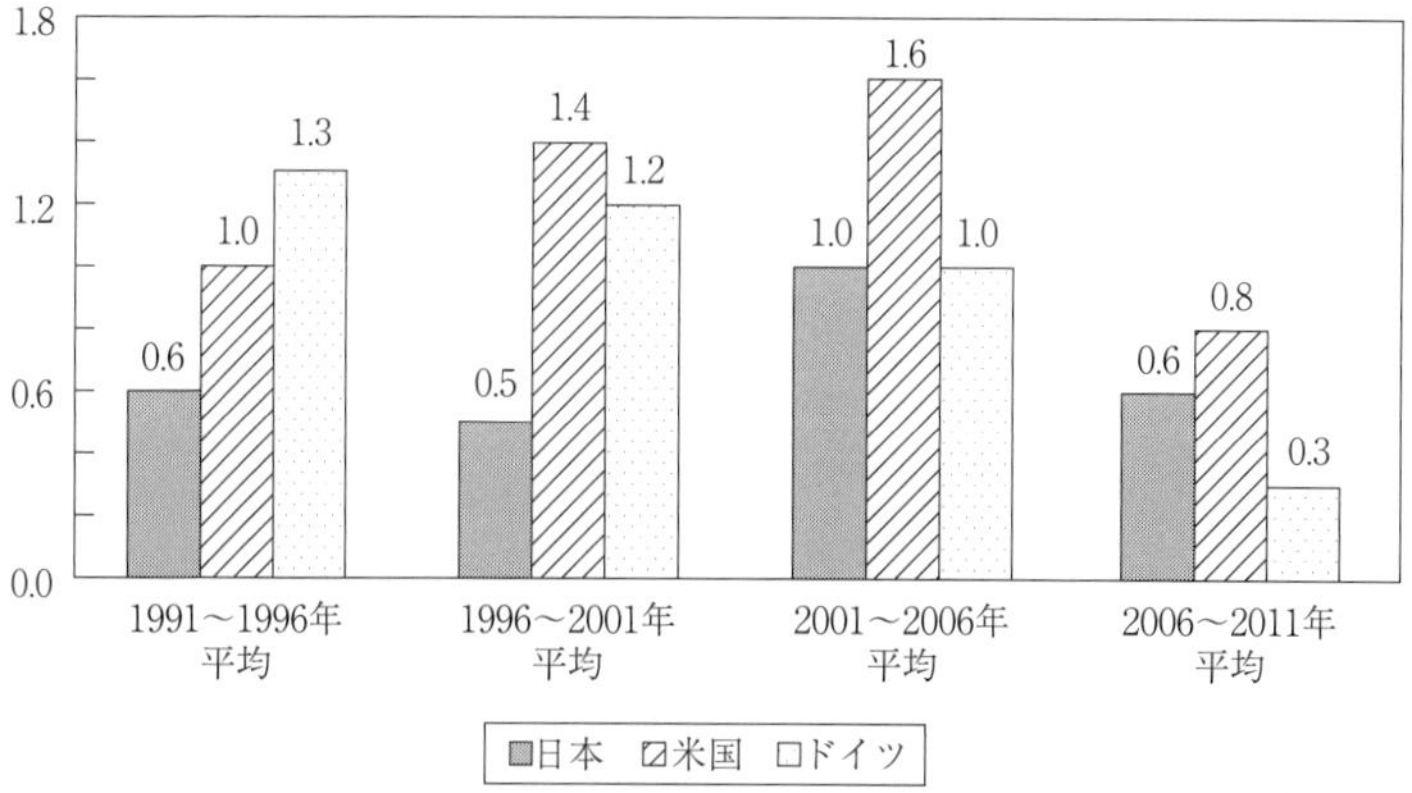

図11-6　日米独の TFP 上昇率

（出所）日本生産性本部『日本の生産性の動向二〇一三年度版』(72頁、付表23) より筆者作成。
（注）2006～2011年について、日本は2006～2010年の平均。

上げられるようになったのを見ると、その影響力の大きさがわかります。ＴＦＰの役割の大きさを指摘したのはノーベル経済学賞を受賞したロバート・ソロー教授です[3]。ソローは、一九〇九年から一九四〇年の間に観察された米国の一人当たりＧＮＰの上昇の八七・五％がＴＦＰの上昇によるもので、資本など生産要素が増えることによってもたらされた部分は一二・五％でしかないことを示しました。言い換えれば二〇世紀前半のおよそ三〇年間のアメリカでは、工作機械を作ったり、工場やビルを建てたりといったことよりも、技術水準の向上こそが国民生活を豊かにするうえで重要だったということです。

また、スタンフォード大学のロバート・ホール教授とチャールズ・ジョーンズ教授は、途上国で成長する国としない国との違いに焦点をあて、一九八八年時の一二七ヶ国のデータを用いて、ＴＦＰの違いが重要であることを示しました[4]。一人当たりＧＤＰの上位五ヶ国と下位五ヶ国と比べると、その所得格差は三一・七倍にもなります。当然ながら、この差は資本の量や国民の教育水準の違いも反映しています。途上国では初等教育も満足に受けられず、読み書きや簡単な計算ができないということが珍しくありませんから、そのままでは経済成長は望めません。こうした設備の格差、教育などの人的資本の差を考慮して、三一・七倍にもなる所得格差がどのようにもたらされているか推計したのです。それによると、

所得格差三一・七倍＝資本の差一・八倍×人的資本の差二・二倍×ＴＦＰの差八・三倍

でした。ＴＦＰの値が同じであれば所得格差は四倍程度にまで縮まることになり、それだけＴＦＰの影響は大きいといえます。実際、所得水準とＴＦＰの相関は八九％と高いものでした[5]。

また、この論文では旧ソ連では資本の量はアメリカに比べて二三％高いものでしたが、技術水準を表すと考えられるＴＦＰはアメリカの四七％程度しかなかったことも示されました。資本の強制蓄積をどんなにやっても、長期的には経済成長を維持することができないことを示しています。

このようにＴＦＰの水準が低いと、短期的には経済成長をしていても長期的には持続しないことになりそうです。こうした観点からアジア諸国の経済成長についても関心が向けられました。一九九〇年代に韓国、香港、台湾、シンガポールという東アジアの国々が著しい経済成長を実現していましたが、その成長は資本の蓄積や労働力の増加によるもので、欧米の国々と大きな差異があったわけではないことが示されました。(6) アジアの虎と呼ばれた四ヶ国または地域では、一九六六年から一九九〇年（香港は一九九一年）にかけてのＴＦＰの年平均の上昇率は韓国一・七％、香港二・三％、台湾二・一％、シンガポール〇・二％であり、ほぼ同時期のフランス一・五％、ドイツ一・六％、日本二・〇％、イギリス一・三％、アメリカ〇・四％と大差があったわけではありませんでした。ＴＦＰは特別に高い値ではなかったのです。この事実は、クルーグマン教授がアジアの成長は幻想だとする一般向けの記事を書いたこともあり、センセーショナルに取り上げられたことを記憶している人も少なくありません。(7)

わが国もバブルが崩壊してから経済成長が停滞し「失われた一〇年」と呼ばれましたが、その原因は日本のＴＦＰの上昇率が九〇年代に下落したことが原因だとする一橋大学の林文夫教授とアリゾナ州立大学のエドワード・プレスコット教授の論文が注目を集めました。(8) 同論文では日本のＴＦＰ上昇率の推移は、一九六〇年から一九七三年の間は七・二％、一九七三年から一九八三年の間は二・二％、一九八三年から一九九一年の間は三・六％、一九九一年から二〇〇〇年の間は〇・五％と低下傾向にあることが紹介され、週休二日制の導入による労働投入量の減少を考慮すると、九〇年代の日本のＧＤＰの停滞は低いＴＦＰの水準と強く相関していることを示しました。

一時的な不況というのは、国全体で付加価値を生み出すキャパシティ（潜在ＧＤＰといいます）に比べて、購買力が不足してしまうことです。要するに商品やサービスを供給できる量に比べて、あまり売れない、需要が不足して困ってしまう状態です。このような状況であれば、政府が財政支出を拡大して、代わりに購入すれば経済は弾みがつく可能性があります。そうすれば景気は回復するかもしれません。

しかし、国全体で付加価値を生み出すキャパシティそのものが伸び悩んでいるとしたら、政府が代わりに購入してもキャパシティが増えるわけではありません。キャパシティいっぱいまで経済活動しているのであれば、政府が買えば他の人は買えなくなるだけです。林・プレスコット論文は日本のＴＦＰ上昇率が下がっていることを示し、キャパシティそのものがあまり大きくなっていないことが停滞の原因だと指摘したのです。

東アジアの経済成長についても、日本経済の停滞についても、ＴＦＰが主な原因なのか、様々な専門家による激しい議論が行われました。その議論の展開については触れませんが、そうしたこともあってＴＦＰの動向がより注目されるようになったと思います。今では新聞のニュースでもＴＦＰが取り上げられるようになっています。

4　幸せとは何か

ＧＤＰに代わる指標

経済成長は私たちの生活の向上のためにとても重要だということをお話してきました。経済成長とは

GDPがどれだけ増えるかということです。GDPは経済の状態を示すもっとも重要な指標です。しかし、あくまで市場を通して実現した利益の総額なので、市場で取引されないもの、要するにお金の支払いを伴わないものは原則として考慮されません。それどころか、お金の支払いを伴うものなら、あまりいいことではなくても考慮されてしまいます。

具体的には、家事はGDPに考慮されていません。自分や家族が家の掃除をしたり、料理を作ったり、洗濯をしてもその労働の貢献はGDPには含まれません。お金の支払いを伴っていないからです。これに対して、家事代行サービスに部屋をきれいにしてもらったり、スーパーからお惣菜を買ってきたり、クリーニング店を利用すれば、お金を支払うのでGDPに計上されます。夫婦が子どもと家庭で一緒にくつろいでいてもGDPは増えない一方、夫婦ともに仕事が忙しくて子どもと一緒に過ごすことができず、ベビーシッターや託児サービスを利用しっぱなしの方がGDPは増えるわけです。さらには、仕事のし過ぎで健康を損なって病院に行くと、医療サービスを購入することになるのでGDPは増えます。もっといえば、環境汚染や公害のために病気になっても、医療機関にかかればお金を払うのでGDPに計上されます。こう考えればGDPは重要とはいえ不完全な指標であることがわかります。

もちろん、GDPの不完全さを少しでも解消しようと、製品の品質向上分をGDPに計上したり、帰属地代と呼ばれる土地や家屋の所有の違いを調整する仕組みが導入されています。しかし、GDPは余暇を計上しないことが豊かさの指標としては不完全なところです。第一章の図1－2を見ると、イギリス、フランス、ドイツといったヨーロッパの有力国は、一人当たりGDPの水準では日本やアメリカに比べて低くなっていますが、国民の平均的な年間労働時間が日米に比べて短いことが知られています。OECDのデータによると、二〇一三年の平均実労働時間は、日本とアメリカがそれぞれ一七三五時間と一七八八時間なのに対して、イギリス、フランス、ドイツは一六六九時間、一四八九時間、一三八八時間です。ドイツの一年間の労働時間は日本に比べて二〇％も短いのです。日本人が一日に一〇時間働くとすると、その差は約三五日分です。一ヶ月も休暇をたくさん過ごしていることになります。余暇を考慮すれば、日米とヨーロッパとどちらが豊かかはＧＤＰだけで簡単に優劣をつけることはできません。

ＧＤＰは豊かさの指標としては不完全なため、経済指標としてＧＤＰを重視することにはかねてから根強い批判がありますし、なにかというとＧＤＰのことばかり言う経済学者に対して生理的嫌悪感を持つ人も少なくないように思います。

このように、ＧＤＰに代わる指標の重要性が指摘されて久しいのですが、ＧＤＰに代わる指標もなかなかないというのが現状です。例えば、ブータンは国民総幸福量（ＧＮＨ）を重視する国だと言われ、日本でも「幸せの国ブータン」としてマスコミなどで一時期頻繁に紹介されました。それでは可能だとして、日本人でブータンに移住したい人はどれぐらいいるのでしょうか。もし、日本に住めなくなったとして、好きな国を移住先に選べるとしたら、ほとんどの人が欧米の先進国、シンガポール、オーストラリアなどＧＤＰの高い国を選ぶのではないでしょうか。

世界銀行のデータによると、ブータンの平均寿命は二〇一二年で六八歳、一人当たりＧＤＰの水準も二〇一三年で二四六〇ドル、日本円にしておよそ二五万円です。日本の平均寿命が八三歳（二〇一二年）、一人当たりＧＤＰが四万六一四〇ドル（二〇一三年）、日本円にしておよそ四六〇万円と比べると大きな差があります。これが両国の客観的な数値による差です。

今でも国を捨てて、命がけで不法入国する人たちが後を絶ちませんが、ほぼすべてが経済的な理由で途上国から欧米の先進国へ、貧しい国から豊かな国へ移動しようとしています。アメリカとメキシコの国境では数百キロにわたり不法入国を阻止しようとする鉄条網がはりめぐらされていますし、地中海では監視船が北アフリカからヨーロッパへ不法入国する人々を取り締まっています。何が幸福かは人によって異なるでしょうが、少しでも幸福になりたいと思うから命がけで移動しようとしているのです。このように考えてみると、ＧＤＰの水準は完全ではなくても、幸福度と極めて相関の高い指標と言えます。

イースターリンのパラドクス

ただ、お金がなければ幸せではないとしても、お金があるからといって幸せとは限らないとはよく言われることです。幸せというのは主観的であいまいな要素がどうしても入りますが、経済学ではイースターリンのパラドクスとして知られているものがあります。[9] 南カリフォルニア大学のリチャード・イースターリン教授は一九四六年から一九七〇年にかけて行われた、途上国を含む一九ヶ国の調査を整理し、一国だけをみると国内では所得水準の高い人の方が低い人よりも幸せを感じている傾向があるものの、国際間で比較すると、豊かな国の人々が貧しい国の人々よりも平均的に幸せを感じているとは限らないことを報告しました。また、米国では所得水準が上昇しているにもかかわらず、それにあわせて人々が幸せに感じているとは限らないことを観察しました。イースターリン教授は別の論文で、日本や欧州九ヶ国（イギリス、フランス、ドイツ、イタリア、ベルギー、オランダ、デンマーク、アイルランド、ギリシャ）でも、所得水準の上昇にも関わらず幸福度は明確に上昇していないと述べています。[10] お金は概ね幸せをもたらすものの、所得と幸せの関係はそこまではっきりしないというのです。

イースタリンのパラドクスはお金で幸せは買えないという、インパクトのある研究成果であったため大きな影響を与えましたが、最近では、所得水準は人々の幸せにプラスの影響を与えることを認めた研究成果の方が多いようです。パリ・スクール・オブ・エコノミクスのアンドリュー・クラーク教授らは、人々の属性も考慮したマイクロデータの研究では所得の上昇とともに幸福も高まっていることと、国家単位のマクロデータでも精緻に分析すればGDPの水準と幸福度とは相関していることが、これまでの多くの研究をまとめた結果だとしています。[11] ペンシルバニア大学のベッツィ・スティーブンソン教授とジャスティン・ウォルファーズ教授は、一三一ヶ国に及ぶ近年のデータを用いて、国際間で比較しても所得の水準と幸せとは強く正の相関があることを報告しています。[12] また、所得がある水準を超えると幸福度は高まらなくなるという「所得の飽和」も明確には観察されなかったと言います。

何が幸せをもたらすのか、人生の究極的な問いかけをめぐり、今後も多くの研究成果が蓄積されるでしょうが、多くの人にとってはお金と完全に切り離したところに幸せがあるとは言えないように思います。GDPは不完全かもしれませんが、多くの人々の幸せを考える上で重要な指標なのです。

もう一つGDPが重要となる理由として、客観的に測られる数値だということがあります。誤差を含むとしても、誰がやっても同じ値になるという客観性はとても重要です。あまり世の中では理解されていないように見えますが、不完全であっても客観的な指標を計測し続けていくのは、物事の状態の変遷を測るうえで必要不可欠です。誤差を伴うにしても、その政策の効果をきちんと定量的に測ろうとする仕組みを作らなければ、いつまでも印象だけで「議論」が進んでしまいます。不完全であっても、GDPが重要な経済指標であり続けるのはそうした理由があるのです。

5　豊かな国になるには

制度と経済成長

経済成長が重要だとしても、成長して豊かになる国もあれば、なかなか豊かになれない国もあります。その原因を探ることが経済成長論や開発経済学の大きなテーマです。

これまで様々な議論がありましたが、一つは地理的な要因を挙げる考え方で、コロンビア大学のジェフリー・サックス教授が有名です(13)。経済活動が活発になると、人と商品が頻繁に移動することになりますから、交通手段の充実と運送技術の発展が必要です。とりわけ水運による輸送経路を持っているかどうかが重要です。わが国は天然資源に恵まれないものの、島国であるため長い海岸線があり、海運によって世界中から、そして世界中へ大量の物資を輸送することができます。大きな船を使えば石油や鉄鉱石を輸入するのも、自動車を輸出するのもやりやすいわけです。もし、大陸の内部に位置し港を持たない国であれば、これらを陸送しなければなりません。石油はパイプラインで輸送できそうですが、鉄鉱石や石炭、自動車などは海路に比べて困難です。巨大な砂漠や高い山々を越えなければならないとしたらなおさらです。わが国が西洋から距離的に離れた極東に位置しながら、経済発展に成功した理由の一つは海運による利益を享受できたからです。実際、多くの国の生産拠点は海や大きな河川に面していることが多いのです。

もうひとつは気候です。赤道直下で風土病に感染しやすければ経済活動にはマイナスですし、あまりにも寒暑が厳しければ人が住むのも大変です。先進国が温暖な気候に概ね属しているのは理由があると考えるのが自然でしょう。

また、進んだ技術が伝えられるには、人々が移動しやすくなければなりませんが、南北の移動は風土病に感染しやすい熱帯を越えなければならないため、東西の移動に比べて困難だったと言われています[14]。もし、これが本当なら地理や気候が進んだ技術の伝播の仕方に影響を与え、それは経済発展に影響を与えたと考えることができます。東西に広がるユーラシア大陸では文明が発展しやすいが、南北に長い南北アメリカ大陸やアフリカ大陸はそうではないことになり、言われてみれば一定の説得力があるようにも感じます。このように地理や気候は経済発展に大きな影響を与えたと言えそうです。

このほかには民族性や文化などがあげられることがありましたが、現代ではあまり説得力があるものとは思われていません。白人優位のような差別的な見方を助長するだけでなく、歴史的にも支持されないと考えられているからです。例えば、明治初期に日本を訪れた西洋人は日本人は怠け者でどうしようもないという見方をしていましたが、戦後は働きすぎを批判されるまでになりました。民族性や歴史文化は無視できるものではありませんが、経済環境の変化によって大きく変わるものです。実際、日本や他のアジアの国々の経済成長は、欧米の宗教や文化が経済成長に不可欠であるという見方を否定したと言えるでしょう。

最近では、地理的要因や気候よりもその国の社会制度が経済成長に大きな影響を与えるという見方が注目を集めています。例えば、韓国と北朝鮮を比較すれば、同じ歴史と文化を持つ同じ民族でも経済発展に大きな違いがもたらされていることがわかります。地理的にも気候的にも大きな違いがあるわけではありません。市場経済と民主主義の国と、計画経済と社会主義の国という制度の違いが二つの国の経済水準を大きく分けています。また、東西冷戦時代の東西ドイツも同じです。東ドイツは社会主義の優等生と呼ばれていましたが、市場経済の西ドイツと比べると国民の生活水準は貧しいものでした。朝鮮半島やドイツの経験が示唆するように、歴史、文化、民族、地理、気候に大きな差はなくとも、社会制度の違いがかたや経済を発展させ、かたや失速させたわけです。この制度に注目する代表的な研究者がMITのダロン・アセモグル教授とハーバード大学のジェイムズ・ロビンソン教授です。

アセモグル教授とロビンソン教授は豊かな国と貧しい国とを分かつものは、文化でも民族性でも地理でもなく、政治経済の制度であることを多くの歴史的事実を挙げて検証しました。(15) 世界の歴史的事実から、経済成長が実現するには包摂的（inclusive）で分権的な政治制度と経済制度が重要であると指摘します。政治制度としては民主主義的な手続きによって広く民意が政治に反映されることと、三権分立に象徴されるように、権力が少数者に集中することなく、政府が法の支配に服することが必要です。また、経済的には競争的な市場経済が存在することが重要です。これと反対なのが収奪的（extractive）な政治経済制度です。アセモグル教授とロビンソン教授は、貧困からなかなか抜け出せない国や一時的に経済成長を実現したものの失速してしまった国には、市場取引を阻害する収奪的な政治経済制度があったことを膨大な歴史的事実を挙げて主張しました。

その理由を簡単に説明すると以下のようになります。経済が成長するには安心して経済活動を行える環境が必要です。新しいビジネスのために投資をしても、その利益を回収する段階になって横取りされてしまうのなら誰もやる気を持たないでしょう。また、投資をするにはお金が必要ですから、他人や金融機関から資金を融資してもらう必要がありますが、お金を貸す側からすればきちんと返済しもらえなければ困ります。安心して自由な経済活動を行うには、第四章でもお話したように、所有権がしっかり確立され、約束や契約がきちんと守られることが大切です。当然ながら、そのためには法制度を整え、履行させる権力機構が必要となります。世の中が乱れていて裏切りは当たり前、何でもありでは安心してビジネスはできません。ルールを守らせるためにはある程度中央集権的な権力機構が必要になります。

経済成長と権力

しかし、権力は必要以上に強くなってしまいがちです。権力者は一度権力を握るとなかなか手放そうとしないでしょう。権力そのものに魅力があるということもありますが、自分の利益を大きくするために権力を使おうするからです。権力者は国民から経済的な利益を奪う誘惑がありますし、それが実行できる環境にあります。国民が創意工夫して新しいビジネスを始めたり、新しい技術を開発しても、その利益を権力者に取り上げられてしまうのではやる気を持てません。そうなっては技術革新をもたらすような経済活動は行われませんから、経済は停滞してしまいます。実際、社会主義国や途上国の独裁的な指導者は、自分たちに都合のよいルールをつくり、労働の対価を一方的に奪ったのです。

また、権力者の基盤や利益を脅かすような新しい技術も導入されにくくなります。トルコのオスマン帝国は国民の知的水準が高まると、権力基盤を揺るがす恐れがあるというので印刷技術の普及を拒否し続けました。西欧の自由と民主主義を求める思想が国民に普及すれば支配者の権力基盤を弱めることになり、それは皇帝には都合が悪かったのです。印刷技術を拒否すれば進んだ技術や知識の伝搬は滞りますから、当然、経済成長は起きにくくなります。日本でも江戸時代に大井川などに橋が架けられなかったのも同じ理由です。人々の暮らしやすさより、支配者の権力基盤の保持が優先されたのです。

政府は権力機構として法の執行という点では強くなければなりませんが、権力者自身が利益追求ばかりしないように制限する仕組みが必要です。その一つが法の支配です。権力者の専制を防ぐために、権力者の活動を法で制限することが大切です。また、広く国民の利益を代表する民主主義的な制度も重要です。民主制の下では広く多数の国民の利益を実現できなければ政治家の地位を維持できません。自分の都合のいいことばかりやっている政治家は選挙で落とされてしまいますから、広く国民の利益が反映されやすくなります。少なくとも独裁的な国家よりは間違いなく広く国民の利益が守られるでしょう。当然ながら、国民の利益となる新しい技術があれば、一部の人は新しい技術で損失を被るとしても、社会に導入されやすく、その結果経済が発展していくわけです。このように、民主制が新しい技術を創出する市場経済をサポートするのです。

そして、競争的な市場経済システムは創造的破壊をもたらします。競争原理による創造的破壊が起こりやすいほど、旧来の仕組みで利権をむさぼっている支配層の権力基盤は弱体化しやすくなります。市場経済では競争原理が働き、その結果、新興勢力が台頭してくるので、一部の者がずっと権力を保持しつづける専制的な政治システムがこわれやすいのです。今度は市場経済が民主制をサポートします。市場経済と民主的な政治制度は互いに補完的に作用する、これがアセモグル教授とロビンソン教授のメッセージです。

最近、中国やロシアなど民主主義が定着していない国々の世界経済における存在が大きくなってきていますが、アセモグル教授らの主張によると、短期的には経済成長を実現できても、独裁的な国家では持続的な経済成長は維持できないということになります。先進国にキャッチアップすることはできるかもしれませんが、新しい技術を生み出し、普及させることが難しいからです。一部の権力者に都合のいい技術だけが導入を許されたり、政権の中枢にいる者が圧力をかけて経済活動を歪めたりするからです。この点で、中国の将来性は民主化に移行し、法の支配を確立できるかどうかにかかっているということになります。

これはわが国でもきちんと認識されるべきことですが、国民の権利を制限する自民党の憲法草案や立憲主義をないがしろにするような政治家の言動を見ると、日本でも過去のことと簡単に片づけられないように見えます。

歴史的にみても、王権が強すぎた国は長期的には経済発展に負の影響がありました。王様の命令には背けませんから、後になって梯子がはずされるとわかっているなら誰も努力しようとしなくなります。そのため、王権をきちんと制御できる社会制度が技術や経済の発展に欠かせなかったと考えられています。

アセモグル教授らは、一五〇〇年から一八〇〇年のヨーロッパとアジア・アフリカとの貿易の影響を通して、王権の強い国と弱い国とを比較しました[16]。当時、奴隷取引を含む貿易を通して、アジア・アフリカの植民地化が進められ、ヨーロッパ各国は大きな利益を得ましたが、王権が制限されたイギリスやオランダが大きく発展したのに比べ、王権の強かったスペインやポルトガルはそこまでの経済成長は実現できませんでした。プロテスタントかカトリックかという宗教的要因、戦争を経験し国家の形成が促進されたかという政治的要因、ローマ帝国の支配下地域だったかという歴史的要因、緯度のような地理的要因などを考慮しても、これらの影響は大きくなく、貿易を積極的に進めた商人が王権を制限し、所有権の確立や契約で定められた権利の履行、権力の分散という社会制度を構築できたかが経済成長の大きさを左右したことを実証しました。

また、別の論文では[17]、現在の所得水準と一五〇〇年時の都市化の水準や人口密度とは逆転していることに注目しました。例えば、現在では北米やオーストラリアは所得水準の高い国ですが、これらの地域は、ムガール帝国のインド、（スペインの侵略を受けますが）アステカやインカの文明のあった中南米と比べると、一五〇〇年ごろでは豊かな地域ではありませんでした。このような逆転現象が起きた理由も、当時あまり発展していなかった北米などの地域で、経済成長を促進させる社会制度、所有権の確立と権力の分散が進んだからだと主張しています（コラム11-2参照）。

歴史の分析については様々な立場から異なった考え方もできるでしょうが、同じような理屈で、王権が強かったフランスではなく、弱かったイギリスで産業革命が起きた理由の一端もここにあると考えている経済学者は多いのです。また、唐の時代には当時最強の国力を持っていた中国がその後停滞してしまったのも、皇帝の力が強すぎたからだと言う人もいます。

民主化と経済成長

権力が強すぎると経済活動に弊害が現れること、そして、広く国民の利益を実現するために民主制が重要であることをお話しました。民主主義に代わる政治形態はないように思いますが、民主主義は必ずしも万能ではありません。多様な民意を一つの投票用紙に託して政治のリーダーを決めるわけですから、当然ながら一方がたてば他方が立たないということになるのは仕方がありません。わが国でも「決められない政治」に対する批判的な意見がありました。

確かになかなか決められないのでは経済効率という点ではよくありません。政府の強いリーダシップが求められるのももっともです。共産党支配の中国では政治腐敗が問題になっていますが、その意思決定の速さは民主主義国の及ぶところではありません。道路や鉄道などのインフラがあっという間に整備されていく様をみると、利害調整に時間のかかる日本との違いは歴然としています。近い将来の経済成長という側面だけを見ると、民主制は必要ではないようにも見えます。

しかし、「決められない政治」というのは、裏返せば政治的に安定しているということでもあります。企業が今まで通りの経済活動をしているのに、政府が突如これまでとは異なるルールの適用をするようでは安心して経済活動ができませんから、政治の安定はとても重要です。民主化が進めば政治を安定させ、それが経済活動を促進させることが考えられます。

このように考えると、民主化してから豊かになるのか、豊かになってから民主化していくのか、という問題が浮かび上がります。とりわけ後者を政治学ではリプセット仮説と言います。経済成長の結果、生活水準が豊かになって民主主義が定着するという考えです。生活水準が低いままで民主化したとしても、貧困が原因で政治的には反動が起き、民主制は短命に終わることがしばしば観察されました。実際、二〇世紀初めの南米諸国の経験や、植民地から独立したアジア・アフリカ諸国の中には独裁的な政治体制を布くことが多く見られました。経済的に未発展な状況で無理やり民主化しても定着しないのではないかというわけです。

民主化がどれぐらい進んでいるかを測るには、成人に選挙権があるか、競争的な環境で政権が選ばれているか、政策決定が選挙によって選ばれた代議員によって行われているか、などを指数化します。こうして測った民主化指数と一人あたりGDPとの関係を調べるわけです。リプセット仮説を支持したものにハーバード大学のロバート・バロー教授の論文が有名です[18]。バロー教授は国民の教育水準や政府支出の大きさなどを考慮して、国々の民主化の程度が一人当たりGDPの水準に与える影響を推計すると、民主化は経済成長を実現する不可欠な要素ではなく、その影響は限定的なことを示しました。もし、この結論が正しいとすると、途上国の経済発展を促すには、民主化を促進させることよりも、法の支配や経済活動の自由のような市場経済システムの定着を優先させる方がよいということになります。

政治の経済学的分析は近年積極的に行われており、このバロー教授の結論を支持する研究もあれば、支持しない研究もあります。先ほど挙げたアセモグル教授らは、バロー教授とほぼ同じデータで各国の事情を固定効果として考慮するなど、より精緻な統計処理を行い、反対の結果を主張しています。[19]民主化の水準（x）と一人当たりGDPの水準（y）を比較するのではなく、民主化への変化の程度（Δx）と一人当たりGDPがどれだけ増えたか（Δy）を比較すると、民主化とGDPの関係は消えてしまうと言います。

経済成長の後でなければ民主化が進まないのか、それとも経済成長はあまり関係しないのか、どちらが有力な説かは現段階ではまだ判断できません。異なる国々を比較するため分析困難なことも多いですが、現在精力的に研究が進んでいる分野の一つです。

コラム11

① モラルと政治腐敗

大使館内は国内法が原則適用できないなど、各国の外交官には様々な特権が認められていますが、国連本部のあるニューヨークでは、外交官は違法駐車を摘発されても罰金は支払わなくてもよいというルールがありました。一九九七年一一月から二〇〇二年末までの間に一五万件以上の違法駐車が摘発されましたが、外交官特権のため罰金の支払いを免除されていました。ルールを守らせるものは外交官のモラルしかなかったわけです。このモラルと政治腐敗との関係を調べた論文があります[20]。

一九九七年一一月から二〇〇二年一一月までの間、外交官一人当たりの摘発された違反件数のワーストファイブは、一位クウェート二四九・四件、二位エジプト一四一・四件、三位チャド一二五・九件、四位スーダン一二〇・六件、五位ブルガリア一一九・〇件と、上位は中近東やアフリカ諸国で占められていました。罰金を支払わなくてもいいのならあたりかまわず違法駐車しても構わないという考え方なのでしょうか。この時期の本来なら支払われるべき罰金総額は一八〇〇万ドル以上、一八億円を超えるというから巨額です。反対に違反件数がほとんどゼロの国は一四九か国中二二ヶ国で、日本やカナダ、欧州諸国などが中心でした。

この論文ではそれぞれの国の違反件数と政治腐敗に強い相関関係が見られることを示しました。モラルの低い国は政治腐敗が深刻で、当然経済にもマイナスの影響をもたらすことが示唆されます。

二〇〇二年一〇月にルールが変更され、ニューヨーク市当局が度重なる違反や悪質なケースは外交官用のナンバーを取り上げることができるようになるなど、罰則が強化されるようになりました。すると、これまで外交官一人当たり一〇〇件を超える違反をしていた国々も一人当たり一件前後にまで激減しました。二〇〇二年一一月から二〇〇五年一一月までの間で、ワースト一位だったクウェートは〇・一五件、二位のエジプトは〇・三三件まで減りました。

法の支配や民主主義といった法制度を整えることは重要ですが、それはあくまでそこに住む国民の規範意識があってこそ有効に機能すると言えそうです。罰せられないなら何をやってもいいでは豊かな国にはなれないのです。

２　植民地の明暗を分けたもの

豊かな国になるには、所有権の確立や三権分立などの政治制度が整備されているかどうかが重要なわけですが、ヨーロッパの植民地となった国々で、現在は豊かになっている国と豊かになれない国とに分かれています。

ダロン・アセモグル教授らは、植民地に移住したヨーロッパ人の死亡率に注目しました[21]。マラリヤなどの風土病の免疫を現地の人々は持っていますが、ヨーロッパ人は持っていませんでした。中央アフリカでの英軍の死亡率は一〇〇〇人当たり七〇人から一五〇人でしたが、現地の人々の一一人から一三人と比べるととても高いものでした。また、入植したヨーロッパ人の半数が死亡するような国や地域もありました。ガンビアからニジェールの地域では死亡率は八七%にも上り、そのため、英国の囚人をガンビアに送るのをやめてオーストラリアに変更されたこともあるといいます。

マラリヤ、黄熱病など、その地域での風土病があり、それに罹患すると死亡率が非常に高い場合、ヨーロッパ人はその国や地域に定住しようとはしなくなると考えられます。その結果、ヨーロッパの社会制度、具体的には所有権の確立、三権分立、法の支配といった社会制度がその国や地域に普及せず、経済が停滞してしまった、と言います。ヨーロッパ人がその国に大勢定住しないとすると、自分たちにとってはその国や地域のことをあまり真剣に考えなくなりますから、資源を収奪すればいいということになりやすいのです。その後植民地が独立を果たしても、新たな支配層は自らの利益を最大にしようとして、収奪的な社会制度を維持することになりやすく、それが経済成長を阻害するのです。

実際、アセモグル教授らは、当時のヨーロッパの定住者の死亡率が高い国では現在の所得水準が低いことを示しました。この結果は、緯度や大陸などの地理的要因や資源の有無を考慮しても観察され、経済成長を促進する社会制度の構築には地理的要因よりも、ヨーロッパ人の入植率のような歴史的偶然の方が大きいと主張しています。

註

（1）　Pritchett, Lant（2000）"The Tyranny of Concepts : CUDIE（Cumulated, Depreciated, Investment Effort）is *Not* Capital," *Journal of Economic Growth*, vol. 5, pp.361–384.

（2）　Mauro, Paolo（1995）"Corruption and Growth," *Quarterly Journal of Economics*, vol.110, pp.681–712.

（3）　Solow, Robert（1957）"Thechinical Change and the Aggregate Production Function," *Review of Economics and Statistics*, vol. 39, pp.312–320.

（4）　Hall, Robert E., and Jones, Charles I.（1999）"Why Some Countries Produce so much more Output per Worker than Others?" *Quarterly Journal of Economics*, vol.114, pp.83–116.

（5）　先ほど紹介したPritchett（2000）では、途上国の資本の値は過剰推計されている可能性が高いことを指摘していました。そのため、ラント・プリチェット教授は、とても影響力のあったHall and Jones（1999）の結果も多少とも影響を受けるだろうと述べています。

（6）　Young, Alwyn（1995）"The Tyranny of Numbers : Confronting the Statistical Realities of the East Asian Growth Experience," *Quarterly Journal of Economics*, 1995, pp.642–680.

（7）　Krugman, Paul（1994）"The Myth of Asia's Miracle," *Foreign Affairs*, vol.73（6）, pp.62–78.

（8）　Hayashi, Fumio and Prescott, Edward C.（2002）"The 1990s in Japan : A Lost Decade," *Review of Economic Dynamics*, vol.5, pp.206–235. また、これに関連する日本語文献として、岩田規久男・宮川努『失われた10年の真因は何か』（東洋経済新報社、二〇〇三年）があり、そこでは日本の九〇年代のマクロ経済に対して、激しい議論のやり取りがうかがえ、しびれるぐらい読みごたえがあります。

（9）　Easterlin, Richard A.（1974）"Does Economic Growth Improve the Human Lot? Some Empirical Evidence," in David, Paul A. and Reder, Melvin W. eds., "Nations and Households in Economic Growth : Essays in Honor of Moses Abramovitz," *Academic Press*, pp.89–125.

（10）　Easterlin, Richard（1995）"Will Raising the Incomes of All Increase the Happiness of All?" *Journal of*

Economic Behavior and Organization, vol.27, PP.35–47.

（11）　Clark, Andrew E.; Frijters, Paul; and Shields, Michael A.（2008）“Relative Income, Happiness, and Utility: An Explanation for the Easterlin Paradox and Other Puzzles,” *Journal of Economic Literature*, vol. 46, pp. 95–144.

（12）　Stevenson, Betsey and Wolfers, Justin（2008）“Economic Growth and Subjective Well-Being : Reassessing the Easterlin Paradox,” *Brookings Papers on Economic Activity, Spring 2008*, pp.1–87.

（13）　Sachs, Jeffrey（2005）“The End of Poverty : How we can Make it Happen in our Lifetime,” Penguin Books.（鈴木主税・野中邦子訳『貧困の終焉――二〇二五年までに世界を変える』早川書房、二〇〇六年）。

（14）　ジャレッド・ダイヤモンド『銃・病原菌・鉄――一万三〇〇〇年にわたる人類史の謎（上・下）』（倉骨彰訳、草思社、二〇一二年）。

（15）　Acemoglu, Daron and Robinson, James（2012）“Why Nations Fail : The Origins of Power, Prosperity, and Poverty,” Crown Business.（鬼澤忍訳『国家はなぜ衰退するのか――権力・繁栄・貧困の起源』早川書房、二〇一三年）。

（16）　Acemoglu, Daron ; Johnson, Simon ; and Robinson, James A.（2005）“The Rise of Europe : Atlantic Trade, Institutional Change, and Economic Growth,” *American Economic Review*, vol.95, pp.546–579.

（17）　Acemoglu, Daron ; Johnson, Simon ; and Robinson, James A.（2001）“Reversal of Fortune : Geography and Institutions in the Making of the Modern World Income Distribution,” *Quarterly Journal of Economics*, vol.117, pp.1231–1294.

（18）　Barro, Robert J.（1996）“Democracy and Growth,” *Journal of Economic Growth*, vol.1, pp.1–27.
Barro, Robert J.（1999）“Determinants of Democracy,” *Journal of Political Economy*, vol.107, S158–S183.

（19）　Acemoglu, Daron ; Johnson, Simon ; Robinson, James A.; and Yared, Pierre（2008）“Income and Democracy,” *American Economic review*, vol.98, pp.808–842.

（20）　Fisman, Raymond, and Miguel, Edward（2007）“Corruption, Norms, and Legal Enforcement : Evidence from

Diplomatic Parking Tickets," *Journal of Political Economy*, vol. 115, pp.1020–1048.

(21) Acemoglu, Daron ; Johnson, Simon ; and Robinson, James A. (2001) "The Colonial Origins of Comparative Development : An Empirical Investigation," *American Economic Review*, vol.91, pp.1369–1401.

おわりに——経済学の考え方

これまで私たちが豊かにくらしていくためには市場経済がとても大切なことをお話してきました。そして、市場でできること、できないこと、そして市場経済を支える制度について、経済学の考え方を紹介してきました。最後に経済学が往々にして数式の嵐になるような、はた目から見て無機質な装いをしている理由についてお話しします。

経済学の教科書では、需要曲線と供給曲線を用いて市場のしくみを学ぶことから始めますが、あの需要曲線と供給曲線という、理論というにはあまりにも簡単なものは、一〇〇年余り前にアルフレッド・マーシャルによって確立されました。モノの値段は需要と供給によって決まるという最も基本的な理論も一〇〇年と少しの歴史しかありません。やや誇張した言い方になりますが、それまではモノの値段がどのように決まるのか、人類はそのもっとも簡単なしくみについてすらよくわかっていなかったのです。古代のアリストテレス、中世のトマス・アクィナス、経済学の父と言われるアダム・スミスなど、人類の知の巨人たちの思索を経て、ようやくあの需要と供給という基本理論ができたのです。現代のハイテクな数理モデルを見慣れた目で見れば、他愛もない単純なものですが、でも単純だからこそ誰にでも理解でき、強い威力を発揮します。

このように経済学ではかなり単純化して人間の意志決定や社会をとらえますが、その結果、経済学に対する違和感をもつ人も少なくないようです。例えば、経済学で最も想定される人間は、合理的な思考判断のできる人間で、自身の利得（だけ）を最大にするような行動をとるとみなして考えることが多いです（最近では多かったと過去形にすべきかもしれませんが）。人間社会の問題を考えるための学問なのに、そこで想定されている「人間」は、社会から切り離されたコンピュータのプログラムのようなものでしかなく、そんな「人間」を分析しても世の中の役にたつわけがない、そんなことをしばしば聞きます。「人間の顔が見える」総合的な経済学が大切だという意見も、こうした素朴な思いに由来するのでしょう。

総合的に考えること自体は大切ですが、それでも単純化して考えることが重要だと思います。実際には複雑で悩ましい存在である人間を、数式一本に単純化した「人間」と見なすことによって、ある与えられた状況でどのような行動をとるか仮説をたてることができます。こうした「人間」の集合が市場や社会を形成するので、こうした「人間」の行動を集約すれば、社会がどのような状態になるかも記述できます。

私たちは複雑なことを複雑なまま理解することはできません。複雑な事象をいかにして単純にとらえるかが重要です。よく言われることですが、縮尺1の地図は現実を正確に描写できるかもしれませんが、まったく使い物になりません。思い切って縮小して、細かいところは切り捨てるからこそ、地域の特徴が浮きあがり、使い道が出てきます。単純にとらえて、余分なものを切り捨てた合理的な「人間」というのは、当然ながら現実の人間と完全に一致しませんが、合理性という側面から単純化し、一つの特徴に注目することによって、見えなかった法則や全体像が見えてくるのです。

また、こうして単純化して現実をとらえようとする経済学の理論は、データによる検証を常に受けてきました。あえて単純化したからこそデータによる検証が可能となり、データの検証を常に受けることによって、どのような理論が現実説明力をもつかが明らかにされてきました。IT技術の発展はこの傾向を強力に推し進めています。さらに、データ分析の検証結果と大きく食い違う理論は、その原因を克服することが求められ、次々に新しい理論が提示されてきました。思い切った主張や仮説が説明力に乏しく批判の対象となっても、どこがおかしかったか考えることができ、次のステップに進むことができます。その試行錯誤の繰り返しが大切です。

だいぶ前のことになりますが、経済学は合理的な人間だけを想定した、一般均衡理論による完全競争市場が分析の中心でした。人間の非合理的な側面や、歴史的な経緯や、企業の戦略行動や、法制度の在り方について、あまり分析ができませんでした。しかし、ゲーム理論や心理学などいろいろな分野の発展を取り入れ、こうした分野の研究が精力的に行われるようになりました。経済学で扱う「人間」もだいぶ変わってきました。自分の周囲の社会規範が自分の行動に影響を与えたり、反対に自分の行為が社会規範に影響を与えたりする場合を分析するのも珍しくなくなりました。自分の利益と社会正義との間で揺れる人間を正面から分析するようになってきたのです。現代の経済学の研究対象は、世間でイメージされている「経済」という狭い範囲にとどまらず、人間や人間社会の関わることほぼすべてに及びます。こうしたことが可能となったのも、理論仮説を提示し、データで検証していくという実証的な方針のもとで、説明力のある他分野の成果を積極的に取り入れていったからです。

本書では行動経済学や社会規範のトピックはあまり触れることはできませんでしたが、組織や制度のテーマはかなり取り入れました。現代の教養として必要な経済リテラシーに欠かせないと考えたからです。社会の問題を総合的に考えるためにも、単純に考えることによって導かれ、そして検証を繰り返してきた経済学の成果は、ますます重要なリテラシーになっていくと思います。

　本書のきっかけとなるお話をいただいてから、とてもとても長い時間がたってしまいました。社会の実例を中心に構成して経済学的な考え方を教えたいという意図をもっていましたが、労働経済学、人事と組織の経済学という自分の専門分野を超えて書くのは思った以上に骨が折れる作業でした。大学で「経済原論」や「経済学入門」という講義を担当してきましたが、授業で話していることをそのまま文字にするというわけにはいかないことも多かったです。色々と情報を集めたり、原論文にあたったり、また、何度も書き直したり、そんなことを繰り返していましたが、長い時間をかけることができたというのは、仕事が遅いこともありますが、それだけ楽しい作業だったからでもありました。自分自身、いろいろと勉強になりました。

　長い時間をかけた分、多くの人のお世話になりました。研究会や会議などでの何気ない会話のなかでヒントをもらうこともありました。一人ひとりのお名前を挙げることはできませんが、御礼申しあげます。とくに、筑波大学社会工学類と中央大学商学部の講義やゼミに出席した学生さんの質問や反応は、この本の中に反映されています。

　もっと経済理論を勉強してみたいと思う人に、標準的で入門的でありながら、ある意味で対照的な教科書として、私が大変お世話になったお二人の伊藤先生の本を僭越ながらお勧めします。

（1）伊藤元重著『入門経済学（第三版）』日本評論社、二〇〇九年。
（2）伊藤秀史著『ひたすら読むエコノミクス』有斐閣、二〇一二年。

（1）は大変著名な東京大学の伊藤元重先生の教科書です。需要と供給やGDPなど、ミクロ経済学、マクロ経済学両方の基本的な理論を説明した評価の高い教科書です。私が学生の頃に初版が出版され、その後改訂を重ね長年読み継がれています。伊藤元重先生のゼミを志望するにあたり、同書で勉強したのも懐かしい思い出です。当時も大変わかりやすく、経済学の面白さを教えて頂いた本でしたが、自分自身教える立場になって、改めてこの本の良さを再認識しました。

（2）は、一橋大学の伊藤秀史先生の本です。伊藤秀史先生は個人のインセンティブの問題を考える契約理論という分野の大家の先生です。同書は、個人の合理的な意思決定というところから、経済学の基本的な考え方を解説し、ミクロ経済学のフロンティアに近いところまで読者を導いてくれます。単純に考えることがいかに重要かということが体感できる本です。式も図も出てきません。書名にあるように流れるようなわかりやすい文体で、経済学の考え方を教えてくれます。

お二人の伊藤先生は研究者としても、教育者としても大変優れた方で、私が研究者の末席にいるのもお二人の先生のおかげです。ですが、そんなこととは関係なく、二冊とも大変素晴らしい本です。

そして、幼児だった子どもが大学生になってしまうぐらいの長い間、粘り強く担当していただいたミネルヴァ書房の水野安奈さん、本当にありがとうございました。何度もお会いする度に、宿題を忘れた小学生の気持ちになりましたが、見捨てることなくお付き合いいただきました。また、執筆の過程でいろいろなコメントや助言をいただき、見出しの多くも水野さんの案によるものです。自分では気づきにくいオヤジくさい記述も減らしてくれました。少しでも読みやすいと思っていただけるなら、その多くは水野さんのおかげです。

大学生、高校生になった子どもが本書を手に取る可能性もあるということが楽しみのような、怖いような気持ちです。最後に、知り合ってから二〇年という、ちょうど研究者を志した頃からずっと支えてくれた妻の慎子と、幼い頃から勉学の機会を与えてくれた両親の正隆と文子に、改めて感謝したいと思います。

二〇一四年一二月

江口匡太

は　行

ま・や　行

ら・わ　行

た・な　行

索　引

欧　文

あ　行

か　行

さ　行

《著者紹介》
江口匡太（えぐち・きょうた）
1968年　生まれ。
1992年　東京大学経済学部経済学科卒業。
2000年　東京大学大学院経済学研究科博士課程修了。博士（経済学）。
筑波大学大学院システム情報工学研究科准教授を経て，
現　在　中央大学商学部教授。
著　作　『キャリア・リスクの経済学』生産性出版，2010年。
『解雇規制の法と経済』（共著）日本評論社，2008年。
『社会工学が面白い』（共著）開成出版，2008年。
『解雇法制を考える』（共著）勁草書房，2002年など。

大人になって読む経済学の教科書
――市場経済のしくみから考える――

2015年１月30日　初版第１刷発行　〈検印省略〉

定価はカバーに
表示しています

著　者　江　口　匡　太
発行者　杉　田　啓　三
印刷者　藤　森　英　夫

発行所　株式会社　ミネルヴァ書房
607-8494　京都市山科区日ノ岡堤谷町１
電話代表（075）581-5191
振替口座　01020-0-8076

亜細亜印刷・清水製本

ISBN 978-4-623-07162-3
Printed in Japan